数字货币全球治理研究

陈云东 孟博文 著

中国社会科学出版社

图书在版编目（CIP）数据

数字货币全球治理研究／陈云东，孟博文著．－－北京：中国社会科学出版社，2025.4． －－ ISBN 978-7-5227-4832-0

Ⅰ．F713.361.3

中国国家版本馆 CIP 数据核字第 2025XM9519 号

出 版 人	赵剑英
责任编辑	涂世斌
责任校对	刘　健
责任印制	李寡寡

出　　版	中国社会科学出版社
社　　址	北京鼓楼西大街甲 158 号
邮　　编	100720
网　　址	http：//www.csspw.cn
发 行 部	010-84083685
门 市 部	010-84029450
经　　销	新华书店及其他书店
印　　刷	北京明恒达印务有限公司
装　　订	廊坊市广阳区广增装订厂
版　　次	2025 年 4 月第 1 版
印　　次	2025 年 4 月第 1 次印刷
开　　本	710×1000　1/16
印　　张	16.5
字　　数	261 千字
定　　价	89.00 元

凡购买中国社会科学出版社图书，如有质量问题请与本社营销中心联系调换
电话：010-84083683
版权所有　侵权必究

前　言

货币是现代经济社会最重要的金融基础设施和核心变量。货币金融技术演化和迭代竞争不仅推动货币形态变迁，还引发国际金融基础设施以及全球金融治理体系的深刻变革。近 20 年，以区块链技术为基础的"去中心化"或"多中心化"的数字金融科技发展迅猛，催生出加密资产、稳定币和央行数字货币等新型货币形态，引起国际社会的高度关注。

新型财产权的创造，通常是观念而非物质实体方面的产权，已经成为新的利益冲突源头。数字经济时代的货币竞争不仅是技术进步竞争和货币势力范围的拓展，还是一场全球金融治理和数字货币规则制定权的博弈。融合了新兴数字金融技术和新型国际竞争因素的数字货币，其复杂程度、治理难度都相应增加，有关数字货币的一系列理论问题和实践冲突需要进一步梳理、研究和凝聚共识。

数字货币、人工智能、数据跨境流动、网络空间等新兴全球治理议题，都以技术演化和组织机制的再构造为核心，其本质是在无中心权威和去科层组织结构的国际社会中将分散的个体行动凝聚为集体共识，从国家监管走向全球治理，形成技术演化层面的开源治理和组织机制层面的系统规制。

近年来，二十国集团、国际货币基金组织、世界银行、国际清算银行、金融稳定理事会、巴塞尔银行监管委员会、国际证监会组织和国际保险监督协会等全球金融治理平台和国际金融监管机构已将加密资产、稳定币、央行数字货币以及跨境支付等作为重点关注领域，并呼吁货币当局、监管部门及国际行业组织密切关注全球数字货币的发展演进、风险变化、监管规则和治理合作。如何在平衡金融创新与金融稳定、数据安全与隐私保护、金融公平与金融安全前提下对数字货币进行有效治理是全球金融创新与治理的重要课题。在国家间私人数字货币治理规则不一、全球央行数字货币合作方兴未艾、具有国际法意义上的数字货币国际规则体系尚未形成的背景下，国际金融监管组织和机构在弥合全球数字货币治理分歧、凝聚治理共识和搭建沟通平台方面发挥着至关重要的作用。

本书立足于数字经济时代全球金融格局迅速演变和货币金融数字化的发展潮流，梳理数字货币演变历程，厘清数字货币内涵、特征与法律属性，分析数字货币对当前国际货币体系、跨境支付体系以及对传统货币理论和货币金融法律关系的影响，总结近年来发达经济体和新兴经济体的数字货币研发实践与影响因素。聚焦数字货币全球治理实践，尤其是当前最为活跃和致力于凝聚多边数字治理规则共识的全球金融治理主体——国际金融监管组织在数字资产、数字稳定币和央行数字货币领域的最新政策动向与治理趋势。本书以 IMF、WB、G20、FSB、BIS、FATF 等主要国际金融监管组织、平台和机构为观察对象，对其数字货币全球治理的理论基础、国际实践、政策动向和未来态势进行深入解读，总结数字货币治理经验，以期为我国中央银行、监管部门和商业银行的数字货币治理决策提供参考。

目 录

第一章 数字货币概述 …………………………………………………（1）

第一节 数字货币概念与主要特征 …………………………………（1）
一 数字货币的概念 …………………………………………（2）
二 数字货币的主要特征 ……………………………………（5）

第二节 数字货币的技术演化与竞争迭代历程 ……………………（6）
一 加密数字资产 ……………………………………………（6）
二 稳定币 ……………………………………………………（10）
三 央行数字货币 ……………………………………………（13）

第三节 数字货币诞生的理论基础与属性分析 ……………………（20）
一 数字货币诞生的理论基础 ………………………………（20）
二 数字货币的设计架构 ……………………………………（22）
三 数字货币的货币属性 ……………………………………（27）
四 数字货币的法律属性 ……………………………………（31）

第二章 数字货币发展的全球态势与影响 …………………………（34）

第一节 以央行数字货币竞争为主的全球趋势 ……………………（34）
一 央行数字货币的全球发展态势 …………………………（35）
二 代表性区域的央行数字货币政策 ………………………（37）

第二节 数字货币对不同类型经济体的影响 ………………………（58）
一 数字货币对发达经济体的影响 …………………………（59）
二 数字货币对新兴市场经济体的意义与特殊挑战 ………（66）

第三节　数字货币对全球金融体系的影响 (82)
　　一　数字货币对传统货币理论的影响 (83)
　　二　数字货币对国内金融体系的影响 (83)
　　三　数字货币对国际货币格局的影响 (90)

第三章　数字货币全球治理的学理分析 (96)
第一节　数字货币治理模式的跃迁 (96)
　　一　从国家监管到全球治理 (97)
　　二　国家规制转型为超国家规范治理 (98)
　　三　法律强制与柔性治理并举 (98)
第二节　数字货币全球治理的理论基础 (99)
　　一　国际法治理论 (100)
　　二　全球治理理论 (102)
　　三　复合相互依赖理论 (110)
　　四　权力冲突与机制变迁 (111)
第三节　国际金融组织与数字货币全球治理 (114)
　　一　数字货币全球治理的重要主体 (115)
　　二　基于共同利益的数字货币治理合作 (115)
　　三　制度化的数字货币全球治理机制 (115)
　　四　国际金融组织的改革增效 (116)

第四章　数字货币全球治理的政策动向 (117)
第一节　国际金融组织与多边数字货币治理规则 (117)
　　一　后危机时代的国际金融组织与规则体系 (118)
　　二　数字货币全球治理的组织结构层级 (123)
　　三　数字货币多边治理合作框架 (129)
　　四　数字货币治理协调框架 (143)
第二节　国际金融组织的数字货币治理趋势 (150)
　　一　金融普惠 (150)
　　二　数字货币风险防范与监管 (151)

三　改善跨境支付 …………………………………………… (156)

第五章　中国数字货币发展与治理实践 ……………………… (167)
　第一节　中国数字货币发展与人民币国际化 …………………… (167)
　　一　数字人民币的顶层设计与研发实践 …………………… (168)
　　二　数字人民币对人民币国际化的作用 …………………… (174)
　第二节　中国数字货币治理现状 ………………………………… (187)
　　一　中国数字货币治理政策取向 …………………………… (188)
　　二　中国数字货币治理的困难及成因分析 ………………… (190)
　第三节　中国数字货币治理趋势 ………………………………… (193)
　　一　完善数字货币治理的国内法治框架 …………………… (194)
　　二　确立中国承担数字货币治理国际法义务的应然取向 …… (202)
　　三　明确中国参与数字货币全球治理的具体进路 ………… (205)

第六章　数字货币全球治理的启示 …………………………… (210)
　第一节　顺应开源创新的数字货币全球治理趋势 ……………… (210)
　　一　重视非国家行为体的数字货币治理作用 ……………… (211)
　　二　开源数字货币技术源代码促进共同创新 ……………… (212)
　第二节　正视当前全球金融治理机制的不足 …………………… (214)
　　一　逐步改善国际金融监管组织的弊端 …………………… (214)
　　二　统筹碎片化的国际货币监管规则 ……………………… (215)
　第三节　加快新型数字货币法律关系立法进程 ………………… (215)
　　一　将新型货币金融法律关系纳入法治轨道 ……………… (216)
　　二　变革"中心化"的金融监管框架 ……………………… (217)

结　语 …………………………………………………………… (219)

参考文献 ………………………………………………………… (221)

附录　缩略语表 ………………………………………………… (256)

第 一 章

数字货币概述

回溯货币演化历程,货币形态经历了"实物货币—金属货币—纸币—电子货币—数字货币"的变迁。[①] 数字金融领域持续深度革新的典型表现之一是支付电子化和货币数字化,储蓄卡、信用卡、微信、支付宝、PayPal、比特币、Diem、数字人民币等支付方式纷纷涌现。最为瞩目的是,融合了区块链独特技术优势和金融资产属性的数字货币自诞生就引发国际社会的广泛关注,国际货币基金组织、国际清算银行、金融稳定委员会、金融行动特别工作组等国际金融组织、主权国家、具有国际影响力的大型科技公司、行业部门等纷纷投入数字货币发展研究和监管实践,加密资产、数字稳定币、央行数字货币等相关领域已成为数字金融时代的焦点议题。数字货币尤其是央行数字货币的发行流通对货币功能、货币竞争模式,甚至国际货币体系、跨境支付体系、国际清算体系产生深远影响,是数字经济时代各国努力争取数字货币先发优势、控制数字货币规则主导权、扩大货币权力范围的新阵地。

第一节 数字货币概念与主要特征

数字货币是一种以区块链、密码学、共识机制等技术为基础,以去中心性、数量有限性、不可篡改性和匿名性为主要特征,以数字形态存

---

① 谢星、封思贤:《法定数字货币对我国货币政策影响的理论研究》,《经济学家》2019 年第 9 期。

在的资产或货币。数字货币的技术演化和竞争迭代目前经历了数字货币1.0 初始时期的加密数字资产、数字货币 2.0 成长时期的稳定币和数字货币 3.0 发展时期的央行数字货币，推动全球货币竞争进入数字空间场域和货币演化新历程。加密数字资产、稳定币和央行数字货币的发展动因、设计架构、货币属性和法律地位的差异决定了各自的未来发展趋势。

一 数字货币的概念

（一）广义数字货币概念

数字货币是相较于传统实物货币的一种资产或货币形式，目前有关数字货币的概念尚未有统一定义，在不同情境中其内涵和外延有所不同。广义的数字货币是虚拟货币、电子货币、加密数字货币和央行数字货币的集合。[1]

电子货币实质上是现行法定货币的映射和一种延伸性支付安排，[2] 通常围绕货币银行学和金融学中商业银行存款货币代替信用现钞的功能展开。电子货币的类别主要有两种。第一种是电子化的现金、存款、票据等。如商业银行借记卡、信用卡、以账户形式存在的支票和汇票以及与现金价值等额的电子数据。这种电子货币实际上是国家货币信用到商业信用、央行负债到银行负债的转变。第二种电子货币本质上是第三方支付机构基于企业信用进行资金提前垫付或商业预付的结算清算支付工具，如用于小额支付和便利化网络交易的支付宝、微信等，以电子钱包余额增减实现价值转移和债务清偿。

虚拟货币是互联网企业或网络服务商发行的、能够在特殊社群和虚拟网络生态场景中以该企业代币购买虚拟商品或服务的一般等价物。如 Q 币、魔兽币、亚马逊币（Amazon coins）等。在技术手段上，虚拟货币并未突破传统信息网络传输技术或对该虚拟代币的底层技术逻辑进行革命

---

[1] 米晋宏、王乙成：《数字货币及其经济影响研究新进展》，《经济学动态》2022 年第 5 期。

[2] 余雪扬：《法定数字货币法经济逻辑和制度规则研究》，博士学位论文，江西财经大学，2021 年，第 5 页。

性迭代。在流通范围上，虚拟货币局限在该商业公司的特定网络场景内且其代币功能较为单一，因此使用范围相当有限。

IMF 从权属角度进一步将数字货币划分为物权型数字货币和债权型数字货币（如表 1-1 所示），并从技术、类型、价值和发行主体四层面对广义的数字货币进行分类。[①] 根据这种全新的数字货币定义框架，物权型的数字货币由加密数字货币及央行数字货币构成。比特币、莱特币、以太币等加密数字货币以点对点的分布式账本技术和独特记账单位进行计价和交易，这种去中央权威机构控制的货币发行和流通方式与中心化的央行数字货币有本质不同。

债权型的数字货币则包括了商业银行的电子货币（Bank Money）、私人部门电子货币（Electronic Money）以及区块链私募代币（Investment Money）。私人部门发行的电子货币通常也被称为第三方支付工具，这种快速发展的便捷支付工具在移动支付市场中颇具规模。私人部门发行的电子货币是基于该企业信用，因此客户资产的担保和赎回完全依赖该企业内部的审慎合规自觉和平台监管层面的法律规制。区块链私募代币以一篮子货币或黄金、股票投资组合为资产基础，其典型代表是锚定多国主权货币的稳定币 Libra（后更名为 Diem），从而解决了加密数字货币资产价格波动大、安全性差的问题。这种广义的数字货币的优点在于，能够提高跨境支付的效率、交易便捷且成本较低、具有可追溯性和可信任性，并能够形成正向的网络效应。[②]

表 1-1　　　　　　　　广义数字货币的属性及其分类

	类型	技术	价值	发行主体	代表案例
物权型	加密数字货币	区块链	其他	私人	比特币
	央行数字货币	中心化+区块链	记账单位	央行	数字人民币

---

① IMF, *The Rise of Digital Money*, FinTech Notes 19/01, July 2019.
② 米晋宏、王乙成：《数字货币及其经济影响研究新进展》，《经济学动态》2022 年第 5 期。

续表

	类型	技术	价值	发行主体	代表案例
债券型	商业银行电子货币	中心化+区块链	固定价格赎回	商业银行	借记卡
	第三方电子货币	中心化+区块链	固定价格赎回	私人	支付宝、微信
	区块链私募代币	区块链	浮动价格赎回	私人	Libra

资料来源：根据2019年IMF报告《数字货币的崛起》整理所得。

（二）狭义数字货币概念

为避免概念重叠与混乱，目前国内外学界对数字货币的定义多采用狭义解释，即数字形态的加密货币，不以物理载体为依托，由计算机算力产生并在特定网络环境中运行，以数据形式表现其分布式记账单位，大致可划分为私人数字货币和央行数字货币两大类。

在技术特征上，私人数字货币和央行数字货币都采用了区块链、密码学等技术，都属于加密数字货币。从严格的货币职能和货币理论角度来看，私人数字货币因不具备完整的货币职能以及天然的法定性缺陷无法成为真正的货币，只有央行数字货币才是真正的货币。央行数字货币基于现代银行货币体系对现行法定货币进行数字化升级，在货币形态与技术创新的同时又确保国家对货币发行与流通的适度权力。央行数字货币来源于官方数字货币（Official Digital Currency）这一概念，即由国家和货币区的中央银行或授权机构控制和发行的正式数字货币。[①] 英格兰央行副行长本·布罗德本特首次正式提出央行数字货币概念，[②] 将中央银行数字货币定义为央行发行的、采用分布式记账技术的数字化货币，该定义阐明央行数字货币发行主体的同时还突出了其技术特征，被学界广泛接受。

[①] Muhammad Shoaib, Muhammad Ilyas and Malik Sikandar Hayat Khiyal, "Official Digital Currency", paper delivered to Eighth International Conference on Digital Information Management, Islamabad, Pakistan, 1 September 2013.

[②] Ben Broadbent, "Central Banks and Digital Currencies", Band of England, https://www.bankofengland.co.uk/-/media/boe/files/speech/2016/central-banks-and-digital-currencies.pdf?la=en&hash=8D9B0F2911064BD7570B10370DF521FAE174217D.

二 数字货币的主要特征

（一）去中心化

2016 年，英格兰央行在《央行发行数字货币的宏观经济效应》工作报告中讨论了电子货币、数字货币和分布式账本技术的特征，并分析了数字货币的收益与风险，认为私人数字货币和央行数字货币都以分布式账本、区块链等技术的运用和去中心化支付系统为特征。去中心化不仅表现为去中央银行货币发行流通的垄断特权和科层制监管部门的中心地位，还表现为去第三方金融机构中介化，无需第三方机构介入即可实现点对点交易。无论私人数字货币或央行数字货币都具有不同程度的去货币发行机构中心化、去交易媒介中心化和去监管中心化的特点，这种不依赖特定中心机构和实体控制的特性使得交易链大幅缩短，点对点的直接交易成为可能。[①]

（二）数量有限性

数字货币通常表现为加密数字串，其本身并不具有货币价值，但市场参与者对数字货币的交易期待性共识赋予了其资产价值以期兑换商品、服务或央行数字货币，其资产价值完全由市场供求关系决定，但内在价值为零。[②] 数字货币的总量通常是有限的，如央行数字货币流通总量受中央银行控制，比特币独特的设计机制决定全球将只有 2100 万枚比特币被"挖掘"出来，且每四年一次的数量减半机制会逐渐降低新比特币的产生速度以保障其可预测性和抗通胀特性。数量恒定的特性使得比特币具有稀缺性，在 2016 年后脱颖而出并被称为"数字黄金"。

（三）不可篡改

区块链由一系列区块按照时间顺序链接而成，任何试图篡改区块链的行为都需要同时改变网络中大多数节点的数据，这在计算和资源上是不可行的，尤其是在大型、分散的网络中。数字货币的生成遵循预设的

[①] Committee on Payment and Market Infrastructures, *Digital Currencies*, Bank for International Settlements, November 2015.

[②] 管弋铭、伍旭川：《数字货币发展：典型特征、演化路径与监管导向》，《金融经济学研究》2020 年第 3 期。

算法协议并由数字钱包中的加密密钥保护,确保数字货币发行和交易的私密性、不可篡改性和安全性。因此,一旦数字货币交易被网络中的节点验证并添加到区块链中,这笔交易就被认为是"已确认"的,经由多个节点验证的交易就无法被撤销或更改。数字货币的不可逆性和不可篡改性是其区别于传统货币和支付系统的重要特性之一。

（四）匿名性

无论私人数字货币还是央行数字货币,都具有不同程度的匿名性。私人数字货币账户和地址与用户真实身份之间没有直接关联,用户可以生成无数个地址而无须进行强制身份认证核验,区块链交易仅对交易时间和交易额进行跟踪和记录,但交易主体信息高度匿名,这种匿名性可能滋生非法交易或洗钱活动,对监管机构构成了挑战。

第二节 数字货币的技术演化与竞争迭代历程

数字货币是人类生产力进步和科学技术发展的产物,从满足交易便利性、安全性和信用期望角度来看,数字货币的产生具有必然性。数字货币的演进经历了三个阶段:第一阶段是社群层面涌现的比特币、莱特币等加密数字资产,第二阶段是大型科技公司层面发行的泰达币、天秤币、以太币等数字稳定币,第三阶段是国家层面中央银行发行的央行数字货币类。[①] 根据发行主体的不同,数字货币可以划分为私人数字货币和央行数字货币；根据货币信用来源的不同,数字货币可划分为非主权数字货币和主权数字货币；根据法律地位的不同,数字货币可划分为非法定数字货币与法定数字货币。

一 加密数字资产

社区层面的加密数字资产是由私人发行不受中央银行管控的仅能在特殊生态场景中使用的虚拟资产,如比特币、瑞波币等。2024 年 3 月全

[①] 冯永琦、刘韧:《货币职能、货币权力与数字货币的未来》,《经济学家》2020 年第 4 期。

球加密数字资产的总市值高达2.4万亿美元，全球数字货币交易所数量超过12000家，流通使用范围最广的比特币已跃升至全球主流资产市值第9位。[①] 比特币是全球数字货币浪潮的开端，为各类数字货币、稳定币以及央行数字货币的发展与监管奠定了基础。

（一）加密数字资产的运行机制

1. 加密数字资产的工作机制

加密数字资产的运行建立在去中心化的网络、分布式账本、工作量证明、共识机制、时间戳和区块链技术上。加密数字资产运行在去中心化的计算机网络上，使用区块链作为其账本记录所有交易历史。比特币网络通过工作量证明达成共识，即通过解决复杂的数学问题来验证交易并创建新的区块，每个区块包含多个交易，如果区块的所有交易是被确认有效的，系统节点会对区块数据链加盖时间戳并链接到前一个区块链，形成一个不可篡改和不断增长的链条，这就是区块链技术。

2. 加密数字资产的获取机制

取得加密数字资产的方式主要有原始取得和继受取得两种方式。原始取得即通过加密数字资产系统的原始激励机制获得数字货币，这一过程也被称为"挖矿"。"挖矿"是数字货币系统中的一个过程，它允许参与者使用专门硬件解决加密难题，通过解决复杂数学问题验证和记录交易完成节点要求的工作量证明或权益证明。当参与者成功解决难题并创建新区块时，他们将获得一定数量的数字货币作为奖励，这是原始取得数字货币的方式之一。"挖矿"过程需要消耗大量的计算能力、资源和时间成本，为了保持系统稳定和安全，挖矿难度会根据全网计算能力进行调整，以确保新区块的生成速度保持在预期范围内。为防止加密数字资产大量溢出，比特币类的加密数字资产系统有发行总量限制，预计到2140年比特币将达到开采上限2100万枚。继受取得即通过交易直接获得数字货币，而无需复杂耗时的"挖矿"过程，用户直接购买或出售数字货币通常通过交易所或交易平台进行。

[①] Total Market Capitalization, "Coin Market Cap", https：//coinmarketcap.com/charts/.

3. 加密数字资产的交易机制

加密数字资产的交易机制的关键环节包括分配钱包地址、生成私钥和公钥、交易创建、交易签名、交易广播、交易验证、交易确认等。首先，加密数字资产交易主体需要注册账户并注入资金，如某种法定货币或其他数字货币，该账户类似于银行账户或数字钱包可以进行资金追踪和加密数字资产的接收和发送。其次，用户通过比特币客户端或在线钱包服务创建交易，交易包含发送者地址、接收者地址、交易金额和交易费用。加密数字资产交易的安全性由账户的公钥和私钥保障。私钥是一串保密的字符用于交易签名和钱包数据备份，确保账户所有者对该地址中比特币的独有权限；公钥是由私钥生成的，与钱包地址相关联，用于接收比特币。最后，签名后的交易被广播到比特币网络，网络中的节点会接收并验证交易的有效性，包括检查签名、确保发送者有足够的比特币余额以及交易费用的合理性。这种被确认的、公共的、不可篡改的比特币交易记录链即区块链。

（二）加密数字资产的演化进路

1. 萌芽阶段：2008—2010 年

加密数字资产的萌芽以 2008 年美国次贷危机、欧洲债权危机引发公众对政府货币垄断权的思考为背景，这一阶段加密数字资产尚不具备投资价值，更多地表现为一种技术创新。

从加密数字资产的技术演化进程上来看，大卫·乔姆（David Chaum）最早提出数字货币方案，[①] 在这种理想的货币系统方案中，货币的生成和交易使用的盲签名密码学技术将保证数字货币的安全性、唯一性、匿名性和不可追踪性。同时，这种中心化的运行架构一旦崩溃将导致巨大风险，但如果不采用中心化的组织结构，那么货币伪造和双重花费等问题将成为数字货币流通监管难题。[②]

中本聪（Satoshi Nakamoto）在 2008 年提出了一种新的解决思路，他

[①] David Chaum, "Blind Signatures for Untraceable Payments", in David Chaum, Ronald L. Rivest and Alan T. Sherman, eds. *Advances in Cryptology*, Boston: Springer, 1983, pp. 199–203.

[②] 李建军、朱烨辰：《数字货币理论与实践研究进展》，《经济学动态》2017 年第 10 期。

提出支付过程可以利用区块链技术直接点对点支付，无中介机构参与，从而解决了 Chaum 技术中现金数据库无限膨胀的问题。在区块链技术、智能合约等技术创新的更新迭代中，加密数字资产的种类急剧增长，全球数字货币交易快速攀升。

2. 成长阶段：2011—2015 年

全球加密数字资产交易越发频繁使得加密货币概念和区块链技术更为流行，加密数字资产经历了快速的发展和价格波动，并引发各国监管部门关注。2011 年 4 月 23 日，比特币价格首次突破 10 美元并开始引起投资者关注。2013 年，比特币市值首次突破 10 亿美元，有关加密资产的市场接受度和社区活跃度明显增长。

加密数字资产在全球流行的同时也引发了各国监管部门的关注，不同国家的监管态度和政策对其全球发展产生了深远影响。加密数字资产以区块链技术和数字加密技术为驱动力，在多数情况下被视为数字资产而非货币，存在价值不稳定、公信力不强、使用范围窄、监管难度大等缺陷[1]。另外，加密数字资产的野蛮生长对国家货币主权造成了冲击，因而许多国家禁止公开交易和使用加密数字资产，如 2013 年，中国人民银行等五部委发布《关于防范比特币风险的通知》，明确比特币不是法定货币，要求金融机构不得开展与比特币相关的业务。但部分国家对加密数字资产持开放态度，如德国在 2013 年宣布承认比特币的合法地位并将其有序监管，美国则在辨别加密货币属于"虚拟商品"或"证券"的基础上判定管辖权，并相继出台了《电子货币创业法案》《纽约金融服务法律法规》等文件对加密数字资产进行监管。

3. 发展阶段：2016 年至今

2016 年以来，全球政治环境变化导致主流国际货币价格不稳，全球经济的不确定性，如 COVID-19 大流行期间的大规模经济刺激措施，增加了加密数字资产作为避险资产的吸引力，尤其自 2016 年 7 月比特币数量经历第二次减半周期后价格大幅上涨。根据 Fortune Business Insights 的

---

[1] Peterson K. Ozili, "Impact of Digital Finance on Financial Inclusion and Stability", *Borsa Istanbul Review*, Vol. 18, No. 4, December 2018, pp. 333–340.

报告，2021年全球加密货币市场规模为9.103亿美元，预计到2028年将达到19.025亿美元，显示出强劲的增长势头。

不同国家和地区对加密数字资产和区块链的认识和偏好不一，既有推动发展的积极政策，也有出于风险考虑的严格监管措施，但在政府引导数字货币发展方面达成了共识。例如，欧盟通过了全球首部重点保护加密数字资产市场创新和消费者权益的监管法规《加密资产市场监管法案》（Markets in Crypto-Assets，MiCA），美国构建起多个监管机构并举的加密数字资产严密监管框架并同时探索发行数字美元的可能性，日本进一步加强加密资产立法，中国积极推进数字人民币的研发和试点应用。

二 稳定币

（一）稳定币的概念

为改善比特币类的加密数字货币币值不稳定缺陷，部分大型科技公司开始将私人数字货币的价值与某些主流国际货币或黄金挂钩，其典型代表为Libra。

2019年6月18日，大型科技公司Facebook基于区块链底层技术推出稳定币天秤币（Libra，后更名为Diem），根据其发布的技术白皮书Libra被定义为一种价值相对稳定的数字货币，能够与法定货币进行自由兑换。Libra的资产储备结构由一篮子货币和高流动性的政府债券、固定资产等组成，Libra与各国主权货币能够按照一定的比例自由兑换。因此，Libra的实际价值由其储备资产规模决定，其价值受到锚定的国际货币和国债价值的影响，不过从长远来看，Libra能否成为像黄金或白银一样全球流通的商品货币将由全球市场决定。

Libra力图打造全球通用的数字货币和去中心化的区块链金融基础设施生态网络，定位于提供网络以运行私人或公共数字货币，通过智能合约赋能社区以构造和运行丰富、完整的数字金融基础设施。Libra首批成员不仅囊括了万事达（Master Card）、联合广场风险投资公司（Union Square Ventures）等传统金融机构和知名投资公司，还包括PayPal、Visa、eBay等大型支付服务提供商，互联网企业、电商平台和区块链企业，获得了资金、技术和应用方面的支持，其应用场景涵盖投资、通信、支付、电商、共享出行等众多领域。

在现代数字化和全球化的经济环境中，Libra 代表的数字稳定币与传统货币相比在五大传统货币职能上表现出一定的优势。首先，在价值尺度方面，Libra 币值较为稳定，能够发挥价值尺度职能。Libra 借鉴了 IMF 特别提款的设计理念，将其价值与一篮子主权货币挂钩，并由价值相当的储备资产为信用背书，保证其币值的稳定性、抗通胀性并降低汇率波动。其次，从流通手段和支付手段方面，Libra 基于区块链技术和大型网络平台提供的支付和结算服务极大降低了传统代理行模式下金融业务交易的时间和成本，将跨境支付的 3~5 日交易时差缩短为即时支付，极大降低了换汇价差、高昂手续费并简化了原本高度依赖银行账户的交易流程。再次，在贮藏手段方面，Libra 具有抗通胀性和可访问性。Libra 的安全储备制使其能够脱离中央银行独立运作，这在客观上使其免受政府垄断铸币权超发货币造成货币贬值的不利风险并获得了一定程度的抗通胀特性。当 Libra 获取充分的市场信心和公众信任后与贬值的法币脱钩可能使其财富储存价值更为凸显，尤其是在不稳定的经济环境中。同时，Libra 更易于存储和访问，用户可以通过数字钱包在全球范围内存储和转移价值。最后，在国际货币方面，基于广泛用户基础和庞大金融生态的 Libra 有望成为全球性支付工具。发行 Libra 的 Facebook 是全球性大型科技公司，拥有超过 27 亿的用户和庞大的扩展性服务生态，基于区块链技术的 Libra 使全球数十亿用户能够实现即时性的跨国支付，这种广泛接受增加了 Libra 成为国际货币的可能性。综合而言，Libra 的价值尺度职能和贮藏手段职能更多地依赖法定货币，因此与传统货币的差别不大。Libra 在流通手段、支付手段和国际货币三方面具有更大优势，这种超主权数字货币构想为各国央行数字货币乃至全球性数字货币提供了非常有益的探索和经验借鉴。

（二）从 Libra 1.0、Libra 2.0 到 Diem 的演化

Libra 1.0 的最大问题是与世界主要金融监管机构之间的抵牾，尤其是稳定币对消费者、投资者和全球金融体系的影响受到美国最高立法机构高度关注，并由此开启了美国国会参议院和众议院对 Facebook 和 Libra

的多次监管听证会。① 为解决加密资产价值波动性过大的弊端并适应美国证监会监管要求，2020年4月Facebook发布了Libra 2.0白皮书。

Libra 2.0在货币构成、治理和监管、无许可系统、法币储备池管理、应用场景以及资本缓冲等方面对Libra 1.0进行了重大修订和增强，以更好地实现其全球支付系统和金融基础设施的愿景。Libra 2.0的演化反映了项目团队对监管要求的响应，以及对实现其长期愿景的策略调整。这些变化旨在提高Libra项目的可行性和合规性，同时保持其在全球支付和金融普惠方面的雄心。

在货币构成方面，Libra 1.0锚定一篮子主权货币，包括美元（USD）50%、欧元（EUR）18%、日元（JPY）14%、英镑（GBP）11%和新加坡元（SGD）7%，Libra价格与这一篮子货币的加权平均汇率挂钩。这种按固定权重以多币种主权货币为抵押资产的锚定方式有助于消减各国央行对Libra稳定币侵蚀货币主权、干扰货币政策的担忧。Libra 2.0在保留这种多币种锚定机制的同时增加了单一货币稳定币，如单一锚定美元（Libra USD）、单一锚定欧元（Libra EUR）和单一锚定英镑（Libra GBP）等，这种以本币计价并主要用于国内交易的Libra形式有助于提升进入各国支付市场和金融体系的可能性并减少与主权国家的摩擦。Libra 2.0的全新框架淡化了Libra 1.0中提出的超主权货币的定位，转而强调单一货币稳定币的重要性，超主权货币Libra Coin成为补充。另外，Libra 2.0还提出与央行数字货币的互动，当某一国家的央行发行自己的数字货币后，Libra将考虑使用该央行数字货币代替相应的单币种稳定币，这种重大转变促使许多国家将Libra作为其法定数字货币。

在法币储备池和储备资产管理方面，Libra 2.0在法币储备池的设计中引入了强有力的保护措施，以确保储备资产的充足性和流动性。储备资产由现金及现金等价物、短期政府债券构成，并定期接受独立审计。

在应用场景方面，Libra 1.0主要关注全球支付系统和金融基础设施的建设，Libra 2.0除了全球支付外，还强调了单一货币稳定币在相关货

---

① 《美众院举行脸书加密数字货币Libra听证会》，中国新闻网，https://baijiahao.baidu.com/s?id=1639355921016933176&wfr=spider&for=pc，2019年7月18日。

币区的应用，以及 Libra Coin 作为跨境结算币的用途。

在合规与监管方面，Libra 1.0 虽提出基于区块链技术的全球支付系统和金融基础设施的愿景，但并未出台监管和合规具体框架，这导致其推广遭到极大阻碍和诘难，如欧盟国家联合抵制 Libra，合作方 PayPal 退出项目，国际金融监管组织和各国金融监管部门也高度重视其监管问题。Libra 2.0 在监管策略上做出了调整，以回应全球监管机构的担忧和要求。Libra 2.0 将自身定位从全球货币转变为全球性支付工具，并积极申请支付系统许可证及相关牌照，引入全面的监管和合规性框架，包括反洗钱（AML）、反恐怖融资（CFT）、制裁措施合规和防范非法活动等，以提高 Libra 支付系统的安全性。

在技术实现和共识机制方面，从 Libra 1.0 到 Libra 2.0，Libra 在底层技术实现和共识机制——如使用 Move 编程语言、拜占庭容错（Byzantine Fault Tolerance，BFT）共识机制等——上保持了一致性，以确保系统的稳定性和可扩展性。

2020 年 12 月 1 日，Libra 更名为 Diem，以强调项目的独立性和简化结构，同时调整了项目的目标和愿景。为强调项目独立性以获得监管批准，Diem 按照 1∶1 的汇率锚定美元，其定位已不再是超主权数字货币，而是美元的数字载体和全球流通媒介。从 Libra 1.0 到 Libra 2.0，再到 Diem 的历程反映了 Libra 为迎合合规和监管要求做出的妥协与让步。

三 央行数字货币

（一）央行数字货币的定义

央行数字货币（Central Bank Digital Currency，CBDC）是指由各主权国家或货币区的货币发行部门发行的广泛流通使用的主权数字货币，是数字形态的法定货币。国内外对央行数字货币的称谓多样，如主权数字货币（Sovereign Digital Currency）、法定数字货币（Digital Fiat Currency）、央行加密货币（Central Bank Cryptocurrency）等，但接受最广的是"央行数字货币"和"法定数字货币"，用于指代由中央银行或货币金融当局发行的区别于现钞形式的数字货币形态，并从语义外观上与私人数字货币的法律性质直接作出区分。"央行数字货币"从语义上体现的是中央银行作为发行主体的货币发行权,"法定数字货币"则体现其法律拟制地位。

有学者认为,狭义概念中的"央行数字货币"与"法定数字货币"并不完全等同,原因在于货币的发行权与货币法偿性地位有时可以分离。[①] 一方面,在极端情况下拥有货币发行权的货币当局并不一定是中央银行,或部分国家以信用更强或币值更稳定的他国货币替代本国货币作为法定货币使用(货币替代),[②] 因此尽管本币是具有公共信用和法律地位的"法定货币"却不一定是"中央银行货币";另一方面,从各国货币当局的现行货币法、银行法和货币管理条例等相关立法状况来看,法定货币的形态尚未扩大至货币的数字形态,通常的货币指的是物理形态的纸钞和硬币。因此,从严格意义上讲,在正式立法承认法定货币包括现钞和数字货币之前,央行数字货币的法定地位及其法偿性并不能够天然地取得。

不过,"央行数字货币"与"法定数字货币"在绝大多数概念场景中是通用的。例如,国内外学界与国际清算银行(Bank for International Settlement,BIS)、金融稳定理事会(Financial Stability Board,FSB)、国际货币基金组织(International Monetary Fund,IMF)等国际权威组织为避免歧义未对央行数字货币与法定数字货币做严格解释,其官方报告中一般采用"央行数字货币"这一表述并得到广泛采纳。另外,主权国家主导的数字货币革命势不可当,随着各国央行数字货币政策逐渐明朗,有关央行数字货币法定地位的立法已呼之欲出。例如,2020 年我国为数字人民币保驾护航出台的《中华人民共和国中国人民银行法(修订草案)》已明确央行数字货币的法定货币地位,数字形态的法定货币与传统法定货币具有相同的货币地位,这一趋势将成为未来世界货币史的必然。

---

① 于品显:《中央银行数字货币法律问题探析》,《上海对外经贸大学学报》2020 年第 2 期;柯达:《货币法偿性的法理逻辑与制度反思——兼论我国法定数字货币的法偿性认定》,《上海财经大学学报》2020 年第 6 期;杨东、林哲立:《法定数字货币的定位与性质研究》,《中国人民大学学报》2020 年第 3 期。

② 这种情况通常是被殖民国家采用宗主国货币或货币当局基于节约货币成本、本国货币发行量小、币值不稳定等因素自愿放弃本国货币,转而将他种币值稳定的强势货币作为法定货币使用。

央行数字货币的概念目前学界尚无统一定义，其最早由 M. Shoaib 等提出的官方数字货币（Official Digital Currency）概念演化而来，即国家或中央银行控制和发行的官方数字货币。[1] 2013 年 Koning 提出 Fedcoin 概念并将其定义为由中央银行发行的加密货币或协议，认为美联储应创建自己的加密货币 Fedcoin 并实现与实物货币的 1∶1 兑换。[2] 随后 Koning 在 R3 区块链联盟报告中探讨了美联储发行联邦币（Fedcoin）的可能场景，根据该提议数字货币将摆脱商业银行中介机构直接面对公众和企业。[3]

从技术特征出发，国际清算银行下属的支付和市场基础设施委员会（Committee on Payments and Market Infrastructures, CPMI）将央行数字货币定义为加密货币（cryptocurrencies）[4] 以体现其发行和交易验证中的密码学特征。国际清算银行在 CPMI 研究基础上，引申出央行加密货币（Central Bank Cryptocurrencies, CBCCs）概念，即在支付方与受付方之间实现点对点直接交易的去中心化的法定数字货币，这使得央行加密货币与现有的央行电子货币区别开来。[5] 国际清算银行还提出了一种基于发行主体（中央银行或其他机构）、存在形式（电子货币或实物货币）、可达范围（普遍流通或有限流通）、流通机制（中心化的或去中心化的）这四个关键因素的货币分类法，这构成了包括电子货币、传统法定货币、央行加密货币等在内的"货币之花"。[6] 刘向民认为央行数字货币是中央银行发行

---

[1] Muhammad Shoaib, Muhammad Ilyas and Malik Sikandar Hayat Khiyal, "Official Digital Currency", paper delivered to Eighth International Conference on Digital Information Management, Islamabad, Pakistan, 1 September 2013.

[2] JP Koning, "Why Fed is More Likely to Adopt Bitcoin", Blogpos, http：//jpkoning.blogspot.sg/2013/04/why-fed-is-more-likely-to-adopt-bitcoin.html.

[3] JP Koning, *Fedcoin: A Central Bank-Issued Cryptocurrency*, R3 Report, November 2016.

[4] Committee on Payments and Market Infrastructures, *Digital Currencies*, BIS, November 2015. 支付和市场基础设施委员会（CPMI）在该报告中指出了加密货币（cryptocurrencies）的三个核心特征：形式上的电子化特征，交易方式上的点对点特征以及交易主体的匿名性特征。2017 年国际清算银行在该数字货币报告的基础上修改并完善了中央银行加密数字货币的定义，认为该种加密货币是法定货币的新形式。

[5] Committee on Payments and Market Infrastructures, *Digital Currencies*, BIS, November 2015.

[6] Morten Bech and Rodney Garratt, *Central Bank Cryptocurrencies*, BIS Quarterly Review, September 2017.

的代表具体金额的加密数字串。① 穆杰在比较加密货币、记账货币等数字货币的基础上，提出我国央行法定数字货币是指依托区块链、电子加密等互联网技术，由国家背书、央行发行的数字化形态的法币。② 赵莹认为法定数字货币是以分布式账本为底层技术和中心化运行模式为特征的，由国家央行发行的、有国家信用保障的数字货币。③ 戚聿东等将央行数字货币定义为携带发行主体信息、面额信息、流通要求、时间限制甚至智能合约等全量信息的加密数据串，由共识算法等技术对货币管理字段、安全属性字段、应用属性字段及货币权属进行加密处理。④

从货币属性和货币职能出发，袁曾认为，法定数字货币是基于国家信用，由央行发行的记载具体金额的加密数字串，在市场中发挥货币流通职能，其币值、利率与纸币完全一致，是传统纸币的数字化形式。⑤ 杨东、陈哲立将法定数字货币定义为中央银行自行发行的用于替代现金的支付工具，与现有法定货币等值、在经济学上属于流通中的现金。⑥ 米歇尔（Michael D. Bordo）和安德鲁（Andrew T. Levin）认为央行数字货币是与传统纸币和硬币一样以明文规定其法定性并能够被公众广泛使用的法偿货币。⑦ 姚前进一步指出央行数字货币是采用特定数字密码技术的货币，在价值上是信用货币，在技术上是加密货币，在实现上是算法货币，在应用场景上则是智能货币。⑧ 此外，国际清算银行与G7国家发布的央行数字货币报告和欧洲央行强调的数字欧元特征都认为，央行数字货币必

---

① 刘向民：《央行发行数字货币的法律问题》，《中国金融》2016年第17期。
② 穆杰：《央行推行法定数字货币DCEP的机遇、挑战及展望》，《经济学家》2020年第3期。
③ 赵莹：《我国法定数字货币的金融监管制度构建》，《重庆社会科学》2020年第5期。
④ 戚聿东、刘欢欢、肖旭：《数字货币与国际货币体系变革及人民币国际化新机遇》，《武汉大学学报》（哲学社会科学版）2021年第5期。
⑤ 袁曾：《法定数字货币的法律地位、作用与监管》，《东方法学》2021年第3期。
⑥ 杨东、陈哲立：《法定数字货币的定位与性质研究》，《中国人民大学学报》2020年第3期。
⑦ Michael D. Bordo and Andrew T. Levin, *Central Bank Digital Currency and the Future of Monetary Policy*, National Bureau of Economic Research Working Paper 23711, August 2017.
⑧ 姚前：《理解央行数字货币：一个系统性框架》，《中国科学：信息科学》2017年第11期。

须是央行对公众的直接负债，合成型法定数字货币（Synthetic CBDC）不是真正的央行数字货币，私人机构的100%备付准备金模式也仍然属于私人机构负债，不能完全等同于央行货币。[①]

从货币地位和法律属性出发，刘少军从法理角度分析了法定数字货币的法定货币地位、法偿性和所有权转移的最终性问题，指出"央行数字货币既不是目前已经存在的电子货币的法定化也不是虚拟货币的法定化，而是由中央银行直接向社会发行的以电磁符号形式存在于电子设备中的法定货币，它在法律性质上是目前法定现钞或硬币的替代形式，同法定现钞或硬币具有共同的法律属性"。[②]谢星等[③]和陈燕红等[④]认为法定数字货币是以国家主权信用或中央银行信用为基础的中央银行数字货币。

总体而言，国内外学者对央行数字货币的定义至少在两方面达成了一致意见，即中央银行或货币当局作为发行主体和采用新型技术的数字化形态作为其存在形式。因此，央行数字货币可以定义为由法律授权的中央银行或机构向社会发行的基于密码学技术并完全依赖数字信息形态存储和支付交易的，具有加密货币形式和功能，在发行国内普遍使用的法定支付工具和价值凭证。

（二）央行数字货币发展的动因

从外部刺激动因来看，一方面，央行数字货币的发展源于私人数字

[①] Bank of Canada, European Central Bank, Bank of Japan, Sveriges Riksbank, Swiss National Bank, Bank of England, Board of Governors Federal Reserve System and Bank for International Settlements, *Central Bank Digital Currencies: Foundational Principles and Core Features*, BIS, August 2020; European Central Bank, *Report on a Digital Euro*, European Central Bank, October 2020. 合成型数字货币是指代理运营机构向中央银行存缴100%备付准备金，随后在其账本上发行相应数额的数字货币，可视为央行数字货币，参见姚前：《关于全球央行数字货币实验的若干认识与思考》，《清华金融评论》2021年第3期。

[②] 刘少军：《法定数字货币的法理与权义分配研究》，《中国政法大学学报》2018年第3期。

[③] 谢星、张勇、封思贤：《法定数字货币的宏观经济效应研究》，《财贸经济》2020年第10期。

[④] 陈燕红、于建忠、李真：《央行数字货币的经济效应与审慎管理思路》，《东岳论丛》2020年第12期。

货币的野蛮生长以及全球稳定币对国家货币主权的冲击，倒逼全球央行发展各自的主权数字货币维护金融稳定和金融安全。另一方面，新冠疫情对非接触式支付的迫切需求催化了全球央行数字货币的迅速发展，为了降低接触式支付方式传播新冠病毒的隐患[1]并提升支付效率，BIS、IMF鼓励各国关注央行数字货币和数字支付的潜力。

从货币演化的内部规律上来讲，央行数字货币的诞生是金融和技术进步促使货币形态演化的自然结果，央行数字货币的创新之处并不在于货币形态的改变，而是底层技术创新对货币发行方式的重大变革。[2]数字经济时代的"无纸化""非现金化"的支付需求使便捷的移动支付形式和高效的快速支付形式成为主流，法定货币的形态也将经历"实物货币—金属货币—纸币—电子货币—数字货币"的变迁。[3] 换言之，央行数字货币是"货币体系从商品货币向信用货币演进的必然结果"。[4]

除此以外，相比私人数字货币和其他数字支付形式，央行数字货币更具有法律性质和货币能力方面的优越性。如私人数字货币价格波动大、投机性强、流通范围有限、货币信用不强以及合规监管难度较大，[5] 数字支付形式代表商业银行信用而非国家信用，而央行数字货币不仅具备私人数字货币的区块链、密码学等底层技术优势和数字支付的便捷高效，还具有币值稳定、公信力强、易于监管等货币优势，因而世界多国央行越来越重视央行数字货币的研发、试点和推广。

（三）央行数字货币的分类

央行数字货币根据技术路线设计和流通范围差异可以进行细分。中

---

[1] Raphael Auer, Giulio Cornelli and Jon Frost, *Covid-19, Cash and the Future of Payments*, BIS Bulletin No. 3, April 2020.

[2] John Barrdear and Michael Kumhof, *The Macroeconomics of Central Bank Issued Digital Currencies*, Staff Working Paper No. 605, Bank of England, July 2016.

[3] 谢星、封思贤：《法定数字货币对我国货币政策影响的理论研究》，《经济学家》2019年第9期。

[4] 管弋铭、伍旭川：《数字货币发展：典型特征、演化路径与监管导向》，《金融经济学研究》2020年第3期。

[5] Peterson K. Ozili, "Impact of Digital Finance on Financial Inclusion and Stability", *Borsa Istanbul Review*, Vol. 18, No. 4, December 2018, pp. 333–340.

国人民银行前行长周小川提出法定数字货币基于技术路线可以分为基于账户和不基于账户两种。①中国人民银行数字货币研究所所长姚前提出了一种基于账户（account – based）和基于钱包（wallet – based）②的分层并用的架构。③孔宁根据是否基于央行账户，将法定数字货币区分为央行数字账户（Central Bank Digital Account，CBDA）和央行数字货币（Central Bank Digital Currency，CBDC）。④波尔多和列文认为法定数字货币可以划分为 CBDC 账户（account）和 CBDC 代币（token）两种类别。⑤姚前认为，法定数字货币的演化路径是从账户向代币的延伸过程，而私人加密货币则是反向推进。由于账户、代币和币之间的关系相互融合，因此央行在发行法定数字货币中应采用央行数字账户、央行数字货币和央行加密货币（CBCC）混合发展的思路。⑥欧洲央行将法定数字货币分为基于账户（account – based）和基于价值（value – based）两种类型，该分类被普遍接受。⑦

央行加密货币（CBCCs）还可分为零售型（Retail CBCC）和批发型（Wholesale CBCC）。⑧零售型是面向消费者的支付工具（payment），广泛应用于零售交易，在目前世界各国的零售型央行数字货币项目中讨论最多和具有代表性的是加拿大 E – dollar 项目、瑞典的 E – krone 项目和中国

---

① 王烁、张继伟、霍侃：《专访周小川——央行行长周小川谈人民币汇率改革、宏观审慎政策框架和数字货币》，《财新周刊》2016 年第 6 期。

② 姚前：《中国版数字货币设计考量》，《中国金融》2016 年第 12 期。

③ 姚前：《数字货币和银行账户》，《清华金融评论》2017 年第 7 期。

④ JP Koning, *Evolution In Cash and Payments*: *Comparing Old and New Ways of Designing Central Bank Payments Systems*, *Cross – Border Payments Networks and Remittances*, R3 Reports, 2017.

⑤ Michael D. Bordo and Andrew T. Levin, *Central Bank Digital Currency and the Future of Monetary Policy*, NBER Working Paper 23711, August 2017.

⑥ 姚前：《理解央行数字货币：一个系统性框架》，《中国科学：信息科学》2017 年第 11 期。

⑦ Yves Mersch, "Digital Base Money: An Assessment from the ECB's Perspective", European Central Bank, 16 January 2017, https://www.ecb.europa.eu/press/key/date/2017/html/sp170116.en.html.

⑧ Morten Bech and Rodney Garratt, *Central Bank Cryptocurrencies*, BIS Quarterly Review, September 2017.

的 DC/EP 项目。① 批发型则是只在央行和金融机构间有限流通的央行代币（token），主要用于大额交易的清算，如加拿大央行的杰斯伯项目（Project Jasper）和新加坡的乌宾项目（Project Ubin）。

批发型和零售型的央行加密货币的共同特点是都由央行发行，以电子形态存在并实现点对点交易。区别在于前者注重清算安全，后者强调匿名性特征，二者具有不同优势。例如，零售型央行数字货币与传统现金都具有匿名性，更注重交易便捷性、灵活性、隐私保护以及广泛流通。批发型央行数字货币通常用于银行间、企业部门以及跨境大额交易，因此其流通范围较为有限且匿名性程度较低，央行对该批发系统中的交易记录是可见可控的，其宗旨在于保障交易安全和金融系统整体稳健。

第三节　数字货币诞生的理论基础与属性分析

从技术条件角度来看，比特币、莱特币、Libra 等非国家权威机构发行的私铸数字货币的勃兴、区块链技术的成熟和监管机制的逐渐完善是央行数字货币应时而出的先导，这种无纸化交易的支付工具顺应了数字经济时代"无现金社会"的发展趋势和货币电子化、数字化的演变规律。根据发行主体的不同能够将私人数字货币与央行数字货币清晰地区别开来，这也是二者法律地位和法律属性具有本质区别的根源所在。

一　数字货币诞生的理论基础

从货币理论发展角度来看，打破国家垄断货币发行权的"货币非国家化"或"去国家中心主义"思潮是自由主义货币理论的代表。以哈耶克为代表的货币自由主义学家认为，政府垄断货币发行权尤其是纸币的发行权将带来一系列弊端。

一方面，缺乏货币竞争带来通货膨胀和货币危机。货币发行特权带

---

① Raphael Auer, Giulio Cornelli and Jon Frost, *Rise of the Central Bank Digital Currencies: Drivers, Approaches and Technologies*, Monetary and Economic Department, BIS Working Papers No. 880, August 2020.

来铸币权收益,这种排他性的特权至少在罗马帝国时期就已确立,并对货币权力机构和国家权威的维护具有相当大的吸引力。而政府基于公共财政、货币政策和政府控制力等需求存在超发、滥发货币的风险,且缺乏实质有效外部力量的干预。"这种内外约束机制的缺乏必然造成通货膨胀,导致经济混乱和危机爆发。"[1] 哈耶克坚持认为,应当对以往反复发生的危机负责的,不是资本主义,而是政府干预。

另一方面,哈耶克认为货币本质理论之一,也是最为流行的"国定货币说"存在偏见。国定货币说认为货币是国家的创造物,货币只有在政府权威的保护下才能计价流通并行使货币职能,在一个国家只能有一种被普遍接受的货币,这种观点也成为政府竭力维护自身发行特权的理论基础。哈耶克认为这种货币学说至少在两方面解释力不足。其一,从货币的定义和用途层面来讲,货币作为被普遍接受的支付手段并不具有唯一性。能够满足"通用性""广泛接受性"的交换手段已具备了货币职能,而不论其发行主体如何。在某种程度上,通货(currency)比货币(money)更能凸显其功能。除此以外,货币跨境流动在客观上已打破"一国一货币"的空间边界限制,货币跨境竞争改变了国家在货币管理中的角色,突破了传统上以国家为中心、一国境内仅限本土货币流通的货币地理威斯特伐利亚模式。[2] 其二,非国家职能部门并非无力提供具备良好货币职能的足值货币,政府垄断货币发行权和传统的一国一货币假说目的的实质是为赋予国家对个体市场主体更大的利益特权。在货币非国家化的设想中,引入良性的货币竞争并不会带来货币种类的无限增加和货币管理秩序的崩溃混乱,反而有助于支付效率的提升和商业银行业务政策的重大改变。

"货币非国家化"理论的本质并非否定国家货币主权的权威,而是主张引入更具活力和创新性的私人货币竞争使货币市场更具开放性、包容性,由此成为去中心化的数字货币发展的最大理论来源。这种去统一货币发行方、去国家权威货币管理的私人数字货币,依托区块链、分布式

---

[1] 李健:《当代西方货币金融学说》,高等教育出版社2006年版,第219页。
[2] [美]本杰明·科恩:《货币地理学》,代先强译,西南财经大学出版社2004年版。

账本、密码学技术实现了交易主体的匿名性、交易数据的不可篡改性、交易记录的可追踪性、跨境交易的便捷性。

如果说私人数字货币是技术驱动和市场因素作用下的私权力自发探索，央行数字货币的诞生则是国家规制下公权力的扩张以及对"货币非国家化"的警惕。[①] 央行数字货币的"后来者居上"契合了德国经济学家坎纳普（Georg F. Knapp）提出的国家货币理论（The State Theory of Money），[②] 即货币是法律创造的产物，货币的精髓并不在于其币材的价值而在于规范货币关系的法律，法定数字货币的运行以现代国家金融制度与国际金融规则为基础。央行数字货币凸显了货币的主权属性和法定性，主权数字货币将成为货币演进的主要形式，货币与国家紧密相连。

二 数字货币的设计架构

央行数字货币与全球稳定币、加密数字货币设计架构存在诸多不同（如表1-2所示）。私人数字货币的技术架构自诞生之初就是去中心化的。就多节点是否协同处理而言，央行数字货币的系统架构类型主要为中心化与分布式两种。中心化的系统架构依赖强大、统一的核心节点或权威实体对多个数据存储物理节点的控制与监测，以实现对央行数字货币交易情况的全程实时记录。分布式是以分散的、多节点的数据库同步和共享央行数字货币数据信息，以协调的算法共识机制共同管理和更新账本数据库，从而摆脱中心化、单一化的数据存储掣肘。

表1-2　　　　　　　央行数字货币与全球稳定币、
加密数字货币的设计架构比较

数字货币类别	E-CNY 类央行数字货币	Libra 类全球稳定币	比特币类加密数字货币
发行主体	各国或货币区央行	大型科技公司	由算法和共识机制产生

---

① 许多奇：《从监管走向治理——数字货币规制的全球格局与实践共识》，《法律科学》（西北政法大学学报）2021年第2期。

② Georg Friedrich Knapp, *The State Theory of Money*, London: Macmillan & Co., Limited, 1924, pp. 1-25.

续表

数字货币类别	E-CNY类央行数字货币	Libra类全球稳定币	比特币类加密数字货币
发行目标	维护货币主权和金融安全；提升支付效率，降低跨境支付成本；提高货币政策的有效性和宏观调控能力；预防货币犯罪	建立一套简单的、无国界的货币支付体系和全球通用的金融基础设施	建立点对点的支付体系
流通体系	多数国家采用双层运营体系	与法定货币1:1兑换	总量有限，各主体点对点交易
资产备付方式	商业机构向央行100%缴纳准备金	以主要经济体的一篮子主权货币为其资产储备	无真实资产担保，投机性强，价格波动大
监管形式	国内与国际联合监管	多国监管	无明确监管机构

资料来源：根据公开资料整理所得。

（一）发行模式

1. 直接发行模式

在集中式或"有中心化"的直接发行机制中，央行既是数字货币的发行主体和支付结算中心，也是维护和管理零售、批发业务的具体运营承担者，其实质是将传统零售型货币金融业务收归至央行并将商业银行支付结算体系"央行化"。在"去中心化"的发行条件下，央行数字货币基于公共区块链技术实现企业、个人账户间余额的划拨流转，央行只承担管控职能，商业银行或第三方金融机构负责支付结算的确认和系统具体运维。

2. 间接发行模式

间接发行模式是在商业银行货币支付结算系统的基础上对法定货币发行体系进行改良。[①] 在"有中心化"的条件下，央行数字货币账户与商

---

① 刘少军：《法定数字货币的法理与权义分配研究》，《中国政法大学学报》2018年第3期。

业银行存款账户、第三方支付机构支付工具同时存在。"去中心化"的联盟区块链支付系统直接实现"链上交易",货币余额的增加或减少都直接构成央行数字货币的发行和回笼。

(二)流通框架

稳健有效的流通框架应当兼顾安全与效率的价值取向。央行数字货币流通框架的选择围绕中央银行与金融中介的关系展开,公众—金融机构—中央银行三者之间的互动关系决定了央行数字货币流通框架的选择。从各国研发实践来看,央行数字货币的流通框架总体分为三类:由央行直接面向公众发行央行数字货币的单层流通框架、在传统商业银行体系下引入数字钱包的双层流通框架和数字货币发行、运营和管理相分离的混合流通框架。

1. 单层流通框架

央行直接面对公众的单层流通架构属于点对点的直接发行模式,货币的发行、流通、维护均由央行完成,是"一元"信用创造机制。具体而言,非金融企业和个人均可开立央行数字货币账户,通过数字钱包进行交易和转移,其账户余额属于央行直接负债,央行拥有储存、追踪、管控用户信息、交易变动情况的权力,商业银行和第三方支付机构承担部分客户服务工作,金融科技公司负责技术支持和运维服务(如表1-3所示)。

表1-3 央行数字货币单层流通框架下的部门职能分配

行业部门	承担职能
中央银行	负责央行数字货币的发行、用户身份登记核验以及零售型业务的支付结算服务、数字货币金融基础设施的构建
商业银行或第三方支付机构	部分用户服务的外包
金融科技公司	支付终端软硬件技术支持、大数据分析、支付场景改造与支付系统的运维服务

资料来源:金钊、曾燕等:《法定数字货币研发趋势与应用实践》,中国社会科学出版社2021年版。

单层流通框架的优势在于能够缩短业务流程、提高交易效率,但会极大增加央行运营和重建数字金融设施的负担,并可能破坏现有的货币创造与调节机制,进而引发金融风险。迪登科等人[1]指出央行实现用户的广泛覆盖存在三个主要困难:一是单层流通框架需要大大增加计算能力和网络安全;二是目前还无法配置或无法提供配套的面向广泛用户的金融基础设施;三是直接访问式的央行数字货币将与其他正式货币类型竞争,并可能破坏其他货币运营商(如商业银行)的地位,对经济稳定带来不利影响。

2. 双层流通框架

相较于单层流通框架对传统商业银行造成的"挤出效应"和"狭义银行"[2]等金融脱媒问题,在传统的商业银行体系下引入数字钱包的双层运营框架显然更为稳妥并具有实际可操作性。例如,中国人民银行前行长周小川曾表示,双层流通架构不仅能够降低央行数字货币发行流通潜在风险对现行货币金融体系的冲击,而且有助于充分调动商业银行和金融企业的积极性并适当分散风险。在"中央银行—商业银行—公众"双层运营体系中,发行端以央行发行、转移和回笼央行数字货币为主,作为中间层的商业银行和金融机构负责具体运营账户端的数字货币转移和流通,以及作为用户端的数字货币转移支付。

中国的数字人民币项目是双层流通框架的典型范例,中央银行负责央行数字货币的发行、验证和监测事宜,商业银行负责机构用户和个人用户的具体运维。中国人民银行数字货币研究所所长姚前提出数字人民币发行的配套基础设施条件,并将其总结为"一币、两库、三中心",即数字人民币、数字货币发行库和商业银行库、数字货币认证中心、登记中心、大数据分析中心。这种间接发行模式能够有效利用现行货币发行流通机制实现平稳过渡,有利于保障国内货币金融体系的稳定性。在该

---

[1] Anton Didenko and Ross P. Buckley, "The Evolution of Currency: Cash to Cryptos to Sovereign Digital Currencies", *Fordham International Law Journal*, Vol. 42, No. 4, September 2018, p. 1090.

[2] Marilyne Tolle, "Central Bank Digital Currency: The End of Monetary Policy As We Know It?", Bank Underground, https://bankunderground.co.uk/2016/07/25/central-bank-digital-currency-the-end-of-monetary-policy-as-we-know-it/.

发行模式下，央行数字货币的电子传送、云计算空间储存保管方式替代了传统货币的物理运送和央行、商业银行业务库的保管方式，央行数字货币与现行货币体系的衔接融合以及隐私保护和交易安全是该模式的重点。

3. 混合流通框架

混合流通框架是指央行数字货币的发行、流通和管理分别由央行、商业银行或第三方支付机构负责。在各国央行数字货币研发实践中，科学地决定和调控数字货币的发行量、保证币值稳定以及国内货币发行流通体系的安全是各国选择流通框架的考量因素。例如，中国数字人民币项目、瑞典电子克朗项目以及日本的通用型央行数字货币项目均采用了更为稳健的双层流通框架；基于支付效率考量的乌拉圭电子比索项目、乌克兰电子格里夫纳项目选择了"央行—公众"的直接发行模式。欧盟的数字欧元项目和加拿大的央行数字货币应急方案尝试运用混合流通框架，探寻央行数字货币发行流通稳定性、高效性和可行性的最优选择。

从国内外央行数字货币流通框架的应用实践来看，各国在 CBDC 研发初期通常囿于技术限制和提升支付效率的简单目标，更偏好单层流通框架。在当前阶段，多数国家选择了双层流通框架保障国内货币运行体系的稳定。上述三种流通框架在不同的金融场景中各具优缺点，其核心区别是债权债务关系和支付服务提供主体的不同（如表1-4所示）。

表1-4　　　　　　　央行数字货币流通框架的特征分析

流通框架类型	是否央行直接负债	数字货币获取部门	数字支付服务提供部门
单层	是	中央银行	中央银行
双层	否	商业银行	商业银行
混合	是	商业银行	商业银行/第三方支付机构

资料来源：Raphael Auer and Rainer Böhme, *The Technology of Retail Central Bank Digital Currency*, BIS Quarterly Review, March 2020, p. 88.

三　数字货币的货币属性

（一）加密数字资产的货币属性

关于私人数字货币的法律性质目前较为流行的是"商品说"和"证券说"。"商品说"将比特币类的加密数字资产视为一种特殊的虚拟商品，在特定的互联网条件和社群环境中能够进行买卖、支付及有限流通使用，但其自身不具备传统货币的交易媒介、价值尺度和贮藏手段等基本货币职能。目前，多数国家和学者认可加密数字资产是一种投机性资产，"挖矿"行为、工作量证明机制及其总体数量的恒定性、稀缺性赋予其作为商品的价值性和可交易性。我国的金融监管部门采用"商品说"并对比特币类的加密数字资产采取了严格禁止态度，美国的商品期货交易委员会对比特币类的数字资产交易采取了较为宽松的监管政策，并将其作为大宗特殊商品进行征税。

"证券说"认为加密数字资产或代币通常具有证券的融资属性，因此发行加密资产的平台或企业应纳入证券监管规则体系。如包括瑞波币在内的多家加密企业因销售未经许可的证券被美国证券交易委员会（SEC）指控，2022年全球最大的加密货币平台 Coinbase 上市的部分代币实际上属于证券，数字资产交易平台应受到证券监管机构的严格管控，这意味着美国证监会对证券类加密数字资产或代币的强化监管趋势。

"商品说"和"证券说"都认为加密数字资产本身并非真正的货币，如果强行赋予其货币属性将造成传统货币、证券和商品内涵与逻辑的冲突，还会阻碍数字货币概念的创新和新的货币方案的设计。随着人们对加密货币认识的增加，其作为支付手段和投资工具的接受度逐渐提高，为各国货币数字化和央行数字货币研发提供了有益经验。

（二）稳定币的货币属性

Libra 试图通过锚定世界主要国家的主权货币保障币值稳定，并以渐进式的国际化构建一套全新的数字货币跨境支付体系。问题在于，尽管 Libra 以"一篮子"主权货币为信用背书使其具有某种程度的超主权性，但其本质仍属建立在非主权基础上的私人数字货币，因此必将受到主权国家的限制或约束，从长远看，超主权的 Libra 难逃法定化的宿命。

近年来，美国联邦政府和货币监理署对数字美元稳定币和美联储推进的数字美元的积极态度促使二者相辅相成，这将有利于构筑庞大数字美元生态圈并对国际货币体系产生影响。Libra 代表了包括美国在内的发达国家对未来货币体系的构想，并希望通过数字美元稳定币巩固美元霸权，这已超出 Facebook 原本框架。美元通过全球货币互换网络与各国货币体系深度捆绑，Libra 的篮子货币身份及权重实际上不过是一项政治安排。

（三）央行数字货币的货币属性

在央行数字货币的全球研发实践和理论研究中，由于货币形态、技术特征、设计架构的差异，对于央行数字货币的内涵尚未达成统一意见，但其特征具有以下共性。

第一，发行主体为主权国家、货币区的中央银行或授权机关。是由中央银行或货币当局主导的主权数字货币，与传统法定货币具有相同的法偿性，区别仅在于二者物理载体的不同。

第二，货币性质为央行负债。国际清算银行认为，央行数字货币现有法定货币形式（现金和中央银行结算账户）的数字延伸，以一国法定记账单位计价，是中央银行数字形式的直接负债，这有别于商业银行存款货币的银行负债，也不同于第三方支付机构、商业银行与客户三方主体之间的债权债务关系。[①] 在零售型央行数字货币系统中，央行的货币结构由黄金储备、外汇储备、现钞、央行数字货币和存款准备金组成，其中零售型 CBDC 和现金都属于央行直接负债，具有法律拟制的法偿性，是一种广泛流通的"数字现金"，而持有商业银行存款的公众不享有对央行的直接求偿权。[②]

央行数字货币是法定货币的数字形式，因此将与传统法定货币一道共同构成央行的资产负债与收益。英格兰央行在其发布的《央行发行数字货币的宏观经济效应》报告中指出，央行数字货币是建立在分布式账

[①] Raphael Auer, Jon Frost and Leonardo Gambacorta et al, *Central Bank Digital Currencies: Motives, Economic Implications and the Research Frontier*, BIS Working Papers No. 976, November 2021.

[②] Raphael Auer and Rainer Böhme, *Central Bank Digital Currency: the Quest for Minimally Invasive Technology*, BIS Working Papers No 948, No. 948, June 2021.

本和去中心支付系统技术基础上的电子化货币,个人及企业均可使用该货币付款及储值,[1] 其创新之处并不在于其电子化形式,而是其底层技术创新对货币发行方式的重大变革,[2] 其法律属性是被普遍认可的央行有息负债。从货币信用角度和资产负债表来看,公众通过开立央行数字存款账户直接持有央行负债,实现了公众—中央银行之间的点对点对接。

第三,货币形态上是法定货币的数字化形式。从货币形态界定央行数字货币特征的还有国际清算银行(BIS)和国际货币基金组织(IMF),BIS 提出各种货币形态组成的"货币之花",从发行主体、流通范围、货币形态、技术路径四个维度将货币形式划分为电子货币、传统法定货币、央行加密货币,[3] 央行加密货币是利用先进数字经济技术发行的一种全新的货币形态。[4] IMF 以"货币树"的形式将央行数字货币与电子货币、纸币、加密货币等货币形态加以区分。[5]

第四,功能定位为现金 M_0 的替代。央行数字货币的功能定位与其交易目的、流通范围紧密相关。批发型 CBDC 和零售型 CBDC 均有助于支付效率和安全程度的提升,区别在于前者的交易主体为央行与金融机构且适用于大额结算清算交易,因此其流通范围不包括广泛公众。零售型 CBDC 的定位是对流通中现金 M_0 的替代,用于日常零售支付。国际清算银行的调查报告显示,在全球 21 个发达经济体和 45 个新兴市场国家中,有 15% 的国家在进行批发型 CBDC 的设计研发,30% 的经济体专注于零售型 CBDC,而 50% 的央行在同时推进批发型和零售型的央行数字货币研究。这项覆盖全球 75% 人口和 90% 经济产出的调查结果具有相当的代表性和显著性,基于国内和国际货币金融体系的稳健性和安全性考量,在央行

---

[1] Bank of England, *Central Bank Digital Currency: Opportunities, Challenges and Design*, BoE Discussion Paper, March 2020.

[2] John Barrdear and Michael Kumhof, *The Macroeconomics of Central Bank Issued Digital Currencies*, Staff Working Paper No. 605, Bank of England, July 2016.

[3] Morten Bech and Rodney Garratt, *Central Bank Cryptocurrencies*, BIS Quarterly Review, September 2017.

[4] Agustín Carstens, *Central Bank Digital Currencies: Putting a Big Idea into Practice*, BIS, March 2021.

[5] IMF, *The Rise of Digital Money*, FinTech Notes 19/01, July 2019.

数字货币研发初期采用零售型 CBDC 并逐渐过渡替代现金 M_0 是当前大多数央行的选择。

自 2014 年开始的中国数字人民币项目 DC/EP 在世界央行数字货币的研发实践中具有先发优势，数字人民币（E-CNY）是由中国央行发行并授权指定运营机构承担数字货币汇兑，在现行货币金融体系基础上支持银行账户松耦合，能够与现行法定货币实现 1∶1 兑换的可控匿名性支付工具。① 日本央行指出，央行数字货币是与商业存款和央行账户资产不同的新型电子央行货币。② 从货币信用特征角度来看，姚前认为央行数字货币目前的功能定位是对流通中现金的替代，具有与纸币同等的价值内涵和法律地位，都以国家主权信用为背书，区别在于央行数字货币在技术维度属于加密货币和算法货币。③ 除认同央行数字货币是具有完全国家信用的数字现金以外，狄刚认为央行数字货币还兼具国家信用与技术信用的特征，是国家驱动型的最强信用货币。④

第五，货币契约关系来源于法律强制。货币形态演化的法经济学规律之一是由私人主体分散发行到国家强制发行，降低了社会缔约成本，货币发行经历了门格尔货币自发秩序理论到货币国家理论的转变。在实物货币、金属货币时期，货币本身就是一种具有价值的商品。伴随着交易便捷性、支付效率和货币度量单位统一等货币需求层次的提升，货币的商品价值下降，符号价值上升。⑤

总体而言，央行数字货币的本质属性具有三个方面的典型特征。

1. 完整的货币职能

央行数字货币具有完整的货币职能，能够发挥价值尺度、流通手段和支付手段等功能。央行数字货币与传统法币具有相同计价单位，都可

---

① 范一飞：《中国法定数字货币的理论依据和架构选择》，《中国金融》2016 年第 17 期。
② 日本银行：「中央銀行デジタル通貨に関する日本銀行の取り組み方針」，https：//www.boj.or.jp/announcements/release_2020/data/rel201009e1.pdf，2020 年 10 月。
③ 姚前：《中央银行数字货币原型系统实验研究》，《软件学报》2018 年第 9 期。
④ 狄刚：《数字货币辨析》，《中国金融》2018 年第 17 期。
⑤ 朱烨辰：《数字货币论——经济、技术与规制视角的研究》，博士学位论文，中央财经大学，2018 年，第 53 页。

作为普遍支付工具。央行数字货币是央行负债，属于特殊债权的一种。央行数字货币持有人账户余额的变动构成央行资产负债表的增减，央行数字货币的发行、流通、回笼影响央行数字货币关系主体之间的债权债务关系。

2. 国家权威性

国家权威性是央行数字货币或法定数字货币与各种电子货币、数字货币产品、虚拟货币的最大区别。首先，央行数字货币的国家权威性表现为发行主体的权威，通常为一国最高货币权力机构中央银行主导和发行，天然地具备了国家属性。其次，以主权政府信用为背书，具有最强的货币信用。这种明显区别于私人数字货币的投机套利、高风险性、高波动性风险特质的信用属性，赋予了央行数字货币稳定币值、增强市场信心和宏观调控的能力。另外，央行数字货币的国家权威性还体现为其法律确定性。以国家立法或法令的形式明确央行数字货币的法律属性，使其拥有同传统法定货币同等的法律地位，数字货币财产关系得以明确化、法制化。

3. 强制法偿性

央行数字货币的本质特征在于其强制法偿性，是中央银行行使货币发行权、立法机关行使货币立法权保障货币发行并取得法定地位的过程。概言之，央行数字货币是由权威货币当局发行、以正式法令承认其合法流通地位的数字货币，是主权货币和信用货币的数字化。[1] 央行数字货币是由金融科技驱动货币形态革新、由权威部门发行、以国家信用为支撑、以国内法制体系为保障的法定货币，具有法偿性、强制性、主权垄断性，是一种存储于电子设备、具有现金特性的法定货币。[2]

四　数字货币的法律属性

私人数字货币和央行数字货币信用来源的差异，直接决定了其法律

---

[1] 陈若愚、李舞岩、张珩：《央行数字货币的发行：模式、评估与比较研究》，《西南金融》2022 年第 3 期。

[2] 赵莹：《我国法定数字货币的金融监管制度构建》，《重庆社会科学》2020 年第 5 期。

属性的不同。数字加密资产和稳定币等私人数字货币在法律性质上属于非法定数字货币，而数字人民币、数字欧元、数字美元、数字日元等主权国家或货币区推出的央行数字货币属于法定数字货币。

（一）私人数字货币与央行数字货币的法律属性

央行数字货币在数字科技和私人数字货币的双重冲击下呈现诱致性变迁到强制性变迁的转向。① 从契约的来源和法理学角度来看，货币可以分为法定货币与约定货币，前者由国家或区域的专门立法明确其法定地位，代表国家信用，具有法偿性、支付结算效力的最终性和国家强制性，任何社会主体都不得否认其法律地位。法定数字货币是由一国或货币区法律特别规定的，在该法域内具有最强货币信用和法偿效力。约定货币是经由商业习惯反复实践并被特定交易领域内的受约主体共同接受和认可的货币，在法理学中属于交易主体之间的格式合同。同时，约定货币排除了约定货币类型的任意性，即约定货币本身必须具备货币的财产性、稳定性、通用性、工具性和区域性等特征以及货币信用本质。②

在严格的货币法意义上，基于区块链技术和网络共识机制发行的以比特币为代表的"数字货币"只是借用了货币的名称，其本质并不是货币，甚至不能够成为支付结算工具，而只是一种投机工具。尽管有少数国家将比特币定性为数字资产，但充其量只能算作法学意义上的约定货币，更不具备法定数字货币的国家信用本质，与法定数字货币具有法律性质维度的根本区别。央行数字货币是央行面向社会直接发行的、以数字电子符号形态存储于特定数字系统或设备中的法定货币，其既不同于现行电子货币、虚拟货币的法定化，也不同于法定现钞或硬币，其发行流通势必引起货币理论和相应法律制度关系的变化。③

私人数字货币的兴起对传统货币和支付体系提出挑战的同时，也为

---

① 杨继：《基于数字经济的法定数字货币产生逻辑、功能演进与发展趋势研究》，《社会科学辑刊》2022年第2期。

② 刘少军：《"法定数字货币"流通的主要问题与立法完善》，《新疆师范大学学报》（哲学社会科学版）2021年第4期。

③ 刘少军：《法定数字货币的法理与权义分配研究》，《中国政法大学学报》2018年第3期。

央行数字货币的探索和实施提供了技术基础和可能性。基于市场需求自发产生的私人数字货币具有灵活性、创新性以及对特定市场和用户群体的吸引性,央行数字货币不可能完全取代私人数字货币。央行数字货币和私人数字货币在未来金融体系中的共存将是一个复杂的过程,涉及技术创新、监管政策、市场需求和国际合作等方面。

全球数字货币格局很可能会呈现出公私数字货币并存的双轨发展模式,即私人数字货币将继续在特定领域发挥作用,而央行数字货币则可能在更广泛的经济活动中占据主导地位。非主权数字货币与主权数字货币之间并非"非此即彼"的相互替代关系,二者在技术共通基础和金融创新环境中将长期包容共存。但非主权数字货币与主权数字货币在设计架构、法律地位以及与现行法定货币的关系等方面也存在差异。

(二)央行数字货币与传统法定货币的关系

央行数字货币与传统法定货币都属于法定货币范畴,二者的相同特征包括完整的货币职能、国家权威性、强制法偿性。

央行数字货币的发行和流通对现行法定货币和信用支付体系的影响主要有两方面:一是分工性和互补性,彼此分工合作且相互补充;二是竞争性和替代性。央行数字货币的推出是国家对数字货币趋势的响应,旨在维护货币主权和金融稳定,同时提高支付系统的效率和安全性,央行数字货币的发行与流通能够替代现行法定货币及其他支付方式的某些功能。

第二章

数字货币发展的全球态势与影响

数字经济时代的货币竞争仍然以主权国家数字货币竞争为主，数字货币交易尤其是其跨境流动不仅影响发达经济体和新兴经济体的货币数字化进程，还引发国内金融体系和国际货币格局的深刻变革。未来国际货币竞争的主体扩大到各主权国家、大型科技公司或社群。这意味着以国家为主的传统货币竞争的外延有所扩张，一国主权数字货币不仅要与他国主权数字货币竞争，还面临诸如 Libra、USTD 等全球稳定币的挑战。除此以外，国际货币竞争的方式更为隐秘。传统货币竞争或者说国际货币权力的运用主要通过货币操控（Currency Manipulation）、货币依赖（Monetary Dependence）和体系破坏（Systemic Disruption）三种方式引致货币权力转移或货币地位更迭,[①] 而数字货币竞争的方式则改变为先发优势、数字标准、数字规则的确立取得的话语权。

第一节 以央行数字货币竞争为主的全球趋势

数字经济时代的货币竞争主要表现为主权国家之间的数字货币竞争，各主权国家就央行数字货币的影响力与势力范围的博弈是数字经济背景下新型货币竞争的典型特征。在社区层面、国家层面和国际层面的数字货币竞争中，国家层面的主权数字货币将主导未来数字货币体系并成为

---

① [美] 乔纳森·科什纳：《货币与强制：国际货币权力的政治经济学》，李巍译，上海人民出版社 2020 年版，第 7—17 页。

主权国家拱卫货币权力和国际金融规则话语权的手段。目前，各国央行尚未就央行数字货币的发行问题达成广泛共识。在世界各国央行数字货币的研发实践中，发达经济体相较于新兴经济体对央行数字货币的推进过程相对谨慎和缓慢，大国之间就主权数字货币的竞争越发激烈。由于发达国家与发展中国家的发行动机、政策目标变化、研究内容的侧重点、国内法律框架和监管制度基础并不相同，这导致各国发行央行数字货币的合法性与监管立法的差异。

一 央行数字货币的全球发展态势

（一）全球央行数字货币实践

央行数字货币研发的必要性已成为一项国际共识，全球央行数字货币总体呈现出渐进革新而非激进革命的态势。国际清算银行（BIS）及其下属的支付与市场基础设施委员会（CPMI）综合连续五年全球央行数字货币研发动态调查发现，2017—2021年全球受调查央行从概念验证、利弊风险评估到试点推行的关注程度和参与程度更加深入，[1] 如2018年86%的央行投入CBDC研发，进行央行数字货币落地试点的央行已达14%,[2] 进行理论构想、概念验证阶段的央行比例由2019年的42%上升为2020年的60%。2021年7月，56家央行已公开披露其研发进展成果，81家央行中约有90%（占全球经济产出的94%）正在探索CBDC，其中一半以上的央行正在开发或运行具体的试点项目,[3] 且零售型CBDC已进入更深层次。

大西洋理事会（Atlantic Council，2022）跟踪调查了109个国家投入央行数字货币的实践进程。研究发现，占全球GDP 95%以上的105个国家已投入央行数字货币研发，而在2020年5月仅有35家。

---

[1] 在国际清算银行2018年CBDC研发调查中发达国家45个、新兴市场经济体45个，占据世界人口的75%和90%的经济产出，到2021年度这一比例分别达到76%和94%。2021年81家央行参与了该项调查，其中56家同时参加了2020年的调查，41家央行连续四次参与了该项调查，保证了调查结果的动态变化性、权威性和代表性。

[2] BIS, *Ready, Steady, Go? – Results of the Third BIS Survey on Central Bank Digital Currency*, BIS Paper No. 114, January 2021.

[3] BIS, *Gaining Momentum—Results of the 2021 BIS Survey on Central Bank Digital Currencies*, BIS Paper No. 125, May 2022.

普华永道就2021年和2022年央行数字货币项目的成熟度进行了统计，根据其全球报告《全球央行数字货币指数和稳定币概述》，① 在零售型CBDC指数统计中，尼日利亚、巴哈马和中国大陆分别位居前三，新进实体尼日利亚、牙买加和泰国因2022年发布的计划和试点项目挤入前十，而柬埔寨国家银行认为其国内研发的Bakong项目属于数字支付系统而非央行数字货币、厄瓜多尔的电子Dinero项目被取消退出前十。在批发型CBDC方面，泰国央行、香港金管局、新加坡金管局的批发型CBDC项目位居全球前三，英格兰央行因RTGS系统能够满足当前大额支付实时结算需要，因此暂不考虑发行批发型央行数字货币而退出前十排名。

从央行数字货币的发展指数和未来趋势来看，各国央行数字货币的成熟水平差异较大，随着进入试点阶段的测试项目增多，央行数字货币的有益经验将有助于加快下一阶段的研发进程。与此同时，各国更加注重公共部门与私人部门的合作以增强金融包容性，包括IMF在内的全球货币监管当局认为各国应对在研的央行数字货币项目进行有关货币政策实施、银行融资、网络安全、运营弹性、金融稳定性和完整性等方面的定期风险评估和应急规划。

（二）央行数字货币发展目标

2020年加拿大央行、欧洲央行、日本央行、瑞士央行、瑞典央行、英格兰央行、美联储以及国际清算银行共同发布《发行央行数字货币的基本原则和核心特征》报告，考察了各国发行央行数字货币的动机、应当遵循的准则以及央行数字货币应当具备的核心特征。② 上述国内金融市场发达的国家和世界权威金融组织认为，全球央行发行动机多样，包括建立多样化的、有弹性的、高效的数字金融支付系统，鼓励金融包容创新、改善跨境支付体系冗杂低效困境、提高货币政策有效性和社会治理效能等目标。作为支付手段的央行数字货币不仅是各国央行履行向公众提供现金的责任，也是一种公共利益和国际货币公共产品。

---

① PwC, *Global CBDC Index and Stablecoin Overview* 2022, April 2022.
② BIS, *Central Bank Digital Currencies: Foundational Principles and Core Features*, BIS Report No. 1 in a Series of Collaborations From a Group of Central Banks, October 2020.

发达国家和发展中国家发展目标定位不同决定了各国在央行数字货币架构设计、功能定位和法律框架等方面的认知差异，以及央行数字货币发展程度和数字货币战略竞争的差距。[1] 根据 BIS 和 CPMI 对各经济体央行有关央行数字货币发展目标与预期、央行数字货币类型、研发项目以及法律权力等方面的持续追踪调查发现，新兴市场经济体与发达经济休都将央行数字货币视为革新当前货币体系、应对货币替代潜在安全风险、降低支付成本、保障宏观调控能力和维护金融稳定的全新机遇。

新兴市场经济体与发达经济体对央行数字货币的目标定位存在差异，这直接影响各货币当局对央行数字货币类型和架构设计的选择。新兴市场经济体在未来 6 年内发行央行数字货币的意愿和可能性更高，多数央行出于增强货币政策和金融包容性以及提升国内支付效率等需求偏好发行零售型 CBDC，并将其功能定位设计为现金的补充或替代。

发达经济体则更注重金融安全和稳健性以及支付效率。这是因为发达国家通常具有成熟的金融市场、健全的法律监管框架、完善的金融基础设施和较高的金融普惠比例，其关注的重点是央行数字货币在大额国际清算中机制的升级甚至重塑作用。申言之，批发型 CBDC 与贸易开放程度和服贸规模具有直接联系。发达国家对跨境支付体系的创新、更高效的支付清算服务、支付安全有更高的需求，因此，更倾向于批发型 CBDC 的研发。BIS 的调查结果也表明，数字化程度和创新能力直接影响央行数字货币项目的领先水平，批发型 CBDC 项目在根基深厚的金融市场中更为先进。[2]

二 代表性区域的央行数字货币政策

（一）欧美地区央行数字货币政策

1. 已完成央行数字货币发行的国家

厄瓜多尔、塞内加尔、委内瑞拉、立陶宛及巴哈马虽先后正式发行

---

[1] 李帅、屈茂辉：《数字货币国际监管的法律秩序构建》，《法学评论》2022 年第 4 期。
[2] Codruta Boar, Henry Holden and Amber Wadsworth, *Impending Arrival – A Sequel to the Survey on Central Bank Digital Currency*, BIS Papers No. 107, January 2020.

了零售型央行数字货币,但从其实际流通和目前的发行效果来看并未达到预期目标,甚至部分国家已宣布停止发行。上述国家除巴哈马以外均采用了央行直接面向公众发行的单层流通框架,这极易诱发金融市场化程度较低和数字基础设施薄弱国家内部货币金融体系的系统性风险。厄瓜多尔和立陶宛分别是最早正式发行央行数字货币和首个利用区块链技术发行主权数字货币的国家,同时也是宣布发行失败的国家。

(1)发行失败的国家

厄瓜多尔。2014 年,厄瓜多尔中央银行基于"去美元化"的现实需求启动了"Dinero 电子货币"(Dinero Electrónico)项目,允许公众通过中央银行运营的加密支付系统进行移动支付。2015 年这种基于去中心化的分布式账本技术发行的数字货币被称为"厄瓜多尔币",也是全球首个正式发行的央行数字货币。厄瓜多尔发行数字货币的动机一方面是为顺应无纸化支付的数字经济潮流,节约现金发行与管理成本、减少货币财政支出;另一方面主要是为减轻美元依赖带来的金融脆弱性,维护本国货币主权的独立和安全。

在具体架构设计上,厄瓜多尔采取了直接发行并广泛流通的路线,公众可以使用该厄瓜多尔币完成日常小额移动支付。然而,由于公众对政府公信力不足,本币使用率低迷导致数字厄瓜多尔币在 2016 年停产。厄瓜多尔币在实际使用中并未撼动或冲击美元在本国的强势货币地位。根据数字货币网统计,在厄瓜多尔业已形成的美元支付生态体系下,使用厄瓜多尔币进行交易的用户比例极低,其在运行期间的实际流通量甚至不足整个货币需求市场的 0.003%。[①]

立陶宛。2020 年,立陶宛央行基于区块链技术发行了一种发行周期仅有 30 个月的数字纪念币 LBCoin,是首个基于区块链技术正式发行数字货币的国家。从运营架构上来看,LBCoin 采用了单层流通框架和区块链技术,能够通过专门的区块链网络与立陶宛央行货币系统进行流通兑换,是国家背书的数字货币和区块链试点项目的具体应用。从法律性质来看,

---

① 金钊、曾燕等:《法定数字货币:研发趋势与应用实践》,中国社会科学出版社 2021 年版,第 6 页。

尽管 LBCoin 由立陶宛央行正式发行，但其并不具有法定货币的法偿性。一方面，立陶宛的法定货币是欧元，LBCoin 欠缺合法性依据。另一方面，LBCoin 本质上属于数字纪念币范畴，在发行期限届满后数字化的 LBCoin 被兑换成了实物收藏币，因此尽管其由立陶宛央行发行，却不具有价值尺度、流通手段等货币职能。

发行央行数字货币失败的国家存在以下方面的共通点。第一，在研发动机方面，央行数字货币的发行多数是为了解决国内严峻的经济危机或政治不稳问题，希望通过央行数字货币的发行推进金融普惠、吸引外资、改善经济发展或政治独立性。第二，发行失败国境内金融基础设施、金融体系、数字化程度、用户基础通常水平不高，国家信用较差。第三，央行数字货币的研发准备期普遍较短，发行流通较为仓促，缺乏发行流通的立法保障以及央行数字货币对货币政策、传统货币体系、金融稳定等全方位的审慎风险评估与应对策略。因此，政府公信力和国际影响力是央行数字货币流通推广的根本保障；具有深度和广度的金融市场发展水平、完善的金融基础设施、先进的数字化技术是央行数字货币广泛流通和稳定运行的基本条件；对用户基础的深度调查、全方位的风险应对与政策考量、审慎充分和负责任的研发准备是央行数字货币发行的必要条件。

（2）持续发行中的国家

委内瑞拉。2017 年，委内瑞拉为应对国际油价暴跌引起的严重通货膨胀和金融制裁带来的金融危机，宣布发行石油币 Petro。Petro 与委内瑞拉的资源储备价格直接相关，拥有与主权货币玻利瓦尔近乎同等的价值。在流通兑换方面，石油币采用了直接面向公众的单层流通框架，并要求尽可能采用美元、欧元与 Petro 进行汇兑以扩充委内瑞拉境内的资本市场。但自 Petro 发行以来，由于公众对委内瑞拉政府信任的缺失以及国外的强烈抵制，其推行并不顺利，利用石油币提振国内经济的目标也远未达成。

巴哈马。巴哈马推行零售型 CBDC 的主要目的是为没有银行账户的人群及金融基础设施薄弱地区提供一种广泛覆盖的、具有支付效率和成本优势的支付方式，在促进金融普惠的同时提升监管效能。2019 年，巴哈马央行开始了沙元（Sand Dollar）首个试点，2020年10月开始逐步进行全国范围内的流通推广。沙元项目是巴哈马提升支付系统现代化程度的项目之一，沙元运用区块链技术和央行批准的移动数字钱包进行交易，支持脱机运行和离线支付，并能够兼容传统货币系统与央行数字货币系统。巴哈马央行采用了双层运营架构，由央行发行并监测沙元数量，金融中介机构具体负责沙元的客户维护和监管合规工作。沙元与巴哈马法定货币挂钩但不计息，代表央行的直接负债。

2. 正处于风险评估与测试阶段的国家和地区

（1）美国Hanmilton、数字美元：巩固美元霸权

无论是非官方的数字美元基金会推动还是官方的联邦立法提案促进数字美元的研发进程，其本质目标都是维护美元的霸权地位。Libra在全球数字金融领域的探索为数字美元提供了实践经验，以中国为代表的全球央行数字货币的研发热潮和疫情的催化改变了美国此前对央行数字货币的观望态度。数字美元的研发动机主要是为巩固美元在国际货币体系中的主导地位，并引领货币领域的数字化变革、主导央行数字货币的国际标准制定。美国认为其他国家央行数字货币的广泛发行流通以及加密资产的挑战将影响美元的潜在收益，"而鉴于美元的重要作用，美国必须在央行数字货币研究和政策制定中保持前沿"。[1] 数字美元的入局将对"美元体系、央行数字货币的国际标准制定乃至全球货币格局产生深远影响"。[2]

从2020年开始，美国成立了数字美元基金会，与金融科技公司、智库、金融机构等部门开展了有关数字美元的广泛合作，并发布了首份有关数字美元雏形的白皮书。当前美国央行数字货币研发项目主要有波士顿联储和麻省理工学院合作开发的Hanmilton项目以及美国国会议员正在讨论的以立法形式推出的数字美元。

数字美元的立法驱动主要由美国国会立法提案和总统行政命令构成。

---

[1] CRS, *Central Bank Digital Currencies: Policy Issues*, July 2021.

[2] 包宏：《美联储发行央行数字货币的基本概况、政策挑战以及对数字人民币的启示》，《经济学家》2022年第6期。

2022年3月拜登政府发布了《确保负责任地发展数字资产的总统行政命令》,将研发美国央行数字货币作为"最紧迫"事项。[1] 在数字美元的国会立法提案方面,自2020年新冠疫情开始,美国国会议员提出了多项有关美国央行数字货币的议案。具有代表性的有参议院提出的《全民银行法案》(S. 3571 - Banking for All Act)、众议院提出的《消费者、租赁者、不动产所有者和无家可归者的保护法案》(Section 101 of II. R. 6321 - Protecting Consumers, Renters, Homeowners and People Experiencing Homelessness),上述两项提案都建议国会通过立法由美联储创建为公众广泛持有的央行数字货币或数字钱包,用于发放受疫情影响的救济金和其他经济刺激政策资金。除此以外,众议院提出的《2021年央行数字货币研究法案》[2] 要求美联储报告央行数字货币对消费者、企业、货币政策和美国金融系统的影响。《21世纪美元法案》[3] 要求财政部制定数字美元战略以维护美元在全球储备货币中的主导地位。由此可见,通过联邦立法助推数字美元发展进程已经成为美国国会的重要议程之一。[4]

除了加快数字美元的研发进展和立法活动以外,美国还积极主导央行数字货币的国际规则制定。2020年,美联储与BIS及7家西方国家央行发布的《央行数字货币的基本原则和核心特征》报告、2021年与G7国家联合发布的《零售型央行数字货币的公共政策原则》[5] 报告从技术设计、运营架构、系统互操作性、数据隐私、金融稳定等方面预设全球央行数字货币的国际标准。

(2) 欧盟 Stella、英国 RSCoin:争夺数字规则话语权

当前全球央行数字货币的研发动机除了抵御私人数字货币对本国货币主权的冲击以外,还希望在数字经济时代引领全球数字规则的主导权,

---

[1] The White House, *Executive Order on Ensuring Responsible Development of Digital Assets*, March 2022.

[2] Congress Gov., *H. R. 2211 - Central Bank Digital Currency Study Act of 2021*, 117th Congress (2021 - 2022).

[3] Congress Gov., *H. R. 3506 - 21st Century Dollar Act*, 117th Congress (2021 - 2022).

[4] 李仁真、关蕴珈:《新冠疫情下美国数字美元的发展及其影响》,《国际贸易》2020年第10期。

[5] G7, *Public Policy Principles for Retail Central Bank Digital Currencies (CBDCs)*, October 2021.

赢得全球数字金融治理和多元化的国际数字货币体系的话语权。欧洲央行对待央行数字货币的态度较为谨慎。这主要源于欧盟内部成员国的意见较为分裂，如德国担忧引入央行数字货币会破坏当前货币体系的稳定而持消极意见；法国则在2020年积极启动本国的试验计划；欧洲央行担心成员国自身数字货币的发行会影响欧元区的一体化。这种欧元区统一货币与成员国独立货币政策的矛盾造成了欧洲央行在数字欧元问题上的摇摆态度。

欧洲央行目前进行的央行数字货币项目包括零售型的数字欧元项目以及与日本央行合作的批发型Stella项目。为提升欧元在欧元区以外的吸引力、提升欧洲经济数字化水平并保障欧盟战略的独立性，2020年10月欧洲央行公布了"数字欧元"（Digital Euro）报告，指出数字欧元的研发动机主要是顺应欧洲去现金化的趋势、增加货币政策传导渠道、降低货币和支付系统成本。该报告认为，央行数字货币国际标准、国际监管机制、国际协调机制的缺位将会影响全球央行数字货币的良性发展，而未来央行数字货币竞争与合作的主基调将围绕"创新—监管"展开。数字欧元的设计应以稳健性、安全性、隐私保护和支付效率为前提，并能够满足欧盟及成员国内部有关反洗钱、反恐主义融资等国际监管法律要求。除此以外，欧洲央行鼓励私人部门参与和辅助欧洲央行的数字欧元研发工作，在坚持欧洲央行对数字欧元发行和监管最终控制权的基础上，使受监督的私营部门和中介机构充分发挥金融创新和风险分散的作用。欧洲央行与日本央行Stella项目分为四个阶段：第一阶段评估分布式账本环境下的流动性节约机制能否高效安全运行；第二阶段探索券款兑付；第三阶段探索同步跨境支付的技术路径；第四阶段探索分布式账本环境中如何在保密性和可审计性之间取得平衡，以证券结算系统、同步跨境转账、平衡机密性和可审计性为研发重点。

英格兰央行是全球金融创新的引领者之一。英格兰银行在2015年进行了零售型数字货币RSCoin的小规模测试，旨在探索DLT技术在央行数字货币中的应用潜力，该试验结果表明分布式账本技术的应用和央行的中心化管控能够同时实现。在批发型数字英镑的技术选择上，英格兰央行认为DLT仍具有较大的不确定性和安全隐患，因此对更稳定可靠的现行 RTGS（实时结算系统）进行升级更新更具有可行性。英格兰央行的数字英镑采取了双层运营框架，①旨在促进央行与商业银行的开放竞争并充分发挥其优势，提升数字英镑系统的互操作性和可扩展性。

为了主导全球数字规则制定权，欧盟和英国在网络安全、反洗钱/反恐怖融资、数据跨境流动和隐私保护领域发布了多项法律文件。例如欧盟出台了《通用数据保护条例》《数字市场法案》《数字服务法案》《网络弹性法案》等一系列数字经济领域的监管规则和标准。脱欧后的英国也通过新的《数据改革法案》《2022—2023 金融服务和市场法案》以及跨国金融监管沙盒"全球金融创新网络"等措施在国际金融监管规则领域形成示范效应，数字经济领域的规则之争将越发激烈。

（3）加拿大 Jasper：金融创新包容者

加拿大研发批发型数字加元的核心目的是降低支付结算成本并提高金融系统的运行效率。2016 年，加拿大央行与加拿大支付银行、R3 区块链联盟以及 6 家商业银行合作进行 Jasper 项目，探索区块链技术在数字加元（CAD - Coin）系统中处理大额支付清算以及银行间常规业务的能力。Jasper 项目已完成三个阶段的概念验证，重点探索 DLT 和 CBDC 在银行间支付的应用、流动性节约机制、券款兑付机制。为了测试批发型数字加元的跨境应用，2019 年 5 月，加拿大央行与新加坡金管局合作，打通 Jasper 项目和 Ubin 项目，对数字货币的跨境结算功能进行测试，成功完成了首例基于区块链技术的央行数字货币跨境支付。

（4）瑞典 e - krona：缓解现金使用下降的负面效应

缓解现金使用减少对国家货币控制力、贸易部门的负面影响以及现金被边缘化的趋势，是瑞典电子克朗（e - krona）项目的主要动机。瑞典央行的调查报告显示，2018 年瑞典境内现金流通的比例仅占 GDP 的 1%，远低于欧元区的 10%。尽管现金使用的衰退已成为数字支付领域的常态，但这种极低的现金流通比率在其他国家并不常见。现金的持续衰退和边缘化带来的后果是国家对货币和支付的控制力以及货币政策的有效性降

---

① Bank of England, *Central Bank Digital Currency: Opportunities, Challenges and Design*, March 2020.

低，商业银行、私人部门将垄断支付市场。缺乏主权信用背书的商业银行信用、企业信用甚至加密资产交易将使金融资产的流动性风险和支付系统的脆弱性被放大，[1] 因此瑞典于 2017 年开始探索本国的央行数字货币 e-krona。

e-krona 与纸质克朗、商业银行中的存款货币价值相同，有基于价值和基于账户两种实现方式。基于价值的电子克朗表现为储蓄卡、信用卡或手机程序中的预付价值，其本质属于电子货币且不能计息，受《电子货币支付指令》法律的约束；基于账户的电子克朗表现为瑞典央行提供的专门账户中的余额，类似可计息的存款。e-krona 系统的设计架构由 e-krona 平台、用户端的 App、外部联结系统、内部管理和控制系统与结算系统组成，具有双层运营、全额备付、独立封闭运行、即时支付、全天候运行、点对点交易、可离线使用等特点。当前瑞典央行已完成两个阶段的试验：第一阶段提出 e-krona 的总体方案，验证基于账户和基于价值的央行数字货币的实现可能性；第二阶段在分布式账本技术环境中测试 e-krona 系统弹性、安全性，搭建内部系统管理和监管结构。目前，瑞典央行尚未决定是否正式发行 e-krona、采用的技术方案以及配套法律。

（5）俄罗斯数字卢布：防范金融制裁，维护货币主权安全

2020 年 10 月，俄罗斯央行发布了《数字卢布》咨询报告，勾勒了作为主权货币的数字卢布在货币流通中的作用、数字卢布的适用场景、数字卢布在执行央行金融稳定货币政策中的重要作用、技术模型与配套法律制度方面的大致构想。[2] 2021 年 4 月，俄罗斯央行正式发布《数字卢布构想》报告，详细阐述了数字卢布的关键特征、技术模型选择、数字卢布原型平台的技术路径、数字卢布交易场景、信息安全保护、消费者保护、数字卢布对货币政策和金融稳定的影响、数字卢布的监管、数字卢布项目的阶段任务及潜在风险等内容。[3] 2021 年 12 月，俄罗斯央行完成了数字卢布原型平台设计，12 家银行参与了该平台的测试并完成了数字

---

[1] 曾繁荣：《瑞典央行 e-krona 项目的最新研究进展》，《金融会计》2019 年第 2 期。
[2] Bank of Russia, *A Digital Ruble – Consultation paper*, October 2020.
[3] Bank of Russia, *Digital Ruble Concept*, April 2021.

卢布的首次成功转账。①

2022年2月，俄乌冲突西方国家对俄罗斯实施严厉的金融制裁后，俄罗斯加快了包括数字卢布在内的替代性支付系统和金融信息交换系统（System for Transfer of Financial Messages，SPFS）的技术准备。数字卢布项目第一阶段主要是测试银行、家庭、个人开通的数字钱包中零售型数字卢布功能；第二阶段计划测试数字卢布平台与金融中介之间、零售型商品和服务机构、公共服务部门、联邦财政部之间的互动，以及智能合约、可离线支付、非居民客户利用数字卢布进行交易的可能性。2022年8月，俄罗斯央行发布《2023—2025货币政策指南》，规划未来三年俄罗斯央行货币政策的主要方向。② 该草案文件将数字卢布作为俄罗斯央行的优先项目之一，加快数字卢布的银行间测试和试点推广进程，预计从2024年开始将俄罗斯的金融机构统一纳入数字平台中。

（二）亚太地区央行数字货币政策

亚太地区处于 CBDC 研发前沿且呈现出更大的异质性。IMF 对亚太地区36个司法辖区的央行数字货币发展进程与特征进行了区域性盘点。与全球 CBDC 研发热情高涨的趋势一致，虽然亚太地区各国在 CBDC 技术架构、研发进展差异性较大，但总体处于全球前沿。在大西洋理事会（Atlantic Council）跟踪调查的109个国家中，占全球 GDP 95% 以上的105个国家已投入央行数字货币研发，而在2020年5月仅有35家央行考虑发行 CBDC。国际清算银行的调查报告同样印证了这一结果：81家央行中（其中有16家来自亚太地区）约有90%（占全球经济产出的94%）正在探索 CBDC，其中一半以上的央行正在开发或运行具体的试点项目。③ 在全球范围内，截至2022年8月仅有两家央行正式发行了 CBDC，即巴哈马央行的 Sand Dollar 和尼日利亚央行的 e-Naira。在受调查的36个亚太经济体当中，50%的国家处于积极研发当中，16.7%的国家已进入验证

---

① Bank of Russia, "Digital Ruble: Start of Testing", 15 February 2022, http://www.cbr.ru/eng/press/event/? id=12692#highlight=digital%7Cruble.

② Bank of Russia, *Monetary Policy Guidelines for 2023-2025*, August 2022.

③ BIS, *Gaining Momentum—Results of the 2021 BIS Survey on Central Bank Digital Currencies*, BIS Paper No.125, May 2022.

的最终阶段或已进行了落地试点，如中国已于 2019 年推出数字人民币试点，印度和泰国即将进行试点；16.7% 的国家如新加坡、日本、韩国和马来西亚开始概念验证。[①] 而中国人民银行、香港金管局和新加坡央行凭借技术优势、相对成熟的数字支付平台、金融中心区位优势，在零售型和批发型 CBDC 的研发中均表现亮眼，即使在全球背景下也处于领先地位。

1. 中国 e‐CNY——金融崛起国的货币国际化之路与央行数字货币的先驱

中国人民银行和香港金管局案例提供的有益经验在于，在保护数据隐私的同时发展健全的安全和风险管理机制，以及为数字货币的发行和流通建立一个明确的监管框架。中国和香港特别行政区 CBDC 发展的驱动力来源于快速增长的数字经济以及公众对进一步提高支付效率和抵御潜在支付系统风险的强烈愿望。鉴于国内已拥有复杂、先进的支付系统基础，中国的 CBDC 项目强调与银行间转账、第三方数字钱包支付手段等现有电子支付系统的互操作性。

中国人民银行主导的央行数字货币项目 DC/EP（Digital Currency/Electronic Payment）研究可以追溯到 2014 年，2019 年开始数字人民币（e‐CNY）试点工作。DC/EP 专注于零售场景以提高国内支付系统的效率和可靠性，同时在香港进行以遵守当地法规为重点的跨境应用技术使用测试。作为法定货币的数字人民币与占据中国零售支付生态重要地位的两大数字支付平台——阿里集团和腾讯集团进行了合作。DC/EP 是一个在分布式账本技术基础上进行中心化管控并由本土技术支持的双层运营体系，银行、非银行金融机构、支付服务和电信运营服务商等私营部门主体都被接入该系统，承担与终端用户之间的数字人民币业务。2021 年，数字人民币钱包总量达到 2.62 亿个，总交易额达到 138 亿美元，与中国总货币供应量相比，数字人民币仍有极大的发挥空间。表 2–1 统计了中国人民银行和香港金融管理局研发的几个代表性央行数字货币项目。

---

① IMF, *Towards Central Bank Digital Currencies in Asia and the Pacific: Results of a Regional Survey*, Note/2022/009, September 2022.

表2-1　　　　　　　　中国央行数字货币研发项目

研发主体	中国人民银行（PBoC）	香港金融管理局（HKMA）
研发进展	试点阶段	试点阶段—批发型 验证阶段—零售型
CBDC 类型	零售型	零售型和批发型
项目名称	e-CNY	e-HKD、Project mBridge、Project Sela

资料来源：根据中国人民银行和香港金融管理局公开资料整理。

香港金融管理局（以下简称香港金管局）主要运营三个CBDC项目：批发型LionRock项目、跨境Inthanon-LionRock项目以及零售型e-HKD项目。LionRock项目始于2017年，是中国致力于打造国际金融中心的一项重要举措。该项目试图通过探索分布式账本技术促进实时跨境支付和利用央行数字货币进行国际结算的可能性，直接解决现有支付系统的痛点：低效率、高成本、有限的可追溯性和复杂的监管要求。之后，香港金管局与泰国央行就CBDC跨境应用进行了合作，共同推出跨境央行数字货币平台项目——Project Inthanon-LionRock，成为区域性多边央行数字货币项目的基石。[1] 2021年2月，BIS Hub与中国人民银行数研所、香港金管局、阿联酋央行、泰国央行共同发起多边央行数字货币桥项目mBridge，证明了去中心化的多边央行数字货币系统能够在统一的跨境支付平台上实现点对点支付，并满足多元场景需求。

零售型数字港元项目e-HKD是中国香港金融科技2025规划的重要内容。自2021年6月开始，香港金管局先后发布数字港元技术白皮书、数字港元第一阶段和第二阶段试点计划，携手中国大陆的数字人民币e-CNY深度探索零售型数字支付的潜力。第三个在研项目是由香港金管局、以色列央行和国际清算银行创新中心（BIS IH）联合开发的Sela项目，该项目的重点是深入研究零售型CBDC中的网络安全问题。

在立法层面，修订后的《中华人民共和国中国人民银行法》赋予央

---

[1] BIS Innovation Hub and Hong Kong Monetary Authority, *Inthanon - LionRock to mBridge: Building A Multi - CBDC Platform for International Payments*, November 2021.

行发行实物货币和数字货币的排他性特权，新近通过的《中华人民共和国个人信息保护法》同样适用于数字人民币系统，将更大程度上保护消费者隐私。香港金管局就数字港元的发行权和法定地位的重要性进行了讨论，无论是以修订或合并现有货币法律法规的形式还是专门制定新的特区条例，都以明确的法律授权、一致连贯的法律适用为前提。与此同时，数字港元的最终架构应能覆盖数字港元业务活动范围、对反洗钱/反恐怖融资（AML/CFT）的法律框架进行审查。

2. 澳大利亚、日本、韩国和新加坡——强劲研发阶段

仍处于概念验证和实验阶段的央行都强调了两方面的重要性：一是与私人部门之间的密切合作；二是央行数字货币与现行支付体系、第三方支付工具甚至全球稳定币、私人加密数字货币等不同支付系统之间互操作的重要性。亚太地区的发达经济体尤其是新加坡、澳大利亚、日本和韩国在为发行央行数字货币做充足的技术准备（如表2-2所示），上述国家认为央行数字货币有助于解决现行支付体系的低效弊端且能够提供更强的货币信用。

表2-2　　　　　澳大利亚、日本、韩国和新加坡的央行数字货币研发项目

研发主体	澳大利亚	日本	韩国	新加坡
研发进展	概念验证阶段	概念验证阶段	实验阶段	试点阶段
CBDC类型	零售型和批发型	零售型和批发型	零售型	批发型
项目名称	eAUD、Project Atom	Stella、Digital Currency JPY（DCJPY）	尚未决定	Project Ubin

资料来源：IMF, *Towards Central Bank Digital Currencies in Asia and the Pacific: Results of a Regional Survey*, IMF Fintech Note/2022/009, September 2022.

（1）澳大利亚Atom项目与数字澳元：注重与私营部门的合作

在批发型CBDC的参与主体方面，澳大利亚认为除澳大利亚储备银行和商业银行还应纳入非银行市场主体，从而发挥公私部门多元主体对

央行数字货币体系的增效作用。例如，2020—2021年澳大利亚"原子"央行数字货币项目（Project Atom）邀请商业银行、金融服务公司、区块链技术公司和法律事务所等非银行主体对CBDC的作用和影响进行评估和相关概念验证，认为代币化的CBDC能够满足批发金融市场主体在以太坊DLT平台进行融资、结算和清偿债务的需求。

（2）日本数字日元：应对中国数字人民币的"假想敌"效应

数字日元的研发动机之一来源于对数字人民币迅速发展的"假想敌"危机。西方社会认为，数字人民币将有助于促进人民币国际化，是中国提升国际货币地位的主动出击策略之一，而独立的数字人民币跨境支付体系的建立将丰富中国抵御美元霸权的工具箱。[1] 考虑到数字人民币在数字货币竞争中的先发优势，以及对新兴经济体的潜在影响力和示范效应，日本央行2020年发布了《日本央行数字货币的实现方式》[2]并加快了研发进程。2021年4月日本进行了数字日元的第一阶段试验，广泛流通的零售型数字日元将采用双层运营架构。这种设计将有助于改善日本当前支付结算系统效率，维持宏观金融体系的稳定，并保障数字日元的普遍适用性、系统弹性、支付的安全性和即时性以及系统间的互操作性。

日本央行与欧洲央行自2016年开始合作批发型项目Stella，探索DLT在金融市场基础设施方面的机遇和挑战，如DLT在大额支付、证券交收、跨境支付效率、保密性和可审查性方面的作用。日本央行和韩国央行分别于2021年4月和8月开始进行试验，以测试零售CBDC的技术可行性。在已完成的第一阶段，两家央行在一个虚拟环境中测试了CBDC的创造、发行、循环、回笼和销毁等基本功能。未来日本央行一方面将推动数字日元的发展进程，另一方面将联手西方主要经济体推进数字货币、数字贸易、数字税收等前沿领域的制度化研究，并力图主导央行数字货币国际规则的制定权。[3]

---

[1] 宋爽：《央行数字货币的全球竞争：驱动因素、利弊权衡与发展趋势》，《经济社会体制比较》2021年第2期。

[2] Bank of Japan, *The Bank of Japan's Approach to Central Bank Digital Currency*, Bank of Japan, October 2020.

[3] 刘瑞：《日本央行数字货币的制度设计及政策考量》，《日本学刊》2021年第4期。

（3）新加坡 Ubin 与 Dunbar 项目：金融创新的积极推动者

新加坡从 2016 年开始研究分布式账本技术和央行数字货币在支付和债券结算清算中的功能。为此，新加坡金管局（Monetary Authority of Singapore，MAS）联合 40 多家金融机构、金融咨询公司、DLT 技术支持平台在 Ubin 项目中进行 DLT 技术测试以及原型开发与部署，证实了央行数字货币能够以更低的风险和成本实现跨境支付的多货币实时结算清算。2021 年，MAS 加入了其他央行主导的多边央行数字货币跨境支付快速通道项目——Project Dunbar。为了培育新加坡零售型 CBDC 在数字技术和基础设施方面的竞争力，MAS 在 2021 年 11 月发起 Orchid 项目为未来数字新加坡元的发行做准备。

3. 印度和泰国——试点准备阶段

私人加密数字货币的蔓延引发了新兴市场经济体对本国货币体系和金融系统完整性的担忧。亚太地区以印度和泰国为代表的国家正密切关注加密数字货币发展动向并采取了一系列限制性措施：泰国从 2022 年 4 月 1 日开始禁止私人加密数字货币交易，印度则征收 30% 的交易税，与此同时两国都将各自的 CBDC 项目推向了高级阶段。泰国对央行数字货币的研发肇始于 2018 年与香港金管局合作的批发型跨境 Inthanon – LionRock 项目，该项目已成为多边央行数字货币桥项目（mBridge）的一部分。在零售型 CBDC 方面，泰国央行计划于 2022 年第四季度推出小规模试点，评估商业银行、非银行支付服务提供商等中介主体在混合型 CBDC 架构中的作用。泰国央行采用分布式账本技术为底层架构、中心化的发行和管控、不计息的模式，对央行数字货币的持有、交易和转移均有特殊限制，以此减少去中介化的风险。这意味着泰国央行的货币发行权、中介主体的客户身份识别、终端用户服务功能的职责划分并未改变。

印度作为美国及其盟友推行"太平洋震慑协议"（Pacific Deterrence Initiative，PDI）和"印太战略框架"（United States Strategic Framework for the Indo – Pacific）牵制中国的核心国家，近年来，在"数字印度""印度制造""工业 4.0""普惠金融计划""废钞运动"等国家战略的驱动下，刺激数字经济尤其是数字金融科技的发展，以实现在 2030 年成为世界第三科技强国的目标。实现这一目标的阶段性战略计划之一是探索一个

"无损性"的央行数字货币系统,对多种设计要素进行试点测试并尽快发行本国的数字卢比(如表2-3所示)。为此,印度修改了《1934年印度储备银行法》(Reserve Bank of India Act 1934),以重新定义央行发行的"钞票"的方式赋予印度储备银行发行数字卢比的权力。

表2-3　　　　　　　印度和泰国的央行数字货币研发项目

研发主体	印度	泰国
研发进展	验证/试点阶段	试点阶段
CBDC 类型	零售型	零售型和批发型
项目名称	Digital Rupee	Digital Baht、Project Inthanon

资料来源:IMF, *Towards Central Bank Digital Currencies in Asia and the Pacific: Results of a Regional Survey*, IMF Fintech Note/2022/009, September 2022.

4. 印度尼西亚、菲律宾、越南——与加密数字资产共存

私人加密数字货币在东盟国家,特别是印度尼西亚、菲律宾和越南的渗透率很高,加密数字货币已被广泛用于汇款支付和投资目的。根据德国数据中心调查,2021年菲律宾和越南在使用或拥有加密数字货币的56个国家中分别位居第三和第四。[1] 从技术应用来看,这三个国家都有运用区块链平台和技术赋能政府治理或社会治理的经验,而这种经验有益于本国 CBDC 项目的启动。在菲律宾,区块链被用于出售政府债券;在越南,区块链被用于注册国内居民身份证。区块链强大的安全性和可追溯性特性还可适用于其他应用程序,如印度尼西亚正在考虑的选举投票程序。上述三国认为无论私人加密数字货币能否获得法律意义上的合法性,其本身都刺激了本国央行数字货币的研发意愿,并且 CBDC 有必要与加密数字货币同步发展(如表2-4所示)。菲律宾央行(BSP)认为批发型 CBDC 有助于改善跨境支付,特别是跨境汇款的效率、安全性和透明度,并于2020年成立 CBDC 专家小组探索本国央行数字货币,在

---

[1] Statista Survey, "Share of Respondents Who Indicated They Either Owned or Used Cryptocurrencies in 56 Countries and Territories Worldwide from 2019 to 2022", https://www.statista.com/statistics/1202468/global-cryptocurrency-ownership/.

2023 年推行批发型 CBDC 试点。① 印度尼西亚当局继续改进数字支付并致力于将未来的 CBDC 系统与当前的支付系统进行集成整合，因此零售型和批发型 CBDC 都被纳入研究范围。越南正计划与技术公司合作就 CBDC 的可行性进行研究，但并未承诺未来会正式发行。

表 2-4　菲律宾、印度尼西亚、越南的央行数字货币研发项目

研发主体	菲律宾	印度尼西亚	越南
研发进展	试点前的计划阶段	研发阶段	可行性研究阶段
CBDC 类型	批发型	批发型和零售型	—
CBDC/项目名称	CBDCPh	Digital Rupiah	Digital Dong

资料来源：IMF, *Towards Central Bank Digital Currencies in Asia and the Pacific: Results of a Regional Survey*, IMF Fintech Note/2022/009, September 2022.

央行数字货币研发必须与包括中央银行法在内的法律改革以及国际、国内监管相结合。② 菲律宾《国家支付系统法》赋予了菲律宾央行扩大自身拥有和运营本国支付系统的权力，该项立法可能成为引入批发型 CBDC 的法律框架。越南计划通过立法改革扩大对国家银行（State Bank）的授权以解决央行数字货币发行权问题。

5. 柬埔寨——采用 CBDC 相关技术升级本国现行支付系统

与各国直接投入 CBDC 研发项目相反，柬埔寨自 2018 年开始启动一个基于区块链的全国性支付系统项目 Bakong 促进国内货币系统的升级。柬埔寨认为，运用 CBDC 相关的底层技术对现行货币支付体系进行升级革新即可满足本国数字支付的需求，无需发行专门的 CBDC。从金融基础设施、数字支付以及金融科技发展的客观状况上来看，经济规模和货币需求有限的柬埔寨并不具备发行 CBDC 的条件。一方面，柬埔寨货币体系和金融市场复杂，支付市场由银行、小额信贷机构和支付机构组成，

---

① BSP, "Central Bank Digital Currency for the BSP", https://www.bsp.gov.ph/Media_And_Research/Publications/CBDC_for_the_BSP_Book.pdf.

② IMF, *Towards Central Bank Digital Currencies in Asia and the Pacific: Results of a Regional Survey*, NOTE/2022/009, September 2022.

彼此间相对独立,导致金融服务格局分散破碎。另一方面,柬埔寨金融基础设施薄弱、移动支付和银行账户覆盖率不高,金融普惠水平较低。除此以外,柬埔寨对货币需求量与货币国际地位的意愿并不强烈,打造全新的跨境支付体系缺乏动力。先天薄弱的柬埔寨数字金融生态决定了其对系统、庞大、复杂的CBDC研发意愿不足。因此,柬埔寨选择了以先进数字技术促进现行货币体系的现代化和数字化,而非举全国之力发行耗资巨大的央行数字货币。

Bakong项目自2018年开始启动,2019年7月发布Bakong试点计划之后柬埔寨国家银行将可分布式账本技术和区块链技术应用于银行间转账系统,2019年10月进行了跨境支付的数字钱包试验,2021年8月与马来西亚合作开通单向跨境转账功能。Bakong是柬埔寨国家银行(National Bank of Cambodia,NBC)与私人技术公司合作开发的免费移动应用程序,提供广泛性支付和转账等金融服务。通过该平台,商业银行、小额信贷机构和支付服务提供商(PSPs)可以向用户提供电子钱包和转账服务,在币种选择方面可以使用美元或柬埔寨瑞尔进行交易。Bakong项目与央行数字货币有本质区别,因为它不涉及央行支持的代币交换,仅是运用区块链技术和分布式账本技术改善现行支付系统的尝试。

柬埔寨启动Bakong项目的主要原因在于:(1)通过一个共同的、可互操作的实时平台统一柬埔寨分散的支付系统。(2)通过安全和低成本的交易促进金融普惠。Bakong项目能够利用柬埔寨国内的高手机覆盖率提供移动支付解决银行账户普及率极低的问题。截至2021年11月,柬埔寨近一半的人口(1670万人口中的790万人)已通过Bakong平台进行过直接或间接的电子支付交易。(3)减少对美元的依赖。尽管Bakong项目允许以美元和柬埔寨瑞尔进行交易,但它希望通过柬埔寨区块链支付系统用户的增加来减少对美元的依赖,增强货币独立性。(4)通过去金融中介化降低支付成本。Bakong数字支付系统的无交易费用和及时迅捷的特点打破了传统汇款服务机构对支付交易的垄断,降低了汇款成本。例如,柬埔寨居民可以在马来西亚通过Bakong支付平台向未开设银行账户的收款人进行单向转账。

使用区块链和分布式账本技术的支付系统的一个重点问题是隐私保

护,因为区块链的典型特性之一是按时间顺序记录所有交易流程。Bakong 系统不会使用个人身份识别信息并对用户隐私进行封存,柬埔寨国家银行拥有该系统的最终管控权。

6. 太平洋岛国——私人数字货币或全球稳定币合法化

太平洋群岛国家采取了将私人数字货币或全球稳定币作为本国法定货币的货币改革途径,而非积极发行 CBDC。太平洋群岛国家是世界上最偏僻和地理分布最分散的区域之一,区位劣势造成了该地区许多国家金融普惠方面的重大挑战。此外,本就为数不多的代理银行还威胁切断部分国家的国际融资渠道、限制其接收国际汇款的能力。在全球数字货币和加密资产革命背景下,太平洋群岛国家正寻求利用新技术来提高金融普惠程度、支付效率和经济发展。

马绍尔群岛一直是该地区探索数字货币和加密资产的领航者,也是第一个正式承认去中心化的自治组织(Decentralized Autonomous Organizations)合法地位的国家,该国于 2018 年初通过立法将私人加密资产作为除本国法币以外的第二种法定货币。然而,考虑到私人加密货币对宏观经济、金融稳定和货币信用等方面的潜在风险,这一立法暂停实施。马绍尔当局正与技术公司合作开发一个基于美元稳定币的国家数字支付系统,其他太平洋岛国也在进行不同的加密数字货币项目,如帕劳与一家私人加密货币公司合作,计划推出一种由政府支持的国家稳定币。斐济、瓦努阿图、所罗门群岛和汤加正在进行引入 CBDC 的可行性研究。瓦努阿图于 2021 年 7 月修订了本国《金融交易许可法》(Financial Dealers Licensing Act),推翻了此前对加密资产交易的禁令,使其成为太平洋地区第一个也是世界上为数不多的允许加密资产交易活动合法化的国家之一。图瓦卢的"国家数字账本"项目(National Digital Ledger Project)旨在进行数字化改革和去现金化。由于图瓦卢使用澳元为其国家货币,该计划还包括在数字账本上形成代币化的澳元。

7. 国际一体化的 mBridge & Dunbar——强调国际多边合作的优势

区域性的多边央行数字货币国际合作项目以探索央行数字货币改善跨境支付为共同出发点。最具代表性的案例目前有两个:一个是 2021 年由国际清算银行牵头,中国人民银行、香港金管局、泰国央行、阿联酋央行共同参与的多边央行数字货币桥项目（mBridge），为各国提供了一个通过央行数字货币和 DLT 技术实现多国货币即时、安全、高效跨境支付和结算的实验平台。目前，央行数字货币已在跨境国际贸易中成功实现实时点对点支付、低成本和高透明度的预期目标。从 2022 年第三季度开始，mBridge 项目加强平台设计并推进覆盖国际贸易结算全流程的商业应用与推广试点工作，央行数字货币跨境流动变得频繁密切。

与 mBridge 宗旨类似的另一个区域性多边央行数字货币合作项目是由 BISIH 和澳大利亚、新加坡、马来西亚、南非等国联合研发的邓巴项目（Dunbar）。Dunbar 系统将各国 CBDC 网络接入一个共同的平台进行直接交易，减少对中介机构的依赖，完成不同币种的央行数字货币国际清算，从而减少跨境支付和结算相关的成本和时间。该项目同时提出跨央行间共享的多边央行数字货币平台在运行过程中的挑战，如准入资格、不同司法管辖区的监管要求、为保障国内支付体系安全性的治理安排等问题，并从技术可行性角度提出实用解决方案。国际一体化的央行数字货币国际合作项目能够帮助解决各国央行数字货币系统的互操作性问题，在便利跨境贸易与金融交易、改善国际支付清算方面显示出广阔前景，而跨境监管问题也更为重要。[①]

（三）央行数字货币发展经验总结

1. 数字能力水平影响央行数字货币项目指数

BIS 通过衡量全球央行在发展零售型或批发型 CBDC 项目的进展，形成了一个新的全球指数：CBDC 项目指数（Central Bank Digital Currency Project Index，CBDCPI），该指数代表全球货币当局有关央行数字货币项目进行的公开工作及其研发成熟度。一国或区域的数字能力影响 CBDCPI 及该货币当局开发和部署央行数字货币的水平。推动央行数字货币发展的数字能力涵盖了数字基础设施（手机持有率、网络利用程度）、创新能力、机构效能（政府有效性、信息化）、经济发展水平、公众利益、跨境交易等多重因素。通常，CBDCPI 与更高的移动设备和互联网使用量、更

---

① IMF, *Towards Central Bank Digital Currencies in Asia and the Pacific Results of a Regional Survey*, Fintech Note/2022/009, September2022.

高的创新能力、现有的或计划中的金融支付体系的完整性、更高的政府效率密切相关。央行数字货币项目在人均 GDP、金融发展和社会公众意愿更高的地方更先进。金融普惠率越高的地区与更高级的央行数字货币项目工作相关，更先进的经济体往往数字化水平更高，金融创新能力和金融包容性更强，政府机制更有效。

2. 经济水平决定央行数字货币的研发动机与运营架构

经济水平是造成央行数字货币研发动机、类型差别、优先事项差异的关键因素。全球货币当局发行央行数字货币的动机主要为维护国家货币主权、提升支付效率、降低支付成本和促进金融普惠等，但高收入国家关注支付系统的安全性和支付效率，中等收入国家除提升支付效率以外旨在促进金融包容和金融稳定性，而诸如老挝、尼泊尔等中小型国家认为区域性发展是其考虑研发 CBDC 的驱动因素。收入水平和研发动机偏好直接决定了各国对零售型和批发型 CBDC 选择的差异。批发型 CBDC 主要由支付效率、稳定性和支付成本降低的需求所驱动，零售型 CBDC 通常为数字支付需求所驱动，因此高收入国家或发达国家倾向于利用批发型 CBDC 改善跨境支付大额交易应用场景，中低等收入国家或新兴经济体则希望通过零售型 CBDC 促进金融普惠。

在 CBDC 的优先事项方面，发达经济体将重点放在 CBDC 与现行货币体系的兼容性以及公共部门与私营部门的互动关系上。澳大利亚、新加坡、日本等支付基础设施发达国家的优先事项之一是确保现有国内支付结算系统与 CBDC 的互操作性，保障并行系统平稳互动并升级跨境支付。新兴经济体主要考虑更大程度的支付系统现代化、更广范围的金融普惠、更有效的政府调控和监管。

除此以外，维护国家主权、货币主权的动机以及数字技术的广泛应用使得央行数字货币与加密资产的发展变化紧密交织，形成此消彼长的竞争关系。2021 年，亚洲新兴市场占全球加密货币资产转移总额的 16%，亚洲发达经济体占 14%。由于 2020—2021 年私人加密资产的激增加剧了金融市场的波动性以及对货币主权的威胁，各国试图通过主权数字货币的研发抵消无担保的投机加密数字货币对金融体系的风险。CBDC 的推行、对加密资产的持续监管处理、数字支付和消费者保护规则的完善带来2022年亚洲数字加密资产交易的"加密严冬"。① 大规模加密数字货币抛售引致了借由Terra USD等全球稳定币改善数字支付方案的失败，越来越多的国家投入研发本国的央行数字货币。研究表明，亚太地区对CBDC的研发兴趣呈逐年上升趋势，不论该处于CBDC的成熟阶段还是早期阶段，短期内是否推行CBDC，亚太国家均对CBDC保持密切关注。

3. 多数央行欠缺CBDC发行的合法性

当前有权发行CBDC的国家仅占少数，多数国家仍存在法律层面的不确定性。CBDC的发行以明确、坚实的法律基础为保障，要求配套法律能够同时调适传统货币和法定数字货币。目前，亚太地区仅有中国和菲律宾拥有发行CBDC的法律权力。中国通过修订《中华人民共和国中国人民银行法》赋予了中央银行法定数字货币发行权；菲律宾央行被授权运营该国支付体系，当局认为其有权在该授权下构建批发型CBDC的法律框架。部分国家或地区也进入相应修法程序或对央行进行法律授权，如印度、越南和中国澳门特别行政区。老挝、泰国、蒙古国、斯里兰卡确定自己没有发行CBDC的权力，日本、马来西亚、新加坡还不确定是否修改现行法为发行CBDC提供合法性。

尽管多数国家热情高涨，但亚太地区有望短期内发行零售型CBDC的国家只有中国和印度。中国自2019年起开始进行数字人民币（E-CNY）的试点测试，到2022年已覆盖23个城市和地区，香港金管局也在同步进行数字港元（HK Digital Dollar）以及央行数字货币跨境项目"多边央行数字货币桥"（mBridge）的技术测试。印度曾计划2023年发行零售型CBDC。其他国家在新冠疫情、数字支付和私人数字货币倒逼等情势下加速了研发进度，如泰国在2022年第四季度推出试点项目，鉴于试点项目周期、立法程序和制定监管框架的长期性，短期内全面发行的可能性不大，并且没有一个国家明确承诺将在近中期发行批发型CBDC。

4. CBDC研发组织机构安排各异

目前各国负责牵头CBDC工作的组织安排共有四种模式：专门工作

---

① 据IMF统计，2019年至2022年5月，世界加密资产交易最多的地区依次是欧洲、中东和中亚、美洲、亚洲发达国家、亚洲新兴市场国家。

组模式、央行与多部门联合工作组模式、央行支付系统部门工作模式以及央行货币管理部门工作模式。处于央行数字货币研发成熟或高级阶段的国家通常会成立专门工作组以适应复杂 CBDC 项目的需求，如中国、澳大利亚、中国香港金管局、新加坡、印度和泰国。倾向于关注 CBDC 在经济增长、金融包容性和金融稳定等诸多领域宏观影响的国家选择基于央行及多部门合作的联合工作模式，如印度尼西亚、菲律宾。许多国家为解决某一具体领域问题设立了特定央行职能部门监督 CBDC 项目，如日本、老挝、越南指定央行支付系统部门监督 CBDC 支付效率的提升，尼泊尔和新西兰指定央行货币管理部门负责改善 CBDC 货币调控效能。

总体上来看，央行数字货币领域发展迅速但也进展缓慢。尽管中国很早就开始使用数字人民币，但大多数国家直至近期才开始考虑 CBDC 的未来适用性和可能性。与此同时，所有国家也面临着共同的挑战，如隐私保护、网络安全、法律框架、互操作性、可扩展性、运营稳健性和系统弹性以及技术支持能力。

第二节　数字货币对不同类型经济体的影响

发达经济体和新兴市场经济体对数字货币功能定位、法律属性、研发动机、架构设计以及监管规则等方面的认知不同导致其数字货币竞争策略和发展程度的差异。[①] BIS 和 CPMI 对发达经济体和新兴市场经济体发展数字货币的类型、预期、研发实践和治理状况等方面进行的持续调查发现，私人数字货币和央行数字货币的出现为革新当前货币体系和跨境支付体系带来全新机遇，助力金融普惠和金融创新，但也更加考验各货币当局和监管部门的治理能力。发达经济体将加密数字资产、稳定币和央行数字货币作为增强金融技术优势、扩大国际标准制定影响力和巩固既有金融地位的工具，而新兴市场经济体对加密资产和稳定币采取较为谨慎的态度，并试图发展独立自主的央行数字货币突破依附性结构。

---

① 李帅、屈茂辉：《数字货币国际监管的法律秩序构建》，《法学评论》2022 年第 4 期。

一　数字货币对发达经济体的影响

私人数字货币和央行数字货币对发达经济体的作用主要体现在强化货币霸权与规则主导、促进金融创新包容、强化国际支付体系的"中心化"和反金融制裁新工具等方面。

（一）强化货币霸权与规则主导

近年来，美国打出"稳定币+数字美元"的组合拳来巩固美元的全球货币领导地位。通过加强对 Libra 的合规审查和合法化步伐，推动数字美元的研发，美国试图在数字货币的国际规则制定中占据主导地位。这种行为在一定程度上符合国际法中关于国家在经济领域行使主权的原则，但数字货币的跨境性和技术依赖性对传统货币主权的挑战也引发了其他国家对美元霸权的担忧。

为巩固美元在国际货币体系中的主导地位，引领货币领域的数字化变革，主导数字货币国际标准制定权，美国自 2020 年启动 Hamilton 项目加快数字美元技术研发进程，并通过数字美元基金会和联邦立法提案促进制度输出。为确保美元在数字时代的核心地位，美国联合 G7 国家主导跨境支付标准、数据隐私规则和数字平台监管等国际货币体系规则，通过国际清算银行、国际货币基金组织等国际金融机构推动数字货币治理框架的"软法化"，将本国规则上升为国际金融公共产品。从国际法角度看，美国正在数字货币领域通过技术优势和国际制度设计，将本国货币权力投射至全球数字金融空间，未来数字货币全球治理需要在主权协调、技术中立原则和全球金融正义之间寻求平衡，避免数字货币成为新一轮"数字殖民"的工具。

发达经济体如欧盟、英国和日本，通过立法和监管框架的建立，试图在数字货币国际标准制定和全球金融治理规则中发挥更大的话语权。欧洲央行《数字欧元报告》提出"四维安全准则"（稳健性、隐私性、合规性、效率性），在数字欧元研发中构建起"立法先行+公私协同"的治理框架，其实质是将欧元区统一监管传统延伸至数字货币领域。通过与日本合作的 Stella 项目以及与国际清算银行创新中心推动的 mBridge 项目，欧盟正试图将欧元区支付标准转化为国际规则，通过技术标准的法律化形成"技术—规则复合权力"。欧洲央行2021年跨境支付改进计划显示，数字欧元的战略定位已超越货币数字化本身，显示出构建制度性权力的新动向。例如，欧盟《加密资产市场监管法案》被称为迄今为止最全面的数字资产监管框架之一，为全球数字货币立法提供了范本。

2020年数字英镑白皮书显示，双层运营的RSCoin系统验证了分布式账本技术与中心化监管的兼容可能，央行货币主权与市场创新活力能够得以平衡，这种"渐进式创新"既维持了伦敦金融城的全球竞争力，又为跨境支付标准输出奠定基础。英格兰央行在数字货币领域的治理创新模式，特别是"监管沙盒"（Regulatory Sandbox）和"创新中心"（Innovation Hub）等机制，为全球金融监管和数字货币发展提供了重要借鉴。

日本基于对中国数字人民币迅速发展的"假想敌"危机，与西方盟友实质上构建起技术标准同盟。日本央行自2020年发布《日本央行数字货币的实现方式》报告后，就开始推进数字日元的研发进程，2021年4月进行了第一阶段试验，并与欧洲央行在Stella项目中进行深度合作。日本通过APEC、G7等多边平台推动"数字货币治理准则"制定，其2021年《数字货币制度设计白皮书》已提出涵盖数字税收、数据跨境流动的综合性规则框架。日本主导的"央行数字货币研究小组"已吸纳12国央行参与，提出的"三层合规框架"（技术层、运营层、治理层）正在IMF等国际组织议程中发酵。2022年英国—日本"数字伙伴关系协议"已嵌入数字货币监管互认条款，预示着传统金融强国正通过规则融合重构数字时代的货币秩序。

发达经济体通过数字货币强化既有货币权力结构，巩固国际货币体系中的中心地位和国际金融治理的主导权，这可能加剧技术标准碎片化，形成数字货币领域的"制度藩篱"。

（二）促进金融创新包容

数字货币的出现催生了一系列金融创新，如智能合约、去中心化金融等，这些新型金融产品和服务为发达经济体的金融市场注入了新的活力，推动了金融行业的变革。澳大利亚、加拿大、英国、瑞典、挪威、德国、日本、韩国、新加坡等发达国家认为私人数字货币和央行数字货币具有促进金融创新包容的深刻潜力，应注重公共部门与私人部门之间的密切合作，以及央行数字货币与现行支付体系、第三方支付工具甚至全球稳定币、私人加密数字货币等不同支付系统之间的互操作性。

澳大利亚在"原子项目"（Project Atom）中建构了新型公私合作伙伴关系，通过引入商业银行、金融科技企业、专业律所等非银行机构，形成多中心治理架构。这种创新机制突破了传统货币政策工具研发的封闭性特征，共同发挥公私部门和多元主体对央行数字货币体系的增效作用。这种合作模式不仅有助于提升金融机构的创新能力，还能推动金融机构之间的资源共享和优势互补，进一步推动金融创新的发展。

加拿大 Jasper 项目与新加坡 Ubin 项目均采用 R3 联盟的 Corda 企业级区块链平台，在维护中央银行货币发行系统的技术主权与稳定性、商业机构分布式账本技术差异化创新的基础上，探索数字货币在降低支付结算成本、提高金融系统运行效率等方面的潜力。2019 年 5 月，Jasper 项目和 Ubin 项目测试成功完成了首例基于区块链技术的央行数字货币跨境支付。

新加坡在数字货币、分布式账本技术领域的探索表现活跃，自 2016 年开始先后启动 Ubin 项目、Dunbar 项目和 Orchid 项目，探索央行数字货币和分布式账本技术在推动国际支付高效化和提供全球跨境支付新方案中的潜力。新加坡金管局联合国际清算银行以及澳大利亚、马来西亚、南非等国家的央行持续推进 Dunbar 多边试验和央行数字货币桥（mBridge）项目，积极拓展合作网络，促进跨境支付和多边合作的深化。2023 年，Orchid 项目取得阶段性成果，新加坡金管局发布数字新元（Digital SGD）技术框架，验证了 CBDC 在提升支付效率和金融包容性中的作用。

（三）强化国际支付体系的"中心化"

发达经济体通过数字货币和传统货币的并轨发展，可能强化其作为强势货币的"网络效应"和当前国际支付体系的"中心化"。数字货币的跨境流通突破了传统货币主权边界，数字美元和稳定币在境外广泛使用可能被视为对他国货币主权的隐性干预，甚至产生新型"货币替代"和更为强化的国际金融基础设施控制权。尽管数字货币为打破美元垄断的跨境支付体系提供了技术可能，如加拿大与新加坡合作的 Jasper–Ubin 项目验证了 CBDC 在跨境实时结算中的效率优势，但其互操作性仍受制于美国主导的金融基础设施，亚洲新兴国家的区域支付链接系统虽减少对 SWIFT 的依赖，但未形成独立于美元的技术生态。值得注意的是，通过技术权力强化数字美元的主导地位，可能违反《国际货币基金协定》第 4 条"避免操纵汇率"的隐含义务。

数字货币的发展导致技术权力的集中，发达经济体在技术架构和标准制定方面占据主导地位，而发展中经济体则因技术储备不足被迫接受既定标准，面临技术依赖和数据主权风险。数字货币技术架构、区块链协议、跨境数据传输标准、隐私保护等规则主要由美国及其盟友主导，如美国的 MIT 数字美元开源项目（Open CBDC）通过技术扩散巩固其标准影响力，欧洲央行与日本央行合作的 Stella 项目探索 DLT 在批发支付中的应用，形成技术路径依赖。数字人民币虽在技术试验中强调自主可控，但其国际推广仍需向现有规则妥协。这种技术权力的集中不仅可能导致技术依赖的加深，还可能滋生技术殖民主义，严重损害发展中经济体的技术公平参与权和数据主权安全。

数字货币的崛起加剧了国际货币权力的"中心—外围"分化，发达经济体通过技术、规则与基础设施的复合优势巩固霸权，而发展中经济体需在技术自主性、规则参与度与跨境协作间寻求平衡。未来全球金融治理应强化多边合作机制，推动技术标准透明化，以缓解权力分配失衡对全球经济稳定的冲击。

（四）反金融制裁新工具

法哲学研究范式下货币危机与货币权力的失范源于天性自利的国家权力扩张甚至异化，[1] 货币权力甚至已超越立法权、行政权、司法权的影响力，成为当代社会的"第四种"权力。[2] 这种政治、经济秩序的人为扩张衍生出最具威力的金融制裁权并影响着全球货币规则的制定、国际结

---

[1] 林东：《法哲学研究范式下的货币权力探析》，《河北法学》2014 年第 8 期。
[2] Stephen A. Zarlenga, *The Lost Science of Money: The Mythology of Money – The Story of Power*, American Monetary Institute, 2002, p. 651.

算清算体系。①

货币结构性权力学者认为,国际权力结构体系中的"中心—外围"结构同样适用于国际货币领域,②并形成了独特的国际货币金字塔层级结构。③ 所谓的"中心—外围"结构是指在世界体系中由于不对称的依赖关系导致发达国家处于支配和领导的中心地位,拥有强势话语权和规则制定主导权,而发展中国家处于被影响的弱势外围地位。④ 国际货币权力的金字塔结构包含了七个货币等级,从塔尖到塔基分别是顶级货币、贵族货币、精英货币、平民货币、被渗透货币、准货币以及伪货币,货币等级越高其货币竞争力、话语权、议价能力越强(如表2-5所示)。处于国际体系的"中心国家"和国际货币权力结构的上层货币使得其主权国家的国际利益诉求和政策偏好拥有更强的支配力、领导力、渗透力和吸纳力,⑤ 导致国际货币体系和国际货币规则的极端失衡。

表2-5　　　　　国际货币权力的表现形式与实施机制

	货币权力的表现形式	货币权力实施机制
宏观层面	汲取财富	征收国际铸币税 本币的升值和贬值
	保持本国宏观经济政策独立性	对全球资本市场的控制力 汇率工具的使用
	推迟国际收支失衡的调节	发行、吸引或者借入储备货币
	转移国际收支失衡的调节成本	与其他国家建立共同调节机制,使其他国家分担调节成本

---

① 李晓:《美元体系的金融逻辑与权力——中美贸易争端的货币金融背景及其思考》,《国际经济评论》2018年第6期。

② [英]苏珊·斯特兰奇:《国家与市场》,杨宇光译,经济科学出版社1990年版,第103页。

③ [美]本杰明·J. 科恩:《货币强权:从货币读懂未来世界格局》,张琦译,中信出版社2017年版,第21—26页。

④ 孙来斌:《超越"中心—外围"的世界体系分析模式——兼论"构建人类命运共同体"的全球治理意义》,《人民论坛》(学术前沿)2020年第21期。

⑤ 陶世贵、陈建宇:《国际话语权分布、国家利益博弈与国际金融制裁》,《上海经济研究》2016年第8期。

续表

微观层面	影响他国金融监管	使用某一国际货币的金融市场的运行和监管规则
	影响国际金融危机应对	作为最后贷款人
	重塑经济地理	改变与其他经济体之间的交易成本
	认同的形成	国际货币的象征意义 在使用某一国际货币的国家中建立共同的"经济语言"、相互信任、集体的货币协调关系和一种基于货币稳定的共同利益

资料来源：赵柯：《货币国际化的政治逻辑——美元危机与德国马克的崛起》，《世界经济与政治》2012年第5期。

冷战结束以来，货币权力竞争已成为影响地缘政治和国际政治经济格局的重要因素。[①] IMF、WB、WTO等国际组织不断推进全球金融化进程，欧盟、东盟、非盟等区域一体化组织在一定程度上削弱了国家对本国事务的支配权，国家利益本位博弈的场域从传统的地缘政治转向币缘政治。"币缘政治"是从货币维度研究国家行为与经济体之间关系，以及如何提升币缘政治影响力，维护国家利益并撬动全球资源配置的币缘政治行为。[②] 无论是地缘学派还是币缘说，其共识之一是货币的国际地位在很大程度上是国家出于经济或安全考虑进行选择的结果，国际货币的使用与政治权力的生成具有内在联系性。在金融全球化背景下，货币权力的隐蔽性和破坏性发挥了更强大的威力，货币权力极端扩张的表现形式是货币霸权，货币霸权的典型表征是金融制裁（Financial Sanction）的实施。

货币权力本质上是一国政治、经济秩序有意识地扩张，大国强货币这种不对称的货币金融权力控制着全球金融规则的制定，甚至演化为肆意的金融制裁权力。金融制裁是制裁发起方为实现特定对外利益或政治

[①] 林宏宇、李小三：《国际货币权力与地缘政治冲突》，《国际关系学院学报》2012年第1期。

[②] 王湘穗：《币缘政治的历史与未来》，《太平洋学报》2017年第1期。

目的，在金融领域或采用金融手段对目标实体实施的歧视性的强制措施，其权力源泉在于不对称的主权货币权力，如对环球同业银行金融电讯协会（Society for Worldwide Interbank Financial Telecommunications，SWIFT）、美元跨境清算系统（Clearing House Interbank Payment System，CHIPS）和联邦储备通信系统（Federal Reserve Communication System，Fedwire）等全球金融基础设施掌握程度的不对称、立法基础的不对称、被制裁主体权利救济途径的不对称等，因此当前只有美国才有能力发动彻底的金融制裁。

近年来，西方国家频繁肆意的金融制裁促使许多国家加快了去美元化和研究反制裁新工具的进程，数字货币的发展为维护金融安全、减轻潜在金融中断威胁的亚洲大国提供了新的选择。

一方面，亚洲国家率先采用了跨境支付链接系统，如2022年1月，印度尼西亚、马来西亚和泰国央行将其跨境快速响应支付系统联系起来，菲律宾也计划加入该链接系统；2022年新加坡的Pay Now支付系统分别与印度的统一支付接口（United Payments Interface）以及泰国的"及时支付"（Prompt Pay）进行连接，马来西亚的Duit Now系统也于2022年底加入该系统。

另一方面，央行数字货币为改善跨境支付的低效以及金融大国对国际金融基础设施的垄断提供了可能。全球央行数字货币的研发动机之一就是改善美元主导的国际货币体系的痼疾，防范潜在金融制裁风险，提升本国跨境支付的安全性，最大限度地降低对美元控制下的国际货币金融基础设施的依赖，以全新的国际货币结算和清算方式打破美元中心化货币体系的垄断，提升本国货币在数字空间领域内的货币影响力和规则竞争力。

俄罗斯一方面积极支持加密资产、稳定币交易规避金融制裁，另一方面积极发展"去美元化"的替代性支付系统。2016年俄罗斯放松了此前对加密货币的严格限制，宣布加密货币合法，2021年1月《数字金融资产法》不再禁止加密货币交易。实践证明，俄罗斯允许使用加密资产和稳定币进行跨境大宗商品贸易支付缓解了俄罗斯金融市场压力，俄罗斯是全球最活跃的加密货币市场之一。

俄罗斯央行数字货币"数字卢布"（Digital Ruble）和本国金融信息交换系统 SPFS 替代 SWIFT，对其他国家具有显著示范效应。如俄罗斯、中国和印度正在进行的替代方案——金融信息传输系统（SPFS）、跨境银行间支付系统（CIPS）和结构性金融信息解决方案（SFMS），它们可以避免未来类似的制裁和中断。与此同时，俄罗斯、中国和印度等国家鼓励以本国货币计价的国际贸易，避免以美元或欧元结算。

美国及其盟友对俄罗斯的金融制裁与反制裁实践凸显了安全与货币密不可分以及数字经济时代数字技术压制的重要性，以国家主权为基础的央行数字货币将引起新一轮主权国家在数字空间的货币权力竞争。美国学者保罗·维奥蒂从硬权力的货币维度证明了货币在维护国家安全方面的重要意义，[①] 而数字货币在影响国家安全方面具有独特机制和方式。[②] 为预防"数字货币冷战"，必须重视央行数字货币维护金融主权安全的作用。

二 数字货币对新兴市场经济体的意义与特殊挑战

（一）新兴市场经济体的数字货币发展实践

1. 新兴市场经济体传统支付模式的弊端

自古印度的鲁比亚到阿兹特克帝国的可可豆，再到中国首发的纸币交子，货币与支付方式的演变已历经数个世纪的风雨。几十年来，实物现金和商业银行电子支付已成为全球零售支付的主要工具。[③] 与实物现金相比，商业银行电子支付提供了更高的安全性、远程交易便捷性和金融服务扩展性，有助于经济效率提升以及监管强化。然而，商业银行电子支付方式存在交易账户普及率不足、支付市场竞争不充分、跨境支付垄断等问题，这些弊端在新兴市场和发展中国家表现得更为明显。

首先，银行账户普及性和金融基础设施不足。商业银行电子支付是

---

① [美] 保罗·维奥蒂：《美元与国家安全：硬权力的货币维度》，白云真、宋亦明译，上海人民出版社 2018 年版，第 1—29 页。

② 郭晓敏、陈建奇：《数字货币如何影响国家安全：逻辑、机制及应对》，《财经问题研究》2020 年第 8 期。

③ BIS, *Panyments are a – Changin' But Cash Still Rules*, BIS Quarterly Review, March 2018.

一种基于账户的支付模式，尽管银行账户普及率正在上升，但仍然远未达到全面普及的程度。贫困地区以及老年人、妇女等特殊群体往往因难以满足银行客户尽职调查要求、居住地远离银行网点、维护成本或最低余额要求过高而难以开设银行账户。电子货币作为一种商业银行存款的变体，通过简化客户尽职调查和代理网络改善了金融服务的可得性，但在金融基础设施率不高的国家零售支付仍严重依赖现金，这种现金依赖加剧了经济活动的非正式性，也称影子经济，即游离在财政统计、法律边界和正式部门以外的难以追踪统计的经济活动。[1] 通常影子经济活动在发达国家较少，但在数字支付程度较低的发展中国家则较为显著。[2]

其次，金融机构竞争不充分。尽管近年来有所改进，但许多新兴市场和发展中经济体的金融机构数量较少或部分大型机构占据主导地位导致市场竞争不充分，这种市场集中现象导致金融服务费用较高、创新动力不足。

最后，跨境支付成本过高。新兴市场和发展中经济体的众多家庭依赖在海外工作的家庭成员的跨境汇款。2019年新兴市场和发展中经济体的汇款总额达到551亿美元，这一资金流动仅次于外国直接投资流入。据世界银行统计，200美元的跨境汇款平均需支付约14美元的手续费，[3] 微、中小型企业和从事跨境贸易的个人企业可能比大型零售客户支出更高的手续费用和时间成本。

造成跨境支付成本过高的原因之一是代理银行业务的削减。所谓代理银行机制指一家银行（代理行）作为受托方，持有并管理其他银行（被代理行）的存款，并为之提供支付及其他金融服务的一种法律与经济安排，[4] 大多数跨境支付都依赖代理银行系统。近年来，由于地缘政治摩擦和成本管理考量，部分代理行开始有选择性地退出市场或减少业务，

---

[1] Leandro Medina & Friedrich Schneider. *Shedding Light on the Shadow Economy: A Global Database and the Interaction with the Official One*, CESifo Working Paper No. 7981, December 2019.

[2] WB, *What does Digital Money Mean for Emerging Market and Developing Economies?* BIS Working Papers No. 973, October 2021.

[3] WB, *What does Digital Money Mean for Emerging Market and Developing Economies?* BIS Working Papers No. 973, October 2021.

[4] CPMI, *Corresponding Banking*, July 2016.

致使全球活跃通信机构的数量出现不同程度的下降，其中北美地区约为10%，拉丁美洲地区约为30%。① 与此同时，国家间汇款走廊的数量也开始减少。

代理银行的缩减引发了三方面的担忧。一是部分国家或地区接入全球金融体系的途径减少，其国际金融服务的可达性和国际竞争力受到影响。二是代理银行数量的减少或将导致新的金融服务集中度和垄断性提升，从而导致跨境支付成本上升、交易摩擦增加。三是若银行体系内金融服务供给不足，用户可能转向监管较弱或未受监管的支付渠道，包括转向数字货币等替代支付方式。②

2. 各类数字货币在新兴市场经济体的适用

尽管当前的跨境支付因双边或多边的货币互换协议或其他跨境支付政策倡议有所下降，但部分国家由于代理行的撤退或经济基本面因素跨境支付成本依旧高企。在此背景下，能够缩短交易链条实现点对点支付的数字货币显示出其独特的吸引力，尤其是那些传统支付成本高昂、跨境支付缓慢或不透明的国家对数字货币的需求更加迫切。新兴市场经济体对数字货币的选择呈现显著的区域性与需求导向特征：加密资产因高波动性受限，稳定币在金融普惠与主权风险间博弈，央行数字货币则成为技术升级与跨境合作的核心载体。

（1）加密数字资产：高波动性下的有限渗透

数字货币宣称能够弥补传统金融体系的不足并不断迭代，首先出现的是各类加密资产，旨在通过点对点支付减少中介依赖，显著降低交易成本。因此，跨境汇款和投资高需求国家的加密资产使用率相对较高。例如，菲律宾、越南等国因海外劳工汇款规模庞大，其加密资产持有率分别位居全球第三和第四。③ 然而，加密资产的高价格波动性可能引发资本外流与金融稳定风险，IMF 建议发展中经济体建立分类监管框架，限制

---

① CPMI, *CPMI Quantitative Review of Corresponding Banking Data*, May 2019.
② BIS, *On the Global Retreat of Correspond Banks*, BIS Quarterly Review, March 2020.
③ Statista Survey, "Share of Respondents Who Indicated They Either Owned or Used Cryptocurrencies in 56 Countries and Territories Worldwide from 2019 to 2022", https：//www.statista.com/statistics/1202468/global - cryptocurrency - ownership/.

加密资产的货币职能。目前，新兴市场经济体采取了全面取缔、通过高税率抑制投机或许可制度和市场准入限制等较为审慎的加密资产监管策略。例如，中国 2021 年发布《关于进一步防范和处置虚拟货币交易炒作风险的通知》全面取缔加密资产活动，印度 2022 年《财政法案》对加密资产交易征收 30% 资本利得税并禁止金融机构参与相关业务，泰国《数字资产法》第 15 条规定自 2022 年 4 月起禁止私人加密资产交易，仅允许合规机构投资者参与。

加密资产的去中心化特性、点对点支付能力和较低的交易成本使其在跨境汇款、投资和金融普惠方面具有显著优势，但其价格波动性以及对宏观经济和金融稳定的潜在威胁，使得各国监管机构不得不采取更为审慎的政策，其实际使用注定有限。

（2）稳定币：金融普惠与主权风险的权衡

加密资产面临高价格波动和可扩展性挑战，难以成为主流价值存储手段或货币单位。为应对这一挑战，稳定币应运而生。稳定币试图锚定某种法定货币或一篮子法定货币，通过抵押银行存款、政府证券或加密资产来维持其价值稳定。稳定币的优势在于利用大型技术平台的用户基础，借助网络效应在全球范围内迅速推广，其宏大愿景是不仅作为支付工具，还将构建一个庞大的金融生态系统。

太平洋群岛国家曾利用稳定币提高金融普惠程度。太平洋群岛国家（如马绍尔群岛、帕劳）因地理分散、人口稀少，长期面临金融基础设施薄弱与代理银行撤退的困境。该区域超过 60% 的国家依赖国际汇款，但传统跨境支付成本高达交易金额的 10%—15%，为维持国际支付渠道，部分国家尝试引入锚定美元的稳定币。例如，马绍尔群岛于 2018 年立法将私人加密资产作为法定货币，但因主权风险暂停实施，转而与技术公司合作开发美元稳定币支付系统，以期通过去中介化降低汇款成本。类似地，帕劳与私人机构合作拟发行政府支持的国家稳定币，试图利用区块链技术构建去中心化支付网络，缓解对澳元或美元的过度依赖。

稳定币的推广亦受益于大型科技平台的网络效应。Meta（原名 Facebook）主导的 Diem 项目（前身为 Libra）曾提出构建全球稳定币支付生态，依托其 30 亿用户基数实现跨境资金即时流动。尽管 Diem 因监管压力终止，但其愿景揭示了稳定币通过平台经济重塑金融格局的潜力。发展中经济体若接纳此类全球稳定币，可快速接入国际支付网络，但代价是可能丧失对货币流通与数据主权的控制。例如，太平洋岛国图瓦卢的"国家数字账本"项目尝试在分布式账本上发行代币化澳元，虽提升支付效率，却进一步强化对澳元体系的依附，削弱本国货币政策独立性。

全球稳定币的技术特性为发展中经济体提供了绕过传统壁垒的可能性，其在金融包容、跨境支付和金融生态方面的潜力引起国际社会的广泛关注，但稳定币并非万能解决方案。稳定币的广泛应用可能削弱发展中经济体的货币主权，尤其是金融监管能力薄弱的国家。以帕劳为例，其拟发行的国家稳定币虽由政府背书，但技术架构与储备管理依赖外部私营机构，存在"私营权力凌驾于公权"的风险。IMF警告，若稳定币流通规模超过本国法币，可能导致货币替代，使央行丧失利率与汇率调控能力。此外，全球稳定币（如USDT、USDC）在部分国家的渗透已引发资本外流担忧。例如，2022年土耳其里拉贬值期间，民众大量购入USDT以对冲通胀，加剧了本币信用危机。稳定币需满足反洗钱、客户身份识别及储备金透明度要求，其跨国属性要求多边监管合作，但相关标准制定主要由发达国家主导，新兴市场和发展中经济体在此领域仍处弱势。稳定币在发展中经济体的适用性本质是效率与安全的博弈，新兴市场和发展中经济体应采取平衡金融普惠诉求与主权安全的政策路径。

（3）央行数字货币：技术升级与跨境协同的核心载体

一些新兴市场和发展中经济体的中央银行正在考虑发行中央银行数字货币的潜在成本和收益。央行数字货币作为一种新型的数字化的中央银行货币形式，区别于商业银行的存款准备金或结算余额，它可以采取不同的技术和设计形式，但核心是发行方为中央银行。中央银行货币，如现金和中央银行储备金，通常具有最高的货币信用、流动性和安全性。非中央银行货币，如商业银行存款和其他非银行货币形式可能面临信用和流动性风险，但提供了更多的金融服务和创新机会。CBDC作为数字形式的央行货币旨在结合两者的优点，同时规避传统货币和支付形式的缺点。新兴市场和发展中经济体发行CBDC的动机包括促进国内零售支付、金融机构间大额批发支付交易、跨境支付效率以及金融包容。

新兴市场和发展中经济体的央行数字货币发展实践可以分为采用CBDC相关技术升级本国现行支付系统、推广试点和开展跨境多边合作等。2018年，柬埔寨启动Bakong项目整合分散支付系统，促进国内货币系统升级。巴西央行2020年推出Pix即时系统，以较低成本实现支付现代化，同时为后续CBDC试点积累经验。印度在"数字印度"和"普惠金融计划"等国家战略的推动下，修订《印度储备银行法》明确央行发行CBDC的法定权限，分阶段推进批发型和零售型数字卢比的试点。泰国央行于2022年启动零售CBDC试点，采用"分布式账本+中心化管控"的混合模式，与传统支付系统无缝对接。多边央行数字货币合作最具代表性的案例有多边央行数字货币桥项目（mBridge）和邓巴项目（Dunbar）。mBridge已成功实现货币跨境支付实时结算，从2022年开始，mBridge进一步推进覆盖国际贸易结算全流程的商业应用试点。与mBridge类似，Dunbar旨在通过CBDC实现跨境支付的高效化，同时探索跨境监管协调的解决方案，该项目验证了多边CBDC平台的技术可行性。

加密资产、稳定币和央行数字货币等数字货币形式正展现出新技术解决现有货币体系痛点的巨大潜力，特别是针对新兴市场和发展中经济体的特有难题。然而，鉴于这些数字货币尚未经历大规模的测试验证，仍需审慎评估其风险并解决一系列实际政策挑战。新兴市场和发展中经济体需根据金融生态成熟度选择数字货币路径，例如高汇款需求国侧重加密资产监管，支付碎片化国优先技术整合，金融主权脆弱国慎用稳定币。央行数字货币的核心价值在于支撑跨境合作与支付系统现代化，但其成功依赖法律框架与国际协同。

（二）新兴市场经济体的数字货币发展条件

1. 新兴市场与发展中经济体发展数字货币的有利条件

技术进步为新兴市场与发展中经济体提供了"跨越式"进入数字经济的机遇。金融科技促进了货币数字化，使账户和支付服务更加便捷、安全、低成本、高效和实时，无银行账户成年人的比例和汇款成本均呈下降趋势。这一趋势得益于以下几个关键因素。

第一，全球范围内出现了非银行电子货币发行商，如电子商务平台或拥有庞大用户基础的电信运营商，它们借助网络效应提供服务。电子货币作为通往商业银行货币的桥梁,在多数国家需由商业银行资金充分覆盖。电子货币可通过手机在线或离线存储和交换,资金可通过数字渠道和物理代理点转移,更适合新兴市场与发展中经济体的众多消费者,尤其是偏远地区居民。在撒哈拉以南非洲地区,2014年至2017年,拥有电子货币或移动货币账户的成年人的比例几乎翻了一番,达到21%。全球范围内2017年52%的成年人使用数字支付,高于2014年的42%。①

第二,政策制定者通过更新政策框架和促进数字素养,推动金融技术创新和采纳。许多国家正致力于数字身份识别,为逾亿无证人士提供进入金融部门的机会,并提升交易安全性。印度的Aadhaar项目经验尤其值得借鉴。② 数字身份证与其他服务的结合使印度降低了KYC(了解你的客户)核查成本,并将账户拥有率从2008年的20%提高到2017年的80%。粗略估计,若印度完全依赖传统增长路径,则需47年才能达到这一账户拥有率水平。

第三,当局正通过"快速支付"系统升级支付基础设施,实现银行和合格非银行机构提供24/7近实时支付。③ 这些快速支付系统现已在55个国家上线,并展现出与早期实时结算(RTGS)系统相似的快速采纳率。此外,"开放银行"允许第三方发起支付服务并赋予客户更多支付选择权,这有助于促进支付市场竞争。

第四,面对创新压力,现有银行和支付提供商正积极拥抱金融科技,以改善服务,使消费者能够更方便、更快捷地进行支付。例如,许多传统银行与非银行机构合作,开发快速支付网络并通过移动应用程序提供多元金融产品。④ 现有的MTO(移动运营商)支持更广泛的支付工具,与发送国和接收国的支付系统相集成提升支付效率。各国央行也在越来越多

---

① The World Bank, *The Global Findex Database* 2017: *Measuring the Financial Inclusion and the Fintech Revolution*, Report No. 126033, 19 April 2018.

② BIS, *The Design of Digital Financial Infrastructure: Lessons from India*, BIS Paper No. 106, December 2019.

③ BIS, *The Quest for Speed in Payments*, BIS Quarterly Review, March 2017.

④ The Centre for Economic Policy Research, *Geneva Reports on the World Economy - Geneva 22: Banking Disrupted? Financial Intermediation in an Era of Transformation Technology*, September 2019.

地考虑将公共支付系统的使用权扩展至金融科技公司并实行全天候运营。

第五，金融科技公司的崭新角色在于，它们通过连接本地支付基础设施、银行或交易双方的电子货币供应商，极大地拓展了跨境转账的MTO模式。与此趋势并行的是，市场上涌现出了一系列专业供应商提供跨境支付服务（如地球港、MFS非洲和货币云）。这些解决方案为现有机构和金融科技公司提供了快速集成跨境支付服务的机会，使其能够迅速为其客户提供服务。此外，全球金融信息网络SWIFT推出的全球支付计划为代理银行交易带来了前所未有的透明度、速度和可靠性。这些创新举措有助于降低跨境支付的费用，如外汇手续费。尽管这些费用在近期有所降低，但在某些地区，特别是非洲和中东，它们仍然居高不下。

2. 影响新兴市场经济体采用数字货币的供给与需求因素分析

（1）供给层面的影响因素

无论私人数字货币还是主权数字货币其发行与赎回均依赖数字网络和数字基础设施的广泛覆盖。技术革新正在转变消费者的交易习惯，消费者日益倾向于完全数字化的移动平台，新兴市场与发展中经济体也不例外，成熟的网络体系提供了数字货币传播与接受的有利基础。在新兴市场和发展中经济体特别是东亚、太平洋、拉丁美洲和加勒比地区，移动电话使用率相对较高，这为数字货币推广提供了有利条件。除此以外，贸易开放和跨境汇款频繁的国家更易于接受金融创新和新型支付工具，如数字货币交易频繁的东亚和太平洋、中东和北非地区。

是否采用数字货币应综合考量现行金融体系结构、支付体系的有利基础以及数字货币发行流通的成本，这些成本涵盖构建和维护物理性的数字货币体系及配套金融基础设施以及隐性的法规遵从成本，如反洗钱要求。

许多新兴市场与发展中经济体都希望通过CBDC优化现行支付体系，提高国内支付效率、支付安全和金融包容性，但是对现金依赖程度不同的国家对CBDC具体政策目标的期待有所差异。高度依赖现金的国家期望通过CBDC来改进客户识别（KYC）、反洗钱和打击恐怖主义融资，而那些现金使用量较低或不断减少的国家则认为 CBDC 有助于维持央行以及央行货币的权威地位。①

(2) 需求层面的影响因素

其一,由于银行部门缺乏充分竞争而高度集中导致金融服务成本高昂、效率低下的国家或地区,以及资本自由流动管控严格和金融抑制程度较高的国家,可能对更具灵活性、便捷性和成本优势的数字货币的需求更加旺盛。其二,在政府治理效能低下或缺乏有效治理以及公众对现有金融机构缺乏信任时,可能会增加对更具稳定性的他国主权货币或数字稳定币的兴趣。其三,宏观经济因素也在其中扮演重要角色。经济增长疲软、国内货币价值的大幅波动或高通胀环境都可能提高数字货币对用户的吸引力。表2-6列举了影响新兴市场和发展中国家数字货币政策的供给与需求因素。

表 2-6　　影响新兴市场和发展中国家采用数字货币的供需因素

层次类别	影响因素	描述	相关指标
供给层面	基础设施	数字货币需要强大的运营网络和配套的移动支付、零售代理网络等数字基础设施支持其运营	拥有智能手机的人口比重
			互联网接入率
			银行网点和移动支付服务覆盖率
	现行金融体系的综合竞争力	传统金融机构的高成本结构（包括合规成本）导致其缺乏竞争力,数字货币提供商具有较低的合规成本和更高的盈利潜力	FATF 有关 AML/CFT 高风险金融机构数量
			离岸金融中心数量
			金融机构盈利能力
			支付服务提供商市场份额
	公共部门改善金融体系和支付的意愿	政府或公共部门改善支付效率、支付安全和金融包容性以减少现金依赖的意愿	开设银行账户的人口比例
			电子支付交易的增长率
			现金使用量和依赖度

---

① BIS, *Shaping the Future of Payments*, November 2019.

续表

层次类别	影响因素	描述	相关指标
需求层面	成本和便捷性	数字货币相较传统支付方式具有成本和效率优势	数字货币交易的平均成本与平均时间
			数字货币支付与传统支付方式的成本和时间比较
	公众对现行支付体系的信心	公众对现有支付体系的信任可能受到金融危机、市场集中或垄断权力的影响	金融危机发生频率
			金融机构集中度
			影子经济活动的规模
	政府公信力	政府公信力、可持续货币和财政政策影响私人数字货币需求	政府信任度指数
			腐败评价指数
			法治水平
			国内货币控制力
	宏观经济因素	经济增长缓慢、市场波动大、国内货币价值不稳定可能使数字货币成为更具吸引力的替代品	GDP 增长率
			外汇市场波动率
			通货膨胀率
			贸易平衡状况

资料来源：世界银行 2021 年金融科技与金融技术的未来备忘录：《数字货币对新兴市场和发展中经济体意味着什么？》，第 11—12 页。

（三）央行数字货币对新兴市场经济体的积极意义

在全球化金融格局的演进中，新兴技术正驱动着一场深刻的变革，为货币体系带来前所未有的机遇与挑战。随着各国经济的紧密相连及对数字金融系统的依赖不断加深，传统货币霸权的概念面临重新定义的压力。数字化转型不仅重塑了资金的感知与运用方式，更引发了对金融权力与控制权的深层审视。历史上，货币霸权依托于全球储备货币的主导地位，如美元和欧元。但如今，央行数字货币的崛起预示着金融交易和跨境贸易将迎来全新模式，这无疑将对既有货币秩序构成挑战。央行数字货币的引入预示着一种可能的替代机制，并可能重塑国际支付与金融交易的格局。

这一趋势引发了居于国际货币体系中心的美国的担忧。美国国会研究服务机构（CRS）认为全球经济与地缘政治的演变可能引发对美元主导地位的挑战。① 特别是中国经济崛起、美国制裁策略以及数字货币的发展，成为影响全球货币体系稳定性的关键因素。这些因素可能促使其他国家考虑替代的储备货币或支付系统，从而影响全球货币体系的动态平衡。事实上，美国政府已经逐步采取措施，运用其金融体系的优势，通过制裁手段以影响外国政府的行为，以此作为推进其外交政策目标的一种策略。美国财政部的一份报告显示，OFAC 办公室在过去 20 年间做出的制裁决定增长了惊人的 933%。② 然而，金融准入是实现全球经济参与的关键，涉及个人、企业以及国家在平等条件下参与全球经济的能力。制裁和其他限制性措施虽旨在推动外交政策目标，但亦可能导致受制裁国家寻求替代金融渠道，以减少对美元货币体系的依赖。

随着数字货币和金融科技的持续发展，全球金融格局预计将迎来进一步的变革。央行数字货币及其他数字支付平台的发展可能为国际交易提供新选项，进而影响货币霸权的未来走向。研究普遍预测央行数字货币具备重塑金融格局的巨大潜力。央行数字货币预期将大幅提升金融包容性，推动绿色金融项目，并借助于提高支付系统的效率和拓宽融资途径来支持可持续发展目标。此外，央行数字货币可能带来更大的货币自主性和独立性，因为对数字货币的控制及其分布可以显著影响一个国家的经济主权及其全球经济影响力。美国财政部对央行数字货币潜在能量的阐释强调，CBDC 相关技术为绕开美元金融体系建立新的金融和支付系统，以此为削弱美元全球作用的潜在对手提供了机会。

除了综合经济实力、数字金融基础设施、金融市场成熟度、公众预期与消费习惯等因素，金融制裁、金融机构所有权结构、离岸贷款、金融机构开放包容性、融资基础设施的可用性也会影响各国和区域的央行数字货币。

被制裁国家。制裁作为一种国际政治工具会对目标国经济和金融体系产生深远影响。通常情况下，制裁会损害双边贸易和目标国进入全球

---

① Congressional Research Service, "The U. S. Dollar as the World's Dominant Reserve Currency", https：//crsreports. congress. gov/.

② U. S. Department of Treasury, "The Treasury Sanctions Review", https：//home. treasury. gov/.

金融市场的机会以及获得国际融资援助的机会,因为制裁方可能会利用其在国际金融机构和区域金融组织的权威施加政治影响力放大制裁效力,特别是被美国制裁的新兴市场经济体不太可能从 IMF 或 WB 获得资金支持。制裁措施尤其是最具威力的金融制裁会对目标国经济贸易、资本市场、国内政治秩序乃至全球经济产生负面影响。从短期来看制裁措施确实会引发目标国经济和政治秩序震荡,但从长期来看并不总是能够实现制裁预期目标。因为受制裁国家可能通过减少外部经贸和技术依赖、进行区域合作减少制裁影响或寻求替代途径等抵消制裁的不利影响。[1] 例如,近年来美国频繁实施单边金融制裁成为全球"去美元化"进程的催化剂,促使被制裁国家加快发展替代性金融系统和创新性技术,中央银行数字货币已成为这些国家探索的替代方案之一。研究表明,全球的央行数字货币采用状况与金融制裁存在正相关关系,这表明受制裁国家采用央行数字货币系统保障金融主权安全的意愿更加强烈,其接纳和采用央行数字货币的速度也更快。[2]

外资银行比例较低的国家。银行体系所有权结构影响东道国的金融格局。银行系统的所有权结构直接关联到客户所遭遇的障碍程度,以外资机构为主导的金融体系通常能提供更低的费用和更高的服务可及性,如开设银行账户和申请贷款等,但其资本逐利性导致其业务倾向可能会与东道国的货币政策产生冲突。在外资银行比例较小的情况下,国内金融市场对外部金融机构的依赖程度较低,这使得国内监管机构在货币政策制定上具有更直接的影响力,鉴于这些动态因素,本地银行占比较高的国家可能更倾向于接受创新的金融技术。采用 CBDC 与扩大贷款规模、提升资产质量和减少贷款损失准备金紧密相关,基于政府对金融市场所有权结构掌控可以在不产生过度外部影响的条件下更容易实施 CBDC。

---

[1] Zachary Selden, *Economic Sanctions as Instruments of American Foreign Policy*, London: Bloomsbury Publishing, 1999.
[2] Medina Ayta Mohammed, Carmen De‑Pablos‑Heredero and José Luis Montes Botella, "The Role of Financial Sanctions and Financial Development Factors on Central Bank Digital Currency Implementation", *FinTech*, Vol. 3, No. 1, February 2024, pp. 135–150.

拥有未偿还离岸银行贷款的国家。离岸贷款，即一个国家对位于低税收管辖区或避税天堂的外国银行的债务，该举措虽然在短期内可以为债务国提供融通资金和避税优势，但也可能加剧债务国的金融脆弱性。IMF 指出，严重依赖离岸银行贷款的国家面临多重风险，如汇率波动的货币风险以及货币兑换和跨境转移费用额外交易成本，这些因素可能会影响债务国的清偿能力、增加财政负担并影响其金融稳定。① 除此以外，债务违约不仅造成债务国国内市场风险，也对国际市场产生影响。根据 Grennes 等人的研究，新兴经济体的债务与 GDP 比率若超过 64% 或将引致实际年增长率的大幅下滑，因此这一比率是评估各国金融健康和增长前景的关键基准。② 英格兰银行的一份报告指出，央行数字货币能够通过加速或调整政策利率的传导机制，调整信贷的数量和成本来促进国家的金融稳定，其数字化和去中心化特性有助于降低交易成本、提高交易效率。③ 因此，采用央行数字货币不仅能帮助国家减少额外成本，还能减轻对离岸金融服务的过度依赖。对于拥有高额离岸银行贷款的国家，央行数字货币不仅是一种技术上的选择，还是推动经济增长的战略性举措。拥有离岸贷款的国家采用央行数字货币的重点是吸引外国投资和促进经济可持续增长。巴哈马和牙买加的金融格局表明了运用数字金融和技术进步解决方案促进国内金融发展的重要性。全球金融发展数据库的数据显示，2020 年巴哈马群岛的债务比率为 105.28%，牙买加的债务比率为 78.49%，为提升金融普惠度、促进数字经济增长，巴哈马和牙买加分别推出央行数字货币 Sand Dollar 和 JAM – DEX。截至 2021 年底，巴哈马和牙买加的债务比率分别下降至 99.14% 和 68.49%，虽然这一比率仍较高且依赖离岸银行贷款，但反映出二者采用央行数字货币作为金融稳定应对策略的一致努力。央行数字货币对于金融稳定性较差国家的吸引力源于其促进金融普惠、支付效率、推动经济增长的潜力，争取货币独立性

---

① IMF, *Building Strong Banks Through Surveillance and Resolution*, September 2002.

② WB, *Finding the Tipping Point—When Sovereign Debt Turns Bad*, Policy Research Working Paper 5391, July 2010.

③ Bank of England, "Central Bank Digital Currency Opportunities, Challenges and Design", https://www.bankofengland.co.uk/-/media/boe/files/paper/2020.

和政策自主性的强烈意愿以及全球研发央行数字货币的集体努力。

金融普惠程度较低的国家或地区。世界银行指出物理基础设施可用性障碍是影响发展中国家获取存款、贷款和支付服务的主要因素之一。[1] IMF 的数据显示,目前 152 个发展中国家人口约为 67.5 亿,约占全球人口的 85%,[2] 存在程度不一的金融包容性不足和支付效率低下问题,央行数字货币的引入将成为这些发展中国家促进金融普惠和金融包容性的有效方案。央行数字货币的去中心化、数字化本质和智能合约功能等特性,[3] 有望提升金融网络覆盖不足地区的金融服务可得性。这与传统银行服务受制于实体金融基础设施搭建、物理网点设置和营业时段形成了鲜明对比,为那些难以获得传统银行服务的特殊人群或贫困地区提供了更为灵活和便捷的选择。因此,在金融普惠程度较低的国家或地区,央行数字货币的积极引入和推广无疑应被视为加强金融包容性战略的重要组成部分。

金融基础设施和数字经济发展程度较高的国家。这样的国家通常具有更加开放包容的金融市场环境,更加完善的法律监管框架和更完整的信息披露机制,在此环境下国内外资本流动自由有序,金融产品和服务多元化,金融市场竞争充分,金融科技创新活跃,对央行数字货币的接纳和认可程度更高。

(四) 数字货币对新兴市场经济体的特殊挑战

与加密资产和央行数字货币相比,稳定币对新兴市场和发展中经济体的潜在挑战更为深刻。原因在于,新兴市场和发展中经济体通常对非主权性的、高风险的加密资产保持高度警惕,多数国家采取了严格管控或取缔加密资产交易的类似措施以保障其管辖范围内的金融稳定与金融

---

[1] Thorsten Beck, Asli Demirgüç-Kunt and Maria Soledad Martinez Peria, "Banking Services for Everyone? Barriers to Bank Access and Use around the World", *The World Bank Economic Review* 397, Vol. 22, No. 3, November 2008, p. 397.

[2] IMF, "Population", https://www.imf.org/external/datamapper/LP@WEO/OEMDC/ADVEC/WEOWORLD/ARG.

[3] Abdul Jabbar, Ahmed Geebren, Zahid Hussain, Samir Dani and Shajara Ul-Durar, "Investigating Individual Privacy within CBDC: A Privacy Calculus Perspective", *Research in International Business and Finance*, Vol. 64, January 2023, pp. 1–10.

安全。央行数字货币是各主权国家或货币区应对私人数字货币挑战和维护货币主权的一致选择,作为法定货币的数字形式,其法律性质争议不大,全球央行数字货币发展的重点也围绕其国际标准和规则制定展开。但锚定主流国际货币并力图全球流通的稳定币既有别于完全私利性和高度投机性的加密资产,也不具有央行数字货币的完全国家信用和权威。因此,数字稳定币对新兴市场经济体的挑战更为复杂。

稳定币可能严重冲击全球金融系统的完整性,这主要体现在对反洗钱和反恐怖融资的合规性挑战上。[①] FATF 的研究报告显示,稳定币被滥用助长了全球洗钱、恐怖主义融资、走私和腐败等非法金融活动,因此包括稳定币在内的加密资产必须严格遵守 FATF 的监管要求。2019 年 FATF 更新了对各类加密资产和稳定币的监管标准,将加密资产交易平台和相关服务提供商均纳入监管范围,要求其进行严格的客户尽职调查。[②] 然而,稳定币的现行设计机制允许其持有主体或账户所有人与其现实世界身份"脱钩",特别是大量加密资产和稳定币交易以点对点的形式完成而非通过传统金融机构或加密资产交易平台,这种逃避监管行为严重冲击各司法辖区的金融完整性和司法权威。对于资源有限的新兴市场和发展中经济体的货币当局和司法当局,不仅需要适应和调整监管框架以应对这些挑战,还需承担解决追踪和预防金融犯罪的艰巨任务。

稳定币价值通常与某一种或一篮子外国货币挂钩,因此稳定币价值的波动性不可避免地会对当地货币产生影响。以稳定币支付的大额交易或恶意操纵带来短期内本币或外汇储备的大量流出或流入会带来资本市场剧烈波动。此外,稳定币作为一种新的外汇贷款形式与债务合约紧密相关,而外汇贷款一直是新兴市场与发展中经济体金融危机的触发因素之一。

稳定币可能对货币政策和宏观经济带来挑战。稳定币在国内的广泛使用可能会削弱新兴经济体法定货币的权威和货币政策的有效性,进而影响其对外政策自主性。在极端情况下会放大遭遇政治、经济或金融冲

---

① FATF, *Money Laundering Risks from Stablecoins and Other Emerging Assets*, October 2019.
② FATF, *Public Statement on Virtual Assets and Related Providers*, June 2019.

击的国家的资本外流风险，加剧经济不确定性并削弱货币政策有效性。此外，稳定币的跨境流动也可能冲击那些依赖国际储备维持法定货币稳定的国家，对其外汇和银行间市场造成破坏性影响。

稳定币的庞大生态系统和跨境监管问题不容忽视。稳定币的宏大愿景是不仅作为数字支付工具存在，还旨在打造全球流通适用的金融生态。在全球稳定币生态系统中各种金融机构、金融基础设施和服务提供商相互关联和相互依赖，将会带来大型金融公司和超大平台垄断以及跨境监管难题。IMF曾就加密货币生态系统的监管问题作出警示，稳定币机制多种多样，其支持资产囊括了银行存款、电子货币、大宗商品、外汇和证券等，当其在不同国家或地区运作涉及不同监管框架时不可避免地产生监管冲突、监管套利，这给新兴市场与发展中经济体带来更大的挑战，因此各司法辖区及国际金融监管部门需要针对稳定币及其更广泛的生态系统制定和协调全面的、一致的全球标准并进行跨境协调。[1]

稳定币活动目前大多游离于各国法律、监管和安全网之外，大多金融监管机构对其发行机构——非银行金融机构，实施较轻程度的监管或尚未纳入监管范畴，由此加剧有关金融稳定、金融完整性和消费者保护等领域的风险累积。在稳定币生态系统中，新兴市场与发展中经济体可能只是提供交易服务的"节点"之一，而发行稳定币的非银行机构则位于其他国家，从而产生多个东道国与母国的管辖和监管冲突。新兴市场与发展中经济体需要额外监管工具对跨境的稳定币安排及其广泛业务进行全面控制和有效监管。

数字货币的国界穿透性特征凸显出制定一套国际认可的法律规则、监管框架和指导方针填补监管空白、防止跨国监管套利的重要性。为确保整个金融生态系统采取统一且全面的监管和监督策略，对现行协调机制进行细致审查已是大势所趋。此外，建立高效的数据和信息共享机制也势在必行，这将为监管机构提供更为全面的视角，并帮助评估现有合

---

[1] IMF, *Regulating the Crypto Ecosystem: the Case of Stablecoins and Arrangements*, IMF Fintech Note No. 2022/008, September 2022.

作安排的充分性。

在稳定币全球监管的国际金融软法方面,各国当局可以借鉴现有框架如金融市场基础设施原则(PFMI)及其监管实践经验,南部非洲发展共同体(SADC)支付系统监督委员会(PSOC)在推动支付、清算和结算系统方面的先进做法,金融集团联合论坛(The Joint Forum on Financial Conglomerates)《金融集团监管原则》中有关银行、证券、保险业的跨境运营与协同监管等既定框架也为面临挑战的监管机构提供了宝贵的参考经验。这些原则中的诸多条款与稳定币的监管安排高度契合,如强化监管权力、促进跨境监管协调以及优化公司治理结构等。

总而言之,稳定币的初衷在于增强金融包容性和跨境汇款的效率,然而它们并非不可或缺也尚不能单凭自身达成这些目标。目前,诸如数字身份证、电子货币、移动银行、开放银行以及快速支付系统等数字支付手段已足够应对日常需求,稳定币能否超越快速发展的数字支付服务仍是未知数,尤其在新兴市场和发展中经济体稳定币带来的挑战和风险不容忽视。

迄今为止,稳定币的最大贡献或许在于它们引发了公众对金融包容性和跨境支付效率问题的深入思考,强调加强货币与金融稳定框架、构建有利于金融科技发展的监管环境、升级支付基础设施(尤其是跨国支付体系),以及通过国际合作确保全球监管标准一致性等工作的紧迫性和重要性。另外,一些国家已开始加快中央银行数字货币的研究,这种新型的数字化现金形式对新兴市场和发展中经济体的当局来说是否都必要或可取仍有待观察。

第三节　数字货币对全球金融体系的影响

数字货币顺应了全球货币发展的"无纸化""去现金化"潮流,无论私人数字货币还是央行数字货币都在节约铸币成本、促进金融普惠、提升金融创新与金融包容和改善跨境支付等方面具有积极影响。不过不可否认的是,作为新生事物的数字货币确实对传统货币理论和现行货币法律制度带来了冲击,影响国内金融体系和国际货币格局。

一 数字货币对传统货币理论的影响

（一）模糊货币层次界限

传统货币理论围绕实物货币展开，如马克思的货币职能理论、凯恩斯货币干预理论、哈耶克的货币非国家化理论、新剑桥学派的货币需求与动机理论、新古典货币综合理论等从不同侧面勾勒出货币的内涵与本质，探究政府货币政策制定、公共部门与私人部门之间关系。

传统货币理论建立在货币类别与货币层次的甄别基础之上，然而数字技术和金融科技的强大渗透力和融合性逐渐模糊不同类型与形态的货币之间、货币与电子票证、证券、代币之间的内涵和外延，使得不同时空场景和国别立法中的电子货币、数字货币、加密货币的类别与层次多有交叉重叠并能够进行通汇转化，这使得货币类别和货币层次的界限不再泾渭分明。数字货币的出现不仅使传统货币及货币金融财产形态发生改变，分布式账本技术、去中心化流通模式、匿名性支付转移等创新型数字金融技术甚至会颠覆现行货币金融体系的底层逻辑。数字货币与现行货币的诸多差别使其无法归类至现钞或他种金融票证类别，也无法套用现行货币法律法规，传统货币理论在解释数字货币问题时力不从心。

（二）冲击货币供给与需求

数字货币对传统货币供给与需求理论造成冲击。一方面，数字货币具备的金融科技禀赋能够对货币数量控制、货币流向监测、流动性偏好和各经济部门的微观需求进行精确预测，解决货币需求理论有关货币需求与利率、流通速度之间的分歧与困境，使传统货币需求理论更有延伸性。另一方面，央行数字货币不仅使传统货币供给理论中有关货币供给与利率选择争论难题迎刃而解，还丰富了货币政策工具箱，如负利率货币政策对"流动性陷阱"和"零利率下限"的突破使货币政策的有效性进一步增强。

二 数字货币对国内金融体系的影响

（一）私人数字货币对国内金融体系的影响

1. 私人数字货币对国内金融体系的有益改进

第一，节约货币财政支出。数字货币的"无纸化""去现金化"将节约纸币和硬币的铸币成本与管理成本。尤其是历史上被殖民过的中小国家、贫困的发展中国家和货币地理空间广袤的国家，由于货币主权不独立、财政预算有限、金融基础设施薄弱或货币运输调拨管理难度较大等因素，维持庞大的货币财政支出存在困难。数字货币的数字化、无纸化优势将在很大程度上缓解现金成本和支付成本带来的压力。

第二，促进金融普惠。数字货币的发行可以基于账户也可基于钱包、价值或代币。这意味着数字货币的支付转移并不与银行账户强制捆绑，这有助于提高银行业不发达、金融基础设施薄弱地区、没有银行账户的特殊人群的金融普惠程度。[1]

第三，促进金融创新与金融包容。一些新兴经济体将数字货币、快速支付、跨境数字支付等视为改善传统支付体系弊端的良好契机，认为数字货币相关的区块链、大数据、数字金融科技等技术有助于解决传统金融服务提供商在支付体系中的垄断或竞争威胁，从而确保金融市场的开放性和有序竞争。

2. 私人数字货币的内生技术风险影响国内金融体系稳定

第一，分布式账本技术有待完善。作为新兴金融科技代表的分布式账本和区块链技术具有不可篡改、不可伪造性，在一定程度上解决了数字货币的信任机制和双重花费问题，然而区块链领域缺乏统一的国际安全技术标准和相关技术安全指引，[2] 链上规则的不明确会引发智能合约漏洞以及人身和财产风险。一方面，DLT 底层的区块链本身存在技术缺陷和漏洞，不排除遭受攻击导致密钥破译的可能，而系统节点的崩溃则可能引致系统瘫痪。除此以外，智能化、可编程化的 DLT 数据运转量庞大、兼容机制复杂且算力有限，这种缺乏灵活性的计算系统产生的效能并不比集中式的央行支付系统更为高效，因此 DLT 技术可能难以支撑大型经济体庞大的交易规模[3]。另一方面，脱离中央清算监控机制，"去中心化"

---

[1] IMF, *Casting Light on Central Bank Digital Currency*, IMF SDN/18/08, November 2018; IMF, *A Survey of Research on Retail Central Bank Digital Currency*, WP/20/104, June 2020.

[2] 邓建鹏、孙朋磊：《区块链国际监管与合规应对》，机械工业出版社 2019 年版，第52页。

[3] 周有容：《国际央行数字货币研发进展综述》，《西南金融》2022 年第 2 期。

的 DLT 容易导致交易主体之间风险敞口的增加，从而加大金融监管和风险管控的难度。目前，加拿大、荷兰、新加坡和英国等国家的央行在其内部测试中曾对 DLT 技术进行了验证，实验结果表明，DLT 还不够成熟，作为一项新兴技术还不足以胜任关键性的、大规模的数字金融系统的构建。

第二，人工智能技术被运用为政治角力工具可能性增大。作为一项具有颠覆意义的技术，人工智能技术的数据层、算法层、应用层均存在不确定性。在数据层面，有关人工智能的法律性质和数据权利规定尚未有定论。在算法层面，人工智能面临着源代码开放、透明度和监管问题。在应用层面，现行国际贸易规则对人工智能属于货物还是服务的产品属性定位模糊。人工智能技术的数据依赖性、算法不透明性等技术局限可能引致央行数字货币系统故障问题、央行数字货币账户信息泄露、恶意网络攻击以及数字鸿沟问题。[1] 另外，随着近年来地缘政治摩擦加剧人工智能技术开始被用作"国际政治角力的工具"，如 2022 年俄乌冲突美国通过人工智能技术为乌克兰提供信息情报。当前包括人工智能技术在内的数字技术"中立性"和"非武器化"规则还不成熟，而新兴前沿数字技术与金融制裁特权的结合或将引发更为剧烈的金融不稳。[2]

第三，智能合约标准缺失带来财产权属的不确定。由于智能合约的起草标准和监管标准不统一，智能合约的触发条件可能基于双方的数字签名、通过接口获得的外部数据源，也有可能是状态参数，不同规范标准导致不同智能合约在进行参数共享价值传递时出现不兼容影响交易效率。[3] 另外，智能合约不可篡改、不可撤销带来合同责任问题。数字货币的核心特征与理想特性之一要求底层系统具有可扩展性，能够加载智能

---

[1] 姚梅：《金融科技全球治理法律问题研究》，博士学位论文，上海交通大学，2020 年，第 51 页。

[2] 沈伟：《数字经济背景下的人工智能国际法规制》，《上海财经大学学报》2022 年第 5 期。

[3] 邓建鹏、孙朋磊：《区块链国际监管与合规应对》，机械工业出版社 2019 年版，第 45—50 页。

合约自动履行交易合同。建立在去中心化的、不可篡改的区块链基础上的智能合约也具有不可更改、不可撤销性，这意味着在代码运行错误或存在重大瑕疵等极端情况下无法对合同进行修正，这容易导致合同错误履行及相关违约、侵权责任的出现。

（二）央行数字货币对国内金融体系的影响

1. 央行数字货币对传统商业银行的影响

日本央行认为零售型央行数字货币与实物货币、商业存款之间存在替代效应，因为 CBDC 以主权信用为背书，安全程度和支付效率更高，CBDC 在增加数字现金比率的同时也减损了商业银行的信贷扩张能力。尤其计息的甚至负利率的 CBDC 对货币市场需求与货币创造的影响更为明显，如果央行数字货币大规模取代现金和银行存款，一方面会扭曲信贷资源分配机制的有效性，带来流动性短缺风险；① 另一方面将重塑银行业务模式与竞争格局，② 使银行业与央行、其他金融机构及第三方支付机构之间的竞争加剧，商业银行尤其是中小银行的生存空间被挤压，可能造成"狭义银行"和金融脱媒。③

有学者提出不同意见，如 Didenko 等认为监管机构和立法机关有多种政策工具解决该潜在问题：限制央行数字货币流通范围和持有央行数字货币数额的行政手段、实施存款负利率阻止储户大规模提取商业银行存款的经济手段等。④ Andolfatto 指出央行数字货币打破了银行业在存款市场和信贷市场中的垄断地位，但"挤出效应"只在某些特定条件下才会产生，银行业的金融中介作用并不当然被削弱。⑤

---

① Bank of Japan, *Digital Innovation, Data Revolution and Central Bank Digital Currency*, Working Paper No. 19 - E - 2, February 2019.

② 黄国平、丁一、李婉溶：《数字货币对当前货币体系的影响和冲击》，载蔡昉《中国数字经济前沿（2021）》，社会科学文献出版社 2021 年版，第 91 页。

③ Ben Broadbent, *Central Banks and Digital Currencies*, Speech delivered at the London School of Economics, London, UK, 2 March 2016.

④ Anton Didenko and Ross P. Buckley, "The Evolution of Currency: Cash to Cryptos to Sovereign Digital Currencies", *Fordham International Law Journal*, Vol. 42, September 2018, pp. 1 - 3.

⑤ David Andolfatto, "Assessing the Impact of Central Bank Digital Currency on Private Banks", *The Economic Journal*, Vol. 131, February 2021, pp. 525, 534 - 536.

2. 央行数字货币对金融稳定的影响

央行数字货币的发行与流通对货币体系存在正负效应。国际清算银行认为,新冠疫情和大型经济体"无现金社会"趋势加速了央行数字货币的研发进程。央行数字货币有助于缓解发达经济体现金流通量逐年减少带来的困扰,保障金融体系的安全与稳定。[1] 从货币职能角度出发,央行数字货币兼具实物货币和商业存款的优势,其安全性、流动性、高效性提供了全新的支付结算体验,是对现行货币体系的补充和完善,[2] 如数字人民币的功能定位能够确保在不颠覆现行货币发行流通模式的前提下,与法定货币、多元支付工具融合共生,因而不会影响货币体系的稳定。[3]

央行数字货币的负面效应在于,在直接发行和计息模式下央行数字货币可能会造成"狭义银行"和金融挤兑现象的出现,带来更严峻的金融隐私保护、数据跨境治理等国际监管挑战。与此同时,非接触式数字支付的流行将带来数字支付工具对特殊人群的"数字鸿沟",如影响贫困地区、老年人群体数字支付的可得性与金融普惠程度。

3. 央行数字货币对货币政策的影响

货币政策是指央行通过货币政策工具控制、调节货币供应量或利率,实现稳定币值和经济增长、优化经济结构、防范金融风险等政策目标。[4] 央行数字货币对货币政策影响处于理论探索阶段,其流通框架、访问方式和计息特征等均会对现有货币调控手段产生影响(如表 2-7 所示)。央行数字货币的设计将影响金融结构和货币政策的诸多方面。在银行信贷中介和货币政策的传递机制方面,一般认为,计息的零售型 CBDC 相较于不计息的 CBDC 对货币市场供需及执行货币政策的影响更为显著。[5]

---

[1] BIS, *Covid-19, Cash and the Future of Payments*, BIS Bulletin No. 3, April 2020.
[2] 胡施、谢庚:《央行数字货币发展研究综述与展望》,《投资研究》2022 年第 1 期。
[3] 中国人民银行数字人民币研发工作组:《中国数字人民币的研发进展白皮书》,http://www.pbc.gov.cn/goutongjiaoliu/113456/113469/4293590/2021071614200022055.pdf,2021 年 7 月 16 日。
[4] 金钊、曾燕等:《法定数字货币:研发趋势与应用实践》,中国社会科学出版社 2021 年版,第 201—202 页。
[5] 刘凯、李育、郭明旭:《主要经济体央行数字货币的研发进展及其对经济系统的影响研究:一个文献综述》,《国际金融研究》2021 年第 6 期。

表 2-7　　　　　　　央行数字货币对货币政策的影响

CBDC 特征设定	基于代币	单层流通框架	
		基于账户不计息	基于账户计息
功能定位	纸币数字化形态	央行直接负债	投资性流动资产
对货币政策影响	中性	负面冲击	负面冲击
宏观经济风险	对银行存款、金融资产没有替代效应，风险较低	颠覆现行"央行—商业银行—公众"模式的货币发行流通体系，可能造成"狭义银行"和金融脱媒，缩小央行货币政策操作空间，弱化央行前瞻性指引效果	非常规货币政策工具可能会提高风险溢价，弱化再贴现、存款准备金等传统货币政策工具的作用

资料来源：根据公开发表资料整理所得。

第一，丰富非常规货币政策工具箱。现有研究认为 CBDC 增强货币政策有效性的正面效应主要表现为增强货币政策工具的可操作性、扩大央行资产负债表提升直接影响力、以货币大数据助力科学决策和精准调控。[1] 英格兰央行（2021）提出央行数字货币是"一种国家货币政策工具，同时也是国家行使监管权的利器，"并未与现行法定货币产生竞争。[2] 例如数字英镑和英镑的货币政策可以不同，并能够丰富非常规货币政策的工具箱，[3] 其手段包括负利率政策、量化宽松政策和"直升机撒钱"政策。[4]

传统货币政策难以消除有效利率的零下限问题，在经济低迷或危机

---

[1] 黄国平、丁一、李婉溶：《数字货币对当前货币体系的影响和冲击》，载蔡昉《中国数字经济前沿（2021）》，社会科学文献出版社 2021 年版，第 93 页。

[2] 蔡维德：《Facebook 稳定币带来的意义：新型银行结构和货币竞争》，载数字资产研究院编《Libra：一种金融创新实验》，东方出版社 2019 年版，第 192—193 页。

[3] Bank of England, *Responses to the Bank of England's March 2020 Discussion Paper on CBDC*, Discussion Paper, June 2021.

[4] "直升机撒钱"政策是指无差别地向社会公众提供现金，从而一次性增加货币供应量，刺激总需求，是一项极端的货币政策。

时期容易出现流动性陷阱。CBDC 的引入原则上会影响货币政策向货币市场、资本市场银行利率的传递，可能产生非常规货币政策。① CBDC 通过放宽有效利率下限、设定负利率、无差别发放数字货币、向非银行金融机构买入量化宽松资产等更具操作性的非常规货币政策手段影响资金的再分配过程，CBDC 被公众普遍使用以后将加强货币政策的传导机制的有效性。② Bordo 持相似观点，负利率成为可能以后，央行将无须依靠有通货膨胀风险的量化宽松政策应对外部冲击，计息的央行数字货币将在一定程度上改变依靠国家财政推动经济复苏的局面，从而释放市场和经济活力。③

央行数字货币具有的主权货币信用和数字化交易技术为负利率政策的实施提供了可能性，但是否采用该非常规货币政策是各国央行共同关注的重点。④ 超低利率甚至负利率对内可能造成金融动荡，对外可能诱发各国货币竞争性贬值，加剧贸易保护主义和单边主义，尤其新兴经济体更易受到冲击。⑤ 然而，在央行数字货币问题上采取消极观望的态度不但会错失研发 CBDC 的良机，甚至会引发宏观经济不稳、货币利率失控、支付网络系统性风险、丧失对经济衰退的敏感性。⑥

第二，提升货币政策有效性。由于传统货币发行技术缺乏实时海量的数据支撑和科学前瞻的分析，仅凭后验式的统计和估算，难以对货币运行流通状况进行及时有效的调控。央行数字货币利用区块链技术、密码算法技术等一系列互联网技术手段，摆脱传统货币的技术窠臼，利用央行在 CBDC 体系中的关键核心节点地位，深入分析 CBDC 的发行、流通和贮藏阶段的运行规律，为"宏观审慎监管、货币政策和金融稳定性分

---

① De Nederlandsche Bank, *Central Bank Digital Currency: Objectives, Preconditions and Design Choices*, Occasional Studies, April 2020.

② Bank of Russia, *A Digital Ruble*, Consultation Paper, October 2020.

③ NBER, *Central Bank Digital Currency and the Future of Monetary Policy*, NBER Working Paper 23711, August 2017.

④ 陈雨露：《当前全球中央银行研究的若干重点问题》，《金融研究》2020 年第 2 期。

⑤ NBER, *Secular Stagnation in the Open Economy*, NBER Working Paper No. 22172, April 2016.

⑥ NBER, *Central Bank Digital Currency and the Future of Monetary Policy*, NBER Working Paper 23711, August 2017.

析提供数据支持"。① 针对传统货币政策存在的银行信贷传导机制不畅问题，央行数字货币进入央行的货币供应序列以后，其数字化和大数据化特征有助于提高央行监测货币流动和组织市场的能力。通过中观和宏观层面的大数据分析货币政策、金融稳定以及主要运行指标之间的相互关联，使央行货币政策更加简便精准。②

三 数字货币对国际货币格局的影响

（一）私人数字货币对国际货币体系的影响

1. 开辟国际货币竞争新场域

数字货币提供了一种全新的货币竞争思路——在数字空间场域重塑国际货币竞争规则。数字货币独特的技术禀赋打破了传统货币的时空边界、信用边界、应用边界以及资金流与数据流的边界，通过可控、不可篡改、具有互操作性的分布式账本技术实现点对点的、流程化、智能化的交易，在保障效率和安全的基础上优化跨境支付。

传统货币受制于物理实体、地理空间边界、国际支付清算系统技术等多重因素，使主权国家或区域在国际货币市场的议价能力和竞争力有所差别。除此以外，国际货币体系等级森严的"金字塔结构"导致底层货币的国际化道路困难重重。国际货币的主导性和支配性往往会形成极强的网络性和路径依赖，因此在现行物理空间展开国际货币竞争面临货币使用惯性、机制固化、巨量成本等问题。新兴经济体希望通过金融科技丰富国际货币竞争的工具箱，增效交易效率、降低交易成本、提升交易透明度。数字货币的技术特性能够实现以极低的交易成本完成不同币种之间的转换和交易，因此对某种单一国际货币的依赖不再强烈。

在基于平台的数字网络中所有活动将围绕支付功能展开，数字货币可能超越传统最佳货币区（Optimal Currency Areas, OCAs）形成新的货币互动网络——数字货币区（Digital Currency Area, DCA）。③ 这种数字网络

---

① 姚前：《数字货币初探》，中国金融出版社2018年版，第223页。
② NBER, *Macro-Economic Management in an Electronic Credit/Financial System*, NBER Working Paper 23032, January 2017.
③ NBER, *The Digitalization of Money*, Working Paper 26300, September 2019.

凭借对传统地理边界、司法管辖边界的极强穿透性，将全球经济体之间相互补充的金融活动和数据广泛地链接起来并强化其正向合作性，形成覆盖性极强的高效数字网络并逐渐形成规模效应，而这种跨境扩张的潜力可能会进一步产生全球性的数字货币。[1]

2. 去国际金融基础设施中心化

传统跨境支付体系存在过度依赖美元体系导致国际货币权力失衡的痼疾，美国对 SWIFT 以及大额美元结算清算系统 CHIPS 的长期主导，使得国际结算清算金融机构因缺乏竞争造成跨境支付成本高昂、效率低下、透明度低等问题，还滋生出美国肆意制裁对手国的金融制裁权。数字货币通过去跨境支付系统的垄断化和去金融中介化提供多元跨境支付通道，打破美元借由 SWIFT 和 CHIPS 等国际金融基础设施垄断跨境支付体系的霸权地位及由此掌握的巨量金融交易数据的专有特权。

除此以外，数字货币提供了可供选择的跨境支付新方式。传统货币竞争通常以货币账户体系为基础，数字货币可以基于账户也可以基于代币或二者混合。尤其在跨境支付场景中，数字货币提供了一个不依赖代理行体系的跨境支付"平台"或"通道"。分布式的数字货币跨境支付网络本质上是多中心的治理结构，接入多边数字货币跨境支付平台的主体拥有平等的国际监管权限。[2]

3. 营造多元共生的数字支付生态

未来数字货币竞争涵盖了公共部门的主权数字货币、私营部门的私人数字货币、第三方数字支付等多币种和多货币形态，形成现行货币体系与数字货币体系并行的数字货币生态。以具有更强异质性的亚太地区为例，中国以积极推动数字人民币的试验落地以及探索央行数字货币跨境合作（mCBDC Bridge）成为全球央行数字货币研发先驱；印度尼西亚、菲律宾、越南等国则采取了与加密数字货币共存的政策；太平洋群岛国家通过私人数字货币、全球稳定币合法化促进金融普惠；柬埔寨利用央

---

[1] NBER, *The Digitalization of Money*, Working Paper 26300, September 2019.
[2] 刘东民、宋爽：《数字货币、跨境支付与国际货币体系变革》，《金融论坛》2020 年第 11 期。

行数字货币相关技术升级本国货币金融系统而非直接发行央行数字货币提升支付效率。另外，数字货币与大型数字金融平台生态系统的关联不仅可能带来全球货币资源的重新配置，货币工具之间的可转换性和平台之间的互操作性还将有利于营造多元共生的数字支付生态。

（二）央行数字货币对跨境支付体系的改善

1. 巩固正式支付系统

央行数字货币对支付体系的革新可以从两个维度进行分析。

一是对替代支付系统的遏制。正式支付系统和替代支付系统是不同的。正式的支付体系必须在一个闭环中发挥作用，只涵盖那些被法律接受的货币类型，绝大多数国内支付系统都使用央行账户进行结算。① 例如，专门进行外汇结算的第三方 CLS（Continuous Linked Settlement）银行连续关联结算系统通过各国央行账户进行，这与其他使用商业银行账户进行结算的多货币结算系统形成了鲜明对比。相比之下，"替代支付系统"在这样一个循环之外运行，覆盖了那些不基于现金、中央银行或商业银行账户的流程、机构和实践，因此被视为独立的系统。替代支付系统在虚拟社区或特定电子协议用户群组中运行，并使用替代货币单位而不是官方货币进行结算。这些替代系统可能被法律明确禁止，或者，从另一个极端来说，根本不受任何具体规则的约束。② 央行数字货币是与国内和国际正式支付体系紧密相连的官方货币，其发行流通有助于维护央行的权威和核心地位。

二是对现行支付体系的补强。这主要表现为垂直化的传统支付清算结构向平行化支付清算体系的转变。③ 一方面，央行数字货币将与现金、银行账户、第三方支付工具等形成多元化的数字支付竞争格局。另一方面，中央银行将主导跨境支付、结算与清算机制，减少对当前跨境支付代理行、中介机构的依赖，并通过自动执行的大额结算清算机制实现支

---

① BIS, *Supra* Note 71, Annex 3, Table C.
② Anton Didenko and Ross P. Buckley, "The Evolution of Currency: Cash to Cryptos to Sovereign Digital Currencies", *Fordham International Law Journal*, Vol. 42, September 2018, p. 4.
③ 杨涛主编：《中国支付清算发展报告（2018）》，社会科学文献出版社 2018 年版，第 258 页。

付即清算，从而缩短交易链条，降低交易成本。

具体而言，央行数字货币将改变传统跨境支付中以托收、汇付、信用证为主的结算方式，[1] 优化改进上述陈旧支付方式带来的交易主体众多、交易链过长、支付标准不统一、金融系统兼容性差、反洗钱反恐怖融资等合规监管要求不一致等导致的经济成本和时间成本高、结算清算效率低下、差错率高等问题。央行数字货币跨境支付环节减少了跨境代理行金融中介主体的参与，仅通过三个流程就能实现跨境实时支付：智能合约生成、智能合约履行和智能合约认证，通过央行数字货币互操作系统，各主权数字货币之间直接关联、同步交收，从而减少因信息不对称或支付结算最终性问题带来的欺诈或交易失败风险。[2]

零售型央行数字货币对现行支付体系的影响主要有三方面：加速无现金零售支付和跨境支付的顺利运行，[3] 促进现有支付体系主体的多元化、金融机构支付服务高效性，[4] 从整体上提高一国支付结算体系的稳定性、金融普惠性和对数字经济的适应性。需要注意的是，其对现有支付体系的补强建立在金融隐私数据保护和广泛流通的基础之上。

批发型央行数字货币的对象仅限于拥有央行账户的商业央行、清算机构及其他能够获得央行储备金的实体，因此对国内和跨境大额支付结算清算体系影响显著。批发型CBDC将有助于央行批发支付系统的升级，通过改善RTGS系统的支付结算效率和成本赋能跨境支付体系，使货币区成员之间或非成员国银行间的货币流动更为自由、广泛。泰国央行、阿联酋央行与香港金管局合作的"CBDC多边货币桥"项目是探索批发型CBDC在跨境支付中的成功案例。该项目构建了一个全新的外汇市场跨境支付走廊，使多国央行在点对点支付的基

---

[1] 张乐、王淑敏：《法定数字货币：重构跨境支付体系及中国因应》，《财经问题研究》2021年第7期。

[2] 李俏莹、孙方江：《国际货币竞争视角下的央行数字货币跨境支付》，《西南金融》2022年第9期。

[3] De Nederlandsche Bank, *Central Bank Digital Currency: Objectives, Preconditions and Design Choices*, Occasional Studies, April 2020.

[4] Bank of Japan, *The Bank of Japan's Approach to Central Bank Digital Currency*, October 2020.

础上实现资金的即时转移,并能够在安全可控的条件下进行风险监管和合规审核①。依托于去中心化的 mCBDC 治理网络,摆脱当前跨境支付依赖的代理行 + SWIFT 模式,构建一套全新的支付体系具有技术可能性。②

2. 塑造货币国际化新路径

央行数字货币的发行流通打破了传统货币国际化封闭的"结算货币—投资货币—储备货币"的单向线性顺序,以货币的交易媒介职能重构货币国际化路径。央行数字货币并未彻底颠覆主权货币国际化的本质逻辑,仅是在具体货币职能扩展的先后顺序和权重方面有所不同。按照传统货币国际化的演化路径,一国或一货币区的货币首先需要在国际大宗贸易中成为计价和结算货币,并逐渐被国内外公私主体普遍认可和大规模使用,直至进入国际货币的最高级阶段——成为储备货币。然而,一种货币在 21 世纪获得国际地位可以采取不同的途径和策略,货币的数字化和数字网络为现有货币国际化和国际货币关系变革提供了新途径。③央行数字货币以强化的"交易媒介"货币职能作为货币国际化的新起点,以跨境交易的低成本、高效和安全性优化升级、循序渐进地扩展央行数字货币的使用和影响范围,重新定位国际储备货币的决定因素,形成"基于交易媒介"的国际化新路径。④

3. 构建多元化国际货币格局

当前国际货币体系改革旨在改变单极美元霸权,构建多元共存的货币格局。基于去传统金融中介中心化的区块链技术为跨境支付网络的革新提供了有效工具,央行数字货币在国家主权信用基础上以新兴金融科技加持国家信用,"国家信用 + 技术信用"赋予央行数字货币跨境支付去中心化、高安全性。全球跨境支付体系的重塑将有利于多元化全球货币

---

① R3, *Central Bank Digital Currency: An Innovation in Payments*, R3 White Paper, April 2020.
② 李仁真、关蕴珈:《俄乌冲突下美欧利用 SWIFT 制裁俄罗斯的影响及其对中国的启示》,《国际贸易》2022 年第 9 期。
③ NBER, *The Digitalization of Money*, Working Paper 26300, September 2019.
④ 戚聿东、刘欢欢、肖旭:《数字货币与国际货币体系变革及人民币国际化新机遇》,《武汉大学学报》(哲学社会科学版) 2021 年第 5 期。

框架的形成,① 未来传统货币与数字货币将长期共存,私人数字货币、全球稳定币也可能与央行数字货币并存。

---

① 高洪民、李刚:《金融科技、数字货币与全球金融体系重构》,《学术论坛》2020年第 2 期。

第 三 章

数字货币全球治理的学理分析

数字货币全球治理的本质是如何在缺乏中心权威和等级组织结构的条件下通过技术演化和国际协调达成共识。数字货币的去中心化本质特征及其在全球的发展趋势决定了其规制理论和治理模式的创新性。因此，变革当前单一国家行政命令式监管模式走向多元主体协作治理模式成为必然趋势。在国际政治经济学视域下，国家利益和货币权力的竞争性与全球金融治理、新自由制度主义国家利益合作观等理论的冲突耦合性，为数字货币全球治理合作提供了理论支撑。

第一节 数字货币治理模式的跃迁

数字货币的跨境流动性、数字技术性和金融风险传导性等特点促使数字货币治理模式从国家监管演变为全球治理。全球金融治理的主要目的之一是维护全球金融体系稳定。数字技术改变了以主权实物货币为依托的传统货币治理的客体，丰富了国际货币体系、全球金融体系和全球金融治理体系的内涵，但其数据风险、信息风险隐蔽性更强且破坏性更甚。[①] 且数字货币与传统货币存在较大差异，蕴含的技术风险、国际流动性风险、国家利益冲突风险不确定性更强，单一国家强制行政监管模式

[①] 戚聿东、褚席：《数字经济视阈下法定数字货币的经济效益与风险防范》，《改革》2019年第11期。

逐渐调整为多元数字货币全球治理合作。①

一　从国家监管到全球治理

国家金融监管强调政府在金融市场的强制管控作用，依赖自上而下的行政命令和监管机制，出现"严格监管—放松管制—再管制"的金融监管"治乱循环"。这一方面源于金融领域资本高度流动性、市场敏感性和逐利性自身特征相较其他领域更易诱致监管套利、监管俘获、监管逐底竞争等监管失灵现象的出现，政府行政监管也存在公权力扩张损害私权的问题，且控制型的政府调控失灵和监管失灵后果相较市场失灵后果更严重。另一方面，传统金融监管具有明显的"中心化"特征，即监管主体以政府部门为核心而行业自治和私营部门力量薄弱，凭借正式监管形式、强制监管手段和严格监管程序重点监管被监管主体行为。

但在数字货币领域，这种模式面临着诸多挑战。首先，数字货币的去中心化技术特性、多元参与主体及其多重权利义务关系的复杂性，使得其不易受到单一监管机构及主权国家的控制。其次，数字货币的跨境流动性决定了国际监管协调和跨境治理合作的必要性。因此，数字货币全球治理模式应运而生，该模式强调政府、私营部门、非政府组织和公众的参与，通过多方合作来共同制定规则和标准，实现有效治理。

从单一主权国家行政监管走向多元主体全球治理倡导的是一种更加动态、包容和合作的治理模式，它强调在数字货币治理中注重综合性和灵活性、多方参与和共同决策、风险预防与合规性以及技术创新与融合发展。综合性与灵活性意味着数字货币治理不能完全拘泥于传统金融监管框架，也不能割裂数字经济与传统金融的联系制定区隔化的专门规则，而是要结合数字货币的技术特性和市场特性，场景化下有针对性的治理优于专门类别化的监管。例如，数字货币交易应当遵循传统金融监管的"了解你的客户"（KYC）规则和反洗钱规则，根据不同场景进行针对性治理，在保证合规性的同时更好地适应数字货币和加密经济的特殊性。

---

① 徐秀军、林凯文：《数字时代全球经济治理变革与中国策略》，《国际问题研究》2022年第2期。

多方参与和共同决策即倡导政府监管机构、数字货币发行方、交易平台、消费者、技术开发者等多方利益相关者共同参与数字货币治理，协调去中心化的数字货币治理框架下多元决策机制的利益攸关方诉求。风险预防与合规性意味着需要建立完善的风险评估和监测机制，制定明确合规标准和规范及时发现和应对潜在风险。技术创新与融合发展鼓励在数字货币治理中充分利用技术创新的力量。例如，可以利用区块链技术提高数字货币交易的透明度和安全性；利用大数据和人工智能技术辅助监管决策等。通过技术创新与融合发展，可以推动数字货币治理的现代化和智能化。

二 国家规制转型为超国家规范治理

随着数字货币使用的普及和跨境支付的发展，单一国家的规制已经难以满足治理需求，超国家规范的形成成为可能。这些规范可以是基于国际共识的法律框架，也可以是技术标准和操作准则，为数字货币的全球使用提供统一的规则。超国家规范的治理模式主张建立国际合作机制，制定全球性的标准和规则，以实现跨境数字货币的有效治理。例如，国际清算银行（BIS）和金融稳定委员会（FSB）等国际机构已经着手研究和制定相关的国际标准。

未来超国家规范的数字货币治理合作大致分为三种。第一种是国家之间的双边、多边监管合作。监管当局之间就央行数字货币特定领域的法律问题、技术问题、协调机制等进行交流合作，通过货币互换协议、司法互助条约、谅解协议等双边协定实现。第二种是区域性的监管合作。该合作模式基于经济体之间经济规模、地缘优势、政治认同、法律背景等方面的相似性或亲缘性，具有开展区域性的货币金融监管合作的便利条件，如东盟、欧盟。第三种是全球性监管合作。多元主体进行的全球范围内的国际监管合作，其监管规则更为复杂且协调难度更大。

三 法律强制与柔性治理并举

全球金融治理区别于国家金融监管的一个重要特征是无法拥有强制性的国际金融监管立法权、行政权和司法权，这是由国际社会的无政府状态这一基本事实决定的。同时，过度集中的国际金融监管权也不利于国际金融监管合意的达成和金融科技的创新发展。从监管走向治理的数字货币规制方向还包括采用柔性治理手段。柔性治理手段强调权力的适度使用和对被监管主体的尊重。在数字货币的治理中，这意味着监管者不应仅仅将被监管者视为规制对象，而是应该更多地关注民主过程和被监管者的参与。

数字货币柔性治理与传统金融监管存在显著差异。

首先，规制理念与规制手段不同。数字货币柔性治理强调对金融科技的包容性和适应性，规制手段的灵活性和针对性，鼓励创新并保护消费者和投资者的利益。传统金融监管更侧重保障金融系统的安全稳定，对新兴技术持审慎保守态度，通常依赖明确的法律规则和正式的监管框架对金融机构和市场行为设定严格的标准和要求。

其次，规制程序不同。数字货币柔性治理鼓励构建一种新型的多元利益相关者保护机制，强调监管机构、行业参与者、消费者和公众等多元主体参与，治理程序透明度，通过监管沙箱、创新中心等途径对新技术和商业模式进行场景测试和风险评估，协调多方主体利益。传统金融监管集中化决策特征明显，监管规则往往由政府机构单方面制定和执行，虽然也会征求公众意见，但最终决策权集中在监管机构手中。

最后，风险处置机制不同。数字货币柔性治理侧重于通过早期介入和持续的监管对话来识别和管理风险，以及通过技术手段如大数据分析和实时监控来增强风险监测能力。传统金融监管更侧重于事后监管，通过定期审计和合规检查来确保金融机构遵守规则，对违规行为进行处罚。总的来说，柔性治理在数字货币领域更注重与行业发展同步进化，而传统金融监管则更侧重于维护现有的金融秩序和稳定性。

第二节　数字货币全球治理的理论基础

数字货币全球治理不仅是全球金融治理多元主体的合作，也是构建复杂国际数字金融治理机制的过程，对其全面理解必须依赖多重视角和理论的有效结合。在国际法学视域下，国际法治是全球治理获得合法性的来源，同时又是具体指导和规范全球治理，使其走向善治的保障。在国际政治经济学视域下，全球治理理论、复合相互依赖理论以及权力冲突和机制变迁关系理论进一步解释了数字货币全球治理秩序的法治化和机制化转向。

一 国际法治理论

国际法治意味着在当前世界的无政府状态、均势和霸权体制的客观存在以及国际关系复合相互依赖的现实背景中，以规范的理念构想全球治理、解决国际问题。国际社会的政治结构和内在特征决定着国际法在统一的法律体系中的特性、地位及其未来的发展趋势。[①] 各国际行为主体在最受影响的国际货币金融领域对硬实力和软实力的综合运用直接影响当前的国际法规则。国际金融领域的硬实力通常表现为主权货币发行国尤其是国际货币或金融强势国为维系其在国际货币体系的领导力，通过军事威胁、金融制裁、贸易围堵等手段对挑战国实施的制裁或惩罚，引致国际贸易法、国际投资法、国际竞争法和国际争端解决规则的变化。建构型的软实力通常表现为对国际货币金融制度的建章立制和观念塑造。通过显性或隐性的货币金融法治化过程确认或维护国际货币体系规则的合法性，主导创设国际组织获取国家利益国际化的正当性，输出国际金融公共产品、价值观念和国际声誉得到国际社会认同和向心力，[②] 即通过构建稳定的国际金融制度规则和利益机制巩固其国际中心地位。

但值得注意的是，国际制度受大国政治的现实约束并不意味着国际法治"虚无主义"和国际法"工具主义"。大国及大国政治是现实主义国际关系中的一个重要客观现实，近代以来国际法治的主要目的就是约束大国政治。大国政治的终结是要破除强权争霸的国际关系格局，形成尊重国际民主、保护国际人权、践行国际法治的局面。[③] 国际法治的目标是形成更加安全稳定的国际秩序，避免现实主义政治理论中权力斗争的窠

[①] 江河：《人类主权的萌芽：现代国际法的启示与回应》，中国社会科学出版社2011年版，第4页。
[②] 李巍：《制衡美元——政治领导与货币扩张》，上海人民出版社2015年版，第59—61页。
[③] 何志鹏：《国际法治论》，北京大学出版社2016年版，第173页。

曰，在自由主义理论的引导下以国际制度固化和提升相互依赖的国际关系行为体之间的合作水平，加深建构主义理论倡导的共同理念。另外，终结大国政治并不等同于消灭大国，也不意味着否认或反对大国在国际关系中的重要作用，而是对公正缺失、秩序不稳、自由匮乏、效率低下等大国政治缺陷的改良和促进。

从合法性来源上讲，国际法包括国际法基本原则、国际强行法和国际法具体法律制度，都是全球治理的依据，制约着全球治理。这是因为，国际法或者属于人类社会理性的结晶与价值的共识，构成了最基本的"国际公共秩序"，体现出国际社会的"公共利益"；或者基于国家同意，其成为全球治理参与者的基本行为规范与道德要求。[1] 从善治的角度讲，国际法促使全球治理走向"法治化"，成为维护国际社会基本秩序所必须遵守的最基本法则。同时，在全球法治中，还需要发挥协调、惩罚等作用。[2]

国际法治的主体包括国家、国际组织、非政府组织和个人。全球治理的法学理想与国际法治有相同的旨归，即认可平等国家作为全球治理的基本主体，重视主要国家对全球治理的有效性以及国家自身在治理过程中演进发展。[3] 作为国际法治核心主体的国家是国际场景中的主要行动者，[4] 但重视国家的作用并不意味着"国际法治国本主义"，即信奉主权和国家利益至上，其缺陷在于过度强调国家间"国家利益""民族主义"斗争而忽略以人为本、和谐共治的价值规范。国际法治的规则基础基于妥当的价值目标和规范形式，国际法治规范体系蕴含人本主义、和谐共存、可持续发展的价值追求。这意味着在全球化背景下国家间相互依存进行的主权合作和主权让渡对传统的主权观念带来严峻挑战的事实背景下，国际事务的拓展以及国际法治主体的拓展需要超越"国本主义"导

---

[1] 葛静静：《全球治理视野下的国际组织》，时事出版社2019年版，第58页。
[2] 刘志云：《全球治理与国际法：相互依赖中的互动》，载蔡拓、刘贞晔《全球学的构建与全球治理》，中国政法大学出版社2013年版，第250—260页。
[3] 易显河：《国家主权平等与"领袖型"国家的正当性》，《西安交通大学学报》（社会科学版）2007年第5期。
[4] Antonio Cassese, *International Law*, London: Oxford Press, 2005, p. 3.

向的国际法治。① 非国家行为体中最重要的一部分就是国际组织，从多边主义的立场来看，国际组织是构建国家关系的重要方式，在全球治理中的角色越发重要且制度化。

国际法治的客体除了传统的安全议题以外，还囊括了国际经济、国际文化、国际环境事务和国际人权关切等非传统安全议题。这与高政治议题向低政治议题倾斜的国际政治研究客体相一致。不同的是国际政治与国际法治的方法和手段，前者以政治手段尤其是实力对比作为观察国际体系结构、世界格局和解决问题的核心，后者以法治手段确立规则、设计行为模式和解决具体问题。

徒法不足以自行，国际法治的"治"对运行程序的具体标准提出了规范性要求。首先，国际立法进程民主透明。其次，国际守法状态普遍自觉。再次，国际法监督体制严格有效。最后，国际司法机制严格公正。②

数字货币的发行和流通，在促进全球跨境计价、结算、支付与投资发展的同时，也必然会刺激资本外逃、跨国金融欺诈、跨国洗钱、跨国金融腐败、跨国走私等各种跨国金融犯罪活动的活跃，诱发各种可能的国际货币及金融风险乃至危机，需要构建更有层次和包容性的国际法治体系，多边、民主、透明的数字货币监管及风险治理机制。

二 全球治理理论

全球治理理论是伴随着金融全球化发展起来的。金融全球化促进了金融创新，提高了国际金融市场效率，增强了资本的国家间流动性，但也加剧了各种资产价格国际波动，国际经济活动的风险和不确定性、风险传导性更强，金融治理难度更大，美国次贷危机的爆发即为典型案例。金融全球化削弱了各国政府对国内宏观经济的调控能力，各国中央银行无法控制货币总量和利率等关键性指标，其对外汇市场的干预能力也受到很大挑战，难以实施独立的货币政策，一旦金融市场出现大规模流动

---

① 何志鹏：《国际法治论》，北京大学出版社2016年版，第245—247页。
② 何志鹏：《国际法治论》，北京大学出版社2016年版，第36—37页。

性危机，各国中央银行很难立即做出有效应对，欧洲债务危机恰恰反映了这一点。① 在此背景下，全球金融治理的重要性凸显。

全球治理理论是在"治理"（Governance）概念上发展起来的，在英语中，"治理"可以追溯到古典拉丁语和古希腊语中的"操舵"一词，意为控制、指导或操纵。在现代汉语中，"治理"有两种意思：第一种意思是"统治，管理"，比如治理国家；第二种意思是"处理，整修"。② "治理"原意是指统治或管理的行为、过程、方式、职能以及职责的行使等。从构成上讲该词虽然与代表政府、政体、管辖、治理等的政府统治（Government）紧密相连，但二者并非完全相同。

"治理"最早由世界银行提出的"治理危机"③ 演化而来，最具权威性和代表性的定义来自联合国全球治理委员会，认为"治理"是一个由公共或私人利用正式的或非正式的安排进行动态管理的过程。④ 罗西瑙将"统治"与"治理"明确区别开来，强调非政府组织在治理中发挥的不可

---

① 由于欧元区各国经济发展不平衡且难以调和，加上各国的偿债能力及财政能力也不一样，一旦欧元区国家出现债务违约，势必会使货币一体化的欧元区面临"崩溃"风险。但是，欧洲央行却无法充当最后贷款者的角色，因为它没有足够充裕的资金来确保欧洲各国债务的偿债能力，也难以有效处理主权债务、银行危机等棘手问题。参见潘正彦《经济金融全球化让世界面临三大挑战》，《上海证券报》2011 年 9 月 21 日。

② 中国社会科学院语言研究所词典编辑室编：《现代汉语词典》（2002 年增补本），商务印书馆 2002 年版，第 1623 页。

③ 1989 年世界银行在《撒哈拉以南的非洲：从危机到可持续增长》（Sub Saharan Africa: from Crisis to Sustainable Growth）这一报告中第一次使用了"治理危机"（crisis in governance）这个概念，并从三个方面指出了"治理"的内涵构成，即治理主体、治理手段以及治理效果，具体而言是政治体制的构成形式；以发展为目的管理经济社会资源时行使权力的过程；设计、制定和实施政策的能力及履行义务的职能。参见 The World Bank, *Crisis to Sustainable Growth – Sub Saharan Africa: A Long – Term Perspective Study*, http://documents.worldbank.org/curated/en/498241468742846138/From – crisis – to – sustainable – growth – sub – Saharan – Africa – a – long – term – perspective – study.

④ 1995 年联合国全球治理委员会在《天涯若比邻》（*Our Global Neighborhood: The Report of the Commission on Global Governance*）报告中将治理界定为"公共的或私人的个人和机构管理共同事务的多种方式的总和；这是一个调和相互冲突的或不同的利益并采取合作行动的持续过程，其既包括因授权而须强制遵守的正式机构和制度，也包括人民和机构同意或认为符合其利益的非正式安排。"参见 Commission on Global Governance, *Our Global Neighborhood: The Report of the Commission on Global Governance*, London: Oxford University Press, 1995, p. 26.

或缺的作用,① 其主编的《没有政府的治理》一书更旗帜鲜明地表达了治理的丰富内涵,他指出:"尽管治理和政府统治都涉及目的性行为、目标导向的活动和规则体系的含义,但治理是由共同的目标支持的,这个目标未必出自合法的以及正式规定的职责,也不需要依靠政府统治那样的强制力量使人服从。治理既包括政府机制,同时也包含正式的、非正式的机制,随着治理范围的扩大,各色人等和各类组织得以借助这些机制满足自身的需要并实现各自的愿望。"② 全球治理是构建下到家庭上到国际组织的人类活动规则体系,通过控制权的运用实现跨国影响。③ 罗伯特·基欧汉和约瑟夫·奈认为治理是一种采用正式或非正式形式指引、限制集体行动的程序和机制,集体行动应受全球治理机制约束。④ 新自由主义国际机制论者将全球治理定义为由政府间国际组织及各类跨国网络组织组成的国际机制总和。⑤

俞可平就治理区别于政府统治的特征作出了四方面的总结⑥:(1)治理虽然需要权威,但这个权威并非一定是政府,而政治统治的权威必定是政府。(2)在权力行使方式上,治理是从上至下互动的过程,主要通过合作、协商、伙伴关系、确立认同和共同目标等方式实现对公共事务的管理;而政府统治的权力总是自上而下的,它运用政府权威发号施令,制定政策和实施政策。(3)治理和政府统治的合法性来源不同。前者的合法性基础是公民或各主体的认同和共识,后者的合法性基础可以是行政命令强制执行。正如格里·斯托克指出的:"治理的本质在于,他所偏

---

① James N. Rosenau and Ernst – Otto Czempiel, *Governance without Government: Order and Change in World Politics*, Cambridge University Press, 1992, pp. 8 – 9.

② [美]詹姆斯·N. 罗西瑙:《世界政治中的治理、秩序和变革》,载詹姆斯·N. 罗西瑙《没有政府的治理》,张建军等译,江西人民出版社2001年版,第4—5页。

③ James N. Rosenau, "Governance in the Twenty – first Century, Global Governance: A Review of Multilateralismand International Organizations", *Global Governance*, Vol. 1, 1995, pp. 13 – 43.

④ [美]约瑟夫·奈、[美]约翰·唐纳胡主编:《全球化世界的治理》,王勇、门洪华等译,世界知识出版社2003年版,第17页。

⑤ Oran R. Young, *International Governance: Protecting the Environment in a Stateless Society*, Ithaca: Cornell University Press, 1994, pp. 1 – 22.

⑥ 俞可平:《全球治理引论》,载俞可平《全球化:全球治理》,社会科学文献出版社2003年版,第6 – 8页。

重的统治机制并不依靠政府的权威或制裁。"[①]（4）治理和政府统治的管辖范围不同。按照目前的全球政治模式，民族国家仍然是最高权威，这就决定了政府统治的最高层次只能是单个国家，政府统治的范围仅限于国家内部；而治理的范围更为广泛，凡是调和多主体利益情况都存在治理，它可以超越民族国家，也可以在民族国家层次或民族国家内部。[②]

"治理"概念在20世纪七八十年代提出后于90年代引起广泛关注，被看作市场失灵和政府失灵后的"第三条道路"。从广义上讲，治理是包括政府和市场在内的公共管理过程；从狭义上讲，治理是为了弥补政府和市场失灵而形成的公共管理方式，其目的是在不同的制度关系中运用权力去引导、控制和规范公民的各种活动，以最大限度增进公众利益。为了发挥作用，治理也必须包括公众权威、管理规则、治理机制和治理方式等内容。

借鉴政治研究的不同层次，治理也可以分为不同层次。托尼·麦克格鲁（Tony McGrew）将治理划分为五个层次：超国家组织（如联合国）、区域性组织（如欧盟）、跨国组织（如公民社会和商业网络）、民族国家、次国家（sub-state，如公共协会和城市政府）。[③] 基欧汉和奈将治理划分为三个层次：超国家层次、国家层次和次国家层次。[④] 丹尼尔·艾斯蒂（Daniel C. Esty）将超国家治理（Supernational Governance）限定为对共同性问题的集体性决策。他认为超国家治理"指涉任何有助于调整国际相互依赖性的决策过程和制度"，包括以下十方面：①导致一个条约的民族国家之间的谈判；②一个国际组织之内的争端解决；③经由国际行动体来制定规则保证条约的履行；④有政府背景的有关行动、指导方针和规范的法案的发展；⑤谈判之前的议程设定和问题分析，以保证条约的

---

① [英]格里·斯托克：《作为理论的治理：五个论点》，《国际社会科学（中文版）》1999年第1期。

② 张宇燕、李增刚：《国际经济政治学》，上海人民出版社2008年版，第421页。

③ [英]托尼·麦克格鲁：《走向真正的全球治理》，载俞可平主编：《全球化：全球治理》，第152页。

④ [美]罗伯特·基欧汉、[美]约瑟夫·奈：《权力与相互依赖》（第三版），门洪华译，北京大学出版社2002年版，第11页。

制定;⑥设定技术标准以促进贸易;⑦经由管制机构实现的网络化和政策协调;⑧在规范创制上公私两方面的努力的结构化;⑨政策制定者、非政府组织、商业领袖、学者用以交换看法的非正式的工作小组;⑩私人部门制定政策的活动。[1] 艾斯蒂认为超国家治理既包括世界上所有国家在内的"全球治理",也包括决策仅涉及几个国家而非所有国家的国际治理。全球治理不仅包括国际治理的正式的政府间国际机制,也包括各种正式非正式的跨国机制。虽然国际治理和全球治理都意味着一个非等级制的网络,但全球治理包含着更多的治理层次,在不仅仅涉及国家和国际层面治理的意义上等同于多层治理。因此,从一个国家内部看,政府活动和其他形式的利益协调与集体行动的达成都构成了治理的内容;从全球范围看,国家之间的利益协调不可能通过超国家权威的全球政府实现,而只能通过民族国家共同建立的各种国际组织达成的各种国际制度完成。

根据前面对治理层次的分析,全球治理即为治理在全球层次上的延伸。全球治理作为一种机制,本质上是一种国际合作。从机理上讲,全球治理主体的多元化、治理内容的宽泛性主要原因在于相互依赖。全球化和各民族国家之间的相互依赖和相互影响的程度不断加深,诸如金融危机、跨国犯罪、恐怖主义、核武器扩散、环境恶化、难民潮、网络攻击以及流行病等问题的日益突出,全球治理的重要性凸显,国际治理走向全球治理,[2] 一种有别于传统的政府统治的应对模式产生了。这种模式中不存在世界政府,参与治理的行为主体除了国家以外还有大量的非国家行为体。其运作机制是全球范围的广泛合作,具有复杂、多样化的形式,包括横向的国家间合作,也包括不同层面的多元行为体间的协调。这种为应对全球问题而形成的体制(regime)或机制(mechanism),就是"全球治理"。

俞可平认为全球治理指的是:"通过具有约束力的国际规制解决全球

---

[1] Daniel C. Esty, "Good Governance at the Supernational Scale: Globalizing Administrative Law", *The Yale Law Journal*, Vol. 115, 2006, pp. 1497–1498.

[2] 张宇燕、李增刚:《国际经济政治学》,上海人民出版社2008年版,第422页。

性的冲突、生态、人权、移民、毒品、走私、传染病等问题，以维持正常的国际秩序。"① 戴维·赫尔德认为，"全球治理不仅意味着正式的制度和组织，即国家机构、政府间合作等制定（或不制定）和维持管理世界秩序的规则和规范，而且意味着所有的其他组织和压力团体，即从多国公司、跨国社会运动到众多的非政府组织，都追求对跨国规则和权威体系产生影响的目标和对象"。②

从主体论、价值论、本体论及关联论四个方面可以将全球治理界定为："在缺乏主导性政治权威却又相互依赖的全球化背景下，为了应对全球性问题和追求人类共同利益，包括非国家行为体在内的国际行为主体，通过各种强制性的正式管理或规制以及非正式的社会化倡议、公共程序或机制，来避免全球风险和追求可预见的、安全的社会秩序的行为。"③该定义阐释了全球治理的主要内涵和基本特征。首先，主体的多元化是全球治理的首要内涵。其次，全球治理旨在追求共同价值。再次，全球治理的主体论和价值论决定了本体论，大国政治和小国政治的博弈以及国际社会非国家行为主体的兴起，使大国政治和国际法治成为全球治理本体的主要内容。最后，就全球治理的关联论而言，全球化、全球性问题和国际行为主体的多元化，共同构成了国际法的社会基础，④ 这些因素的发展变化必然引起全球治理的变革。

全球治理是解决世界无政府状态下全球问题的一种手段，促成集体行动，提供全球公共产品。全球治理有以下方面特点：（1）全球治理是一种问题解决机制；（2）全球治理是一种涉及多层次和多种行为体的管理机制，在结构上是并存和相互联系的；（3）在全球治理的机制中不存在世界政府，即最高的强制性权威；（4）全球治理是一种以合作为特点

---

① 俞可平：《全球化：全球治理》，社会科学文献出版社2003年版，第13页。
② [英]戴维·赫尔德：《全球大变革》，杨雪冬等译，社会科学文献出版社2001年版，第70页。
③ 江河：《从大国政治到国际法治：以国际软法为视角》，《政法论丛》2020年第1期。
④ 法律是社会系统中的一个子系统，它并非孤立存在，而是对经济、政治、文化等系统开放的社会规范和现象，它们构成了法律的社会基础，亦即法的关联论范畴。参见李龙主编：《法理学》，武汉大学出版社2011年版，第508页。

的管理模式，这种合作靠制度来规范，而制度的建立则需要各方在谈判中经由妥协达成。全球治理不是依靠权力结构实施强制措施，而是靠规范起约束和建构作用。这种全新的当代国际互动结构体现了一种新型的国际关系，这种关系不同于传统的权力政治，从这个意义上讲，国际关系在发生根本变化，即全球治理结构已成为与权力互动结构并存的国际体系因素。事实上，传统的权力政治关系已受到全球治理因素的制约。[①]全球治理的目标是实现有效治理、公正、法治。

全球经济治理和全球金融治理是"全球治理"概念的延伸，具体到国际金融法领域的货币问题和金融安全与稳定时又具有其独特内涵和价值。概括而言，"全球经济治理"是指在国际贸易、国际投资、国际金融领域，国际社会通过协商合作，建立共识、确定规则等方式，保障合理、有序的国际政治经济秩序规范，并对全球经济事务与经济政策进行协调、指导、管理和干预，以实现经济短期稳定与长期增长。[②]"全球金融治理"是指各国政府、非政府组织、国际组织和金融机构等行为体在缺乏单一超国家权力机构的背景下，通过协调、合作、确立共识等方式参与全球性金融事务的管理，构建具有约束力的国际规则或非正式的制度安排，以建立或维持理想的国际金融秩序的过程。[③] 全球金融治理的对象主要是全球性金融问题，"全球货币治理"是全球金融治理体系的一部分，是在国际社会无政府状态下，致力于解决国际货币体系相关问题的组织结构（architecture）和体制的总称。

全球货币治理与国内货币治理合法性来源的不同决定了数字货币全球治理的特征和发展趋势。国际货币体系的主要痼疾在于主权货币充当国际本位货币的困境、汇率大幅波动与失调、宏观经济失衡与国际收支调节不力、国际货币组织低效，但当前的全球货币治理体系短期内还无力解决这些问题。原因在于国内货币治理的合法性源于代表国家立法、

[①] 李少军：《国际政治学概论》（第5版），上海人民出版社2019年版，第443页。
[②] 高海红等：《二十国集团与全球经济治理》，中国社会科学出版社2016年版，第2页。
[③] 王国兴、成靖：《G20机制化与全球经济治理改革》，《国际展望》2010年第3期；James H. Mittelman, "Crisis and Global Governance: Money, Discourses and Institutions", *Globalizations*, Vol. 7, April 2010, pp. 158 – 162.

司法和行政权力，具有强烈的主权属性，而全球货币治理主要依靠主权国家、政府间国际组织和跨政府网络的认同，具有较高程度的自愿和合作属性。因此，国内货币体系的形成和制度变迁可通过国内立法和行政等手段强制性地执行，而全球货币治理更多通过国家间竞争、合作和博弈展开。这正是治理（governance）之于政府（government）管理的主要区别，也是全球治理概念和实践的内在逻辑。

数字货币全球治理是全球金融治理与全球货币治理的具象延伸，随着新兴经济体在改革国际货币体系痼疾和全球治理的作用愈加重要，制衡美元霸权、人民币国际化、改善跨境支付、金融基础设施国际标准、数字货币国际规则制定、"Fintech + Regtech"（金融科技＋监管科技）、全球数字治理等受到国际社会的高度关注。[①] 除了传统的国际货币体系改革、国际金融机构增效、国际监管合作等议题外，新兴金融科技风险与合作、数字货币治理、绿色金融、金融数据跨境流动、超大型金融支付平台监管等成为数字金融时代的热门议题。

全球治理理论主张用整合、协调和网络化的方法解决治理的碎片化问题。全球治理着眼于多元主体之间的治理问题，推进整合性供给服务及制度化治理体系建设。数字货币全球治理是对现有制度和秩序进行改善，治理不是目的而是手段，其构建路径突出协调、信任、整合，共同的行为逻辑是以现代信息技术为先导，在利益博弈的基础上进行合作共治。

---

① Benjamin J. Cohen, *Currency Power: Understanding Monetary Power*, Princeton University Press, 2015；Eric Helleiner, "Regulation and Fragmentation in International Financial Governance", *Global Governance*, Vol. 15, No. 1, March 2009, pp. 6 – 22；Gregory Chin and Eric Helleiner, "China as a Creditor: A Rising Financial Power?", *Journal of International Affairs*, Vol. 62, No. 1, Winter 2008, pp. 87 – 102；Paola Subacchi, *The People's Money: How China is Building a Global Currency*, Columbia University Press, 2016；Eric Helleiner and Jonathan Kirshner eds., *The Great Wall of Money: Power and Politics in China's International Monetary Relations*, Cornell University Press, 2014；［美］巴里·埃森格林：《嚣张的特权：美元的兴衰和货币的未来》，陈召强译，中信出版社 2011 年版；冯维江：《国际货币权力的历史经验与"第三世界货币区"的可能性》，《当代亚太》2010 年第 5 期；陈江生、陈昭铭：《国际货币体系改革与人民币国际化》，《中共中央党校学报》2010 年第 1 期；李巍：《制衡美元的政治基础：经济崛起国应对美国货币霸权》，《世界经济与政治》2012 年第 5 期；张发林、张巍：《均衡困境与金融安全：国际货币制度变迁及问题》，《国际安全研究》2018 年第 6 期。

三 复合相互依赖理论

全球治理的对象囊括了国内失序、弱序、负秩序,[①] 国家间冲突以及全球公域治理。冷战后,由于霸权国自身霸权衰落和正当性缺失导致霸权维持的国际秩序不再稳定,群体性崛起的新兴大国更倾向在权力多极的世界构建具有普遍合法性和多元利益协调的规则体系,复合相互依赖的国际行为体依靠全球性规则制度彼此联系,形成去强权国中心化和非等级化的世界秩序(A World Order Without Superpower),[②] 全球治理模式开始从霸权治理转向规制均势。

罗伯特·基欧汉与约瑟夫·奈在《权力与相互依赖》中正式提出"复合相互依赖"理论,认为在国家利益优先的现实主义国际社会中,国家利益、政府利益和跨国利益相互交织且相互依赖,"高级政治"(安全、军事、硬实力)与"低级政治"(经济、外交、软实力)领域即便有权力冲突但基于广泛共同利益仍可形成治理共同体。"复合相互依赖"促使国际行为体形成正式安排或非正式联系,将各项新兴国际组织和治理合作通过法制化和理性设计转变为国际制度。亚洲金融危机以后,全球金融治理合作呈现"集体行动,标准趋同"的整合态势,相互依赖和相互影响加深。

"在全球金融治理领域,相互依赖主要表现为国际金融组织之间的相互联系增多、金融全球化议程范围拓宽以及金融发展议题兴起。"[③] 国际金融组织与区域金融组织、主权国家以及各类非正式联系的渠道增多,有关数字货币的议程突破国内事务与国际事务的"等级"边界,对新自由制度主义国际金融治理合作的需求更加强烈。

---

① 有学者认为全球治理中的国家治理应当具有高度且有效的"国家自理"能力,即防止因一国内部秩序失控导致"失败国家"、治理乏力引发"国家脆弱"、对外政策的负外部效应妨害世界秩序整体运行的自主性治理能力。参见高奇琦:《试论全球治理的国家自理机制》,《学习与探索》2014 年第 10 期。

② Barry Buzan, "A World Order without Superpowers: Decentred Globalism", *International Relations*, Vol. 25, 2011, pp. 3–25.

③ 郑丁灏:《相互依赖、机制变迁与全球金融治理——基于国际经济法与国际关系的交叉视角》,《国际经济法学刊》2021 年第 1 期。

首先，国际金融组织在数字货币全球治理中的相互依赖体现在政策框架内的互动。各国金融治理体系之间原本就存在着密切的联系，而数字货币的出现进一步加深了这种联系。国际金融组织通过制定统一的监管规则和标准，促进各国在数字货币领域的合作与协调。这种合作不仅有助于维护全球金融稳定，还能推动数字货币的健康发展。

其次，国际金融组织在数字货币全球治理中的相互依赖也表现在政策框架间的互动。由于数字货币具有跨境性、匿名性等特点，单一国家的监管措施往往难以奏效。因此，国际金融组织需要协调各国政策，共同应对数字货币带来的风险和挑战。这种跨国的政策协调需要各国在维护自身利益的同时，也要考虑到全球金融体系的整体利益。

最后，国际金融组织在数字货币全球治理中的复合相互依赖还体现在非政府行为体的参与。随着数字货币的普及，越来越多的非政府组织和私人部门开始涉足这一领域。这些非政府行为体通过参与国际金融组织的活动，为数字货币的全球治理提供了更多的思路和建议。同时，他们也能借助国际金融组织的平台，推动自身在数字货币领域的发展。

四　权力冲突与机制变迁

"国际体系""国际秩序""国际格局"的变化总是伴随着权力冲突与机制变迁。"国际体系"是一个囊括了主权国家、国家集团、国际组织等所有政治实体但缺乏强制力的政治系统，侧重国际关系的单元—结构整体性概括，其内涵最具宽泛性。① "国际秩序"是指基于某种价值目标或意愿追求的国际行为形成的国际格局或布局，② 强调国际行为的规范性和国际制度的作用。③ 国际行为主体的经济力量、大国权力、领导结构和利益格局变化，国际组织、国际法及常规程序、国际规范和国际制度的变化，以及价值理念层面的主导价值观、利益和观念分配的变化，均可

---

①　[美]莫顿·卡普兰：《国际政治的系统和过程》，薄智跃译，上海人民出版社2008年版，第49页。
②　[英]赫德利·布尔：《无政府社会：世界政治中的秩序研究》，张小明译，上海人民出版社2015年版，第18—20页。
③　杨洁勉：《中美应对国际体系转型的战略和举措》，《国际问题研究》2007年第3期。

能引发国际秩序的变迁。①"国际格局"由主权国家、区域组织、国际组织等国际行为体的相互关系构成，强调单元间或单元与结构间的互动关系。

当前的国际政治经济秩序以第四次科技革命冲击带来国际主流价值理念嬗变、国际规则制定权博弈以及国际权力结构和利益格局演变为背景。首先，冷战以来以美国为首的西方阵营倡导的"自由主义民主"价值理念及"自由主义"国际规则体系，随着 21 世纪国际政治经济格局的变化，尤其是全球恐怖主义、极端主义、民粹主义等因素的多重夹击开始力不从心，甚至特朗普时期的美国逐渐从国际秩序的缔造者和捍卫者转变为国际秩序的破坏者，愈加放大对主导性国际价值理念的冲击。② 其次，当前国际规则制定权的博弈竞争越发考验全球治理能力。特朗普政府时期退出跨太平洋伙伴关系协定、巴黎协定、伊核协议、世界卫生组织等行为，是对其自身构建的国际自由主义秩序和一系列国际制度规则的抛弃。自由主义秩序面临崩溃风险这一变化使得国际规则制定权的竞争与博弈越发激烈，如何构建更适应当前形势的国际关系、国际秩序和全球治理格局值得国际社会重新思考。最后，新兴市场经济体在综合国力、科技实力、全球治理作用等方面的崛起改变了当前的国际权力结构，美国全球霸主和国际领导地位弱化，世界政治经济格局趋向均衡。

总体而言，西方的现实主义、自由主义和建构主义均认为科技进步是赢得国际政治权力竞争并引发国际秩序和机制变迁的重要驱动力。科技革命与国际制度变迁之间的内在逻辑在于：首先，从国际价值理念层面来看，当前国际秩序观正在经历"西方中心式"的纯粹个体理性向"多元和谐共生式"的关系理性转变，并随之建立与之相适应的国际规则制度。其次，新兴市场经济体维护国际秩序的作用越发重要。国家能力决定其构建国际秩序的地位和作用，新兴国家在以数字化、网络化、智

---

① 苏长和：《从历史维度认识国际秩序的演进》，《现代国际关系》2014 年第 7 期；阎学通：《无序体系中的国际秩序》，《国际政治科学》2016 年第 1 期；唐世平：《国际秩序变迁与中国的选项》，《中国社会科学》2019 年第 3 期。

② 孙天昊、盛斌：《墙还是梯子？——美国在全球化进程中的价值冲突与特朗普政府的选择》，《美国研究》2019 年第 4 期。

能化为代表的第四次科技革命中的"跨越式"发展,强大的"外溢效应"在构建和维护未来国际秩序中发挥更重要的作用。最后,跨国公司、专业性国际行会、政府间国际组织等超国家行为体伴随全球化进程发展迅猛且对全球治理的积极作用愈加明显,指引国际规则的制定和变迁。

国际机制理论来源于国际关系现实,新现实主义、新自由主义、建构主义三大流派与国际机制的发展变迁具有内生性。国际机制理论知识与方法至少能为数字货币全球治理体系的构建提供三个维度的作用:宏观上分析体系层面的制度构建和国际法发展等问题;中观层面解释个体国家在国际立法方面的合作偏好等问题;微观层面分析具体国际规则制定问题。

(一)新现实主义的国际机制

新现实主义将政治版图的最终结果归结于国家"硬实力",认为国际制度是国家间相互竞争和权力博弈的副产品,国际制度、国际机构对于维护世界和平和国际秩序的作用较为有限,更多的是依靠霸权国权威达到的势力范围提供的国际公共物品。这种具有保守和悲观情结的制度理论将国家假定为理性人,国家之间的政治互信并不是天然存在,其真正意图也难以捉摸,国家力量的整合博弈和国家之间联盟体系的建立才是国际政治稳定实现的最终途径。同时,由于国际社会的无政府状态,国家之间难以维持均势及长久的合作,物质实力对世界政治、经济秩序具有决定性作用。

(二)新自由主义的国际机制理论

新自由主义认为除了国家之间利益层面的权力博弈,还存在国际合作的可能性,并且在一定条件下能够形成稳定的合作关系,这种可能性可以出自共同目的、理想主义或单纯的利他主义,也可以出自同一文化价值中的共同信仰与认同。

新自由主义的核心观点是国际制度的法制化是国家理性选择的结果,国家通过法制化机制可以限制国家行为,提高国家间合作水平,最终有益于国家利益的实现。[1]

---

[1] 张瑾:《国际金融监管法制化研究:以主权财富基金国际监管制度为视角》,上海人民出版社2014年版,第10页。

（三）国际机制理论

从国际机制理论可以进一步理解国际经济法律秩序的新自由主义转向。在货币机制领域，审慎地推动资本项目自由化和金融自由化，确保和尊重各国在资本账户自由化和更大范围金融交易自由化方面的正当的审慎规制权是近代多次金融危机的教训。在国际投资法领域，国际投资条约体系由最初片面保护作为资本输出国的发达国家及其本国海外投资者的利益，越来越尊重和保障东道国主权公共政策空间和规制权的正当行使。在国际经济争端裁判中，裁判机构和裁判人员也应在权衡国际市场自由开放与各国正当主权公共政策空间，尽可能明确地、一致地、充分地解释、适用法律和裁判案件。[①] 就政府规制全球化而言，主要是国际货币基金组织（IMF）、经济合作与发展组织（OECD）、巴塞尔委员会（Basel Committee on Banking Supervision，BCBS）、西方七国集团（G7）、金融稳定理事会（FSB）、二十国集团（G20）、联合国等在全球市场规制、宏观经济政策协调、发展合作等方面所不断推动、制定、达成和实施的各个领域的全球经济治理软法文件和条约。

第三节　国际金融组织与数字货币全球治理

国际金融组织是数字货币全球治理的重要主体。作为非国家行为体，国际金融组织在国际经济金融活动中发挥着不可替代的指引和协调作用。在数字货币全球治理领域，G20 论坛、IMF、BIS 及其下属的 BCBS、FSB、CPMI 等国际金融监管机构和国际金融标准制定机构均根据自身职能对数字货币运营架构、风险与收益、法律保护和约束机制等问题发布了一系列权威文件，分析其对国际支付体系、汇率制度、储备货币地位的宏观影响，并致力于构建完善的数字货币监管框架。国际金融组织在数字货币全球治理网络的形成和协调中发挥着重要作用，其共同旨趣是将数字货币

[①] 王彦志：《内嵌自由主义的衰落、复兴与再生：理解晚近国际经济法律秩序的变迁》，载刘志云主编《国际关系与国际法学刊》第 8 卷（2018），厦门大学出版社 2019 年版，第 77 页。

作为国际金融法的调整对象[①]，并置于全球金融治理的框架内。

一　数字货币全球治理的重要主体

经济金融全球化使国家传统边界被突破，国内事务与国际事务的界限变得非常模糊，国家层面的控制机制日益让位于更具包容性的次国家机制和跨国机制，国际组织在促进全球治理合作和协调中的作用越来越重要。除了国家以外，全球金融治理主体呈现多元化的趋向，国际组织、跨国公司、非政府组织、个人等在国际关系中十分活跃，而国际组织的跨政府网络性、国际权威性和独特的共识凝聚力作用无可替代。

二　基于共同利益的数字货币治理合作

全球数字货币治理主体在金融标准规则制定、金融监管、跨境金融项目合作、维护金融稳定行动中具有共同利益。冲突与合作是国际关系的常见状态，国际合作的驱动力来源于合作主体在冲突的解决中存在共同的利益，因而能够在相互利益或基本目标一致的前提下在特定领域进行政策协调。从国际公共物品的角度来看，金融领域是唯一实现彻底全球化的领域，自2008年全球金融危机后加强国际货币体系和国际金融监管改革促进金融创新、金融稳定、金融安全已经成为一项全球共识。因此，各数字货币治理主体在维护金融稳定、促进金融创新和金融发展方面存在共同关切。

三　制度化的数字货币全球治理机制

数字货币全球治理机制有利于促进国家间、区域性乃至全球性的数字货币治理合作，有助于国际金融体系的稳定。国际机制就是国际行为的制度化。制度是对国家自利本性和政治不理智行为的约束，是在零和博弈恶性竞争无法达到目标转而寻求合作的基础上理性推演的结果。例如，国际贸易和国际投资领域的国际制度是成功案例，而金融危机频发

---

① 李智、黄琳芳：《法定数字货币跨境流通的法律问题研究》，《武大国际法评论》2022年第2期。

则是国际金融合作制度缺位的失败例证。

四 国际金融组织的改革增效

数字货币全球治理过程是促进 IMF、WB、BIS、BCBS、IOSCO 等国际金融组织改革增效的过程，也是提升全球金融治理效率的重要实践。当前的国际货币金融合作集中于国际汇率的稳定与调整、促进全球经济增长、防范金融危机和抑制通货膨胀等领域，这导致当前国际金融组织的合作具有危机应对的性质。另外，发达国家与发展中国家的权责失衡和国家间的利益博弈导致国际金融合作机制的积极作用和实际有效性有限，国际金融组织的运行效率和功能不健全直接影响全球治理合作的效果。如 IMF 和 WB 存在成员国经济发展和话语权不对称、程序不透明、金融监管职能缺失、新兴经济体投票表决受约束、被西方发达国家长期控制和操作等问题。数字货币全球治理包含了治理合作机制的民主化、尊重新兴经济体利益、国家利益和国际利益相结合原则以及监管体系的有效性要求。[1] 首先，数字货币全球治理主体应当具有全球性、针对性、开放性。其次，数字货币全球治理具有非霸权性质，各主体具有平等的、民主的投票表决权和争端解决机制。最后，数字货币全球治理体系的设计应具有整体协调性，这不仅包括国内国际金融法律制度的衔接，还包括治理主体职能的协调。数字货币全球治理以治理合作、监管协调和冲突解决为主要内容，增强国际货币金融机构和组织的公平性和执行效力，持续推动全球及多边开发类金融机构与组织的改革增效进程，进而促进全球及区域金融资源的配置效率和金融发展水平的整体提升。[2]

---

[1] 吴超：《金融监管国际合作机制构建研究》，博士学位论文，天津财经大学，2012 年，第 62—68 页。

[2] 冯永琦、于欣晔：《后疫情时代全球金融治理体系建构与中国策略选择》，《东北亚论坛》2020 年第 6 期。

第四章

数字货币全球治理的政策动向

数字货币具体货币规则的构建必须与其自身特性和时代背景相联系，无法套用金属货币、纸币或其他支付方式的治理规范，否则依据不同时期、不同形态、不同法律属性的货币规律论证设计现今的数字货币治理规则将会得出偏颇的结论。[①] 危机驱动型的国际金融组织和规则体系在数字经济时代革新变迁，近年来初步形成了以核心平台、支柱机构和具体职能机构在内的数字货币全球治理组织结构层级，有关加密数字资产、稳定币、央行数字货币和改善跨境支付的多边合作与国际协调正在展开，促进金融普惠、防范数字货币金融风险、完善监管框架和改善跨境支付成为国际金融监管机构及其他数字货币治理平台未来治理的重点。

第一节 国际金融组织与多边数字货币治理规则

提高全球金融治理机制和国际金融组织的代表性和正当性，强化全球金融治理规则的实效性和约束力，挖掘传统政府间国际组织的治理潜力是后危机时代全球金融治理变革的趋势。后危机时代的国际金融组织结构主要由正式的国际组织、定期的国对国联系集团、跨政府网络、各国监管机构之间非正式的双边和区域安排、私人标准制定机构构成，并

---

① 刘宏华：《货币法律问题研究》，博士学位论文，中国社会科学院研究生院，2007年，第6页。

形成了一系列多边国际金融规则。① 数字金融时代的国际金融组织职能、关注议题和全球金融治理规则受国际体系因素和国内体系因素的双重影响而发生变化，在数字货币全球治理架构上基本形成以 G20 为核心平台，IMF、BIS、FSB 为支柱机构，BCBS、IOSCO、CPMI、FATF 等具体职能机构为辅助的治理体系。

一　后危机时代的国际金融组织与规则体系

（一）国际金融组织的分类

各主权国家、政府间国际组织、国际非政府组织以及跨国公司通过正式制度和非正式安排协调国内秩序与国家间秩序、构建规范性的世界政治经济秩序，成为当今全球治理主体。② 主权国家无疑是国际社会和国际法的基本主体，但鉴于全球金融治理的"全球性"，其主要是通过跨国家的组织、机制和安排来开展和实现。

国际金融组织是由众多国家共同建立的机构，旨在促进国际金融合作并履行全球金融治理的职责。这些组织构成了全球金融治理体系中不可或缺的一部分，通过实施选择性激励机制，为维护国际金融秩序和稳定提供了基础性制度安排。国际金融组织在确保各国货币汇兑的有序安排、维持货币价值的稳定、开发具有生产潜力的资源、统一国际金融市场的规则和标准方面至关重要。此外，它还为国际贸易和投资的多边化、国际资本的有序流动创造了有利条件，促进各国金融和经济协调发展，积极营造更加健康透明的国际政治经济环境。

从成员国的空间地理维度来看，国际金融组织可分为区域性金融组织和全球性金融组织。同时，依据其主要的治理职责，它们可被进一步划分为三大类别。（1）货币合作与政策协调型金融组织。这类组织的核心任务是促进国际货币合作，协调各国的汇兑安排，建立多边支付体系，并协助实现国际收支平衡。（2）规则制定型金融组织。这些组织负责制

---

① Eric J. Pan, "Challenge of International Cooperation and Institutional Design in Financial Supervision: Beyond Transgovernmental Network", *Chicago Journal of International Law*, Vol. 11, No. 1, 2010, pp. 247–248.

② 陈志敏：《国家治理、全球治理与世界秩序建构》，《中国社会科学》2016 年第 6 期。

定和执行国际金融标准与监管规则,更新风险管理的最佳实践,并对全球金融体系中的系统性风险进行预警和防范。(3)发展融资型金融组织。此类组织专注于通过提供资金支持,推动防灾减灾工作,开发生产性资源,以及促进全球和区域经济的平衡发展。

根据参与主体和合作方式的不同,全球金融组织大致可分为三类:以联合国、欧盟、东盟、IMF、WB、WTO 为代表的政府间国际组织;G20、G7、博鳌亚洲论坛等松散的非正式国家间论坛;金融稳定委员会(FSB)、巴塞尔银行监管委员会(BCBS)、国际证监会组织(International Organization of Securities Commissions,IOSCO)、国际保险监督官协会(International Association of Insurance Supervisors,IAIS)和反洗钱金融行动特别工作组(Financial Action Task Force on Money Laundering,FATF)等国际金融标准制定机构组成的跨政府网络。国际金融监管组织机构主要有国际货币基金组织(IMF)、国际清算银行(BIS)及其下属的市场与基础设施委员会(CPMI)、央行治理论坛(Central Bank Governance Forum,CBGF)、二十国集团(G20)、全球金融体系委员会(Committee on the Global Financial System,CGFS)和全球金融市场协会(Global Financial Market Association,GFMA)等行为体,发挥全球金融治理和国际货币监管功能。

1. 政府间国际组织

国际货币基金组织和世界银行是当今世界最重要的国际金融组织,有时也被称为国际金融机构。它们通过国际条约设立,是正式的政府间国际组织,成员国需要承担相应的条约义务。

IMF 的传统职责是促进国际货币合作和汇率稳定,便利国际贸易平衡发展,帮助成员国解决国际收支困难。世界银行的传统职责则是提供贷款和技术援助,支持发展中国家的经济发展和减少贫困。尽管国际金融监管、国际金融标准的制定、执行和监督并非二者的传统职责范围,但其仍在特定领域参与国际标准的制定,并通过"金融部门评估计划"和《关于遵守标准和守则的报告》对有关国家遵守和实施国际金融标准的情况进行总体评估。IMF 主要是在货币和金融政策透明度、财政透明度和数据公布标准方面,世界银行则主要是在破产及债权人权利方面。

自2008年全球金融危机后，IMF在改革全球金融治理体系方面发挥了重要作用。首先，IMF作为全球金融稳定的守护者，首要职责是确保国际金融体系的稳健运行。这包括评估全球经济状况、预测国际货币形势、制定全球金融政策等。IMF通过独特的评估体系对成员国的经济状况、货币政策和金融体系进行全面评估，以准确判断全球金融风险的性质和程度，并据此提供政策建议和技术援助，帮助成员国应对国际收支困难，稳定国内经济。其次，IMF在危机应对方面发挥着不可替代的作用。无论是2008年的全球金融危机，还是其他各类金融风波，IMF都积极参与其中，通过提供紧急救助和贷款，帮助国家渡过难关。再次，IMF还通过推动国际合作与政策协调，共同维护全球金融稳定。最后，IMF致力于促进全球经济的可持续发展。这包括支持发展中国家实施可持续的经济改革，提高经济增长率，减少贫困。IMF还关注财政政策、货币政策和结构改革等领域，为成员国提供合适的政策框架建议。

自布雷顿森林体系崩溃到金融危机爆发再到新兴全球金融治理兴起，国际机制变迁视角下的IMF经历了多次改革。布雷顿森林体系崩溃后，IMF逐渐从固定汇率制度的维护者转变为浮动汇率制度的协调者。随着全球化的深入发展，IMF在危机应对和全球金融稳定方面的职责日益凸显。特别是在金融危机后，IMF加强了对成员国的监管和评估，推动全球金融治理体系的改革和完善。

IMF初创时的主要任务是监督固定汇率制度，协助会员国维护汇率稳定，防止竞争性贬值，协助解决国际收付不平衡。但随着固定汇率制度的崩溃、汇率体系的多样化、金融市场的快速发展、新兴市场经济崛起等国际经济环境的复杂变化，IMF的角色开始演变。IMF不仅致力于全球宏观经济监测，还协助会员国进行经济政策设计与调整，提供金融支持来帮助会员国解决支付平衡问题，并提供技术援助和培训。近年来IMF在新冠疫情、财政政策、收入不平等、金融科技等方面采取了全球行动，其关注的全球议题包括气候融资与金融稳定、央行数字货币、全球粮食安全危机、韧性与可持续性信托。

IMF在数字货币全球治理议题的政策动向。IMF将数字货币治理列入当前的首要任务之一，2019年9月发布专题报告《数字货币的崛起》，对新兴数字货币进行详尽讨论并呼吁国际合作和信息共享，加强对数字货币的集体监管。[①]《跨境支付数字货币：对宏观金融的影响》报告讨论了数字货币对宏观经济和监管政策的影响，金融科技对金融体系的变革促使 IMF 由 "均衡监管" 向 "强化监管" 的转变。IMF 呼吁各国政府通过监管科技布局合规市场，强化链上、链下监管，同时妥善处理数字代币、稳定币和法币的竞争关系。IMF 指出，在数字时代，私人数字货币和央行数字货币可以相辅相成、互利共生，通过拓展这种双重的货币体系逻辑，对私人数字货币加以规范的引导和治理，促进货币形式的多样性和创新性。[②]

随着数字货币的兴起，IMF 开始关注其对全球金融体系的影响，并采取了一系列具体举措。

（1）拟定数字货币风险监管一般原则

IMF 通过发布一系列政策文件、指南和行动计划，阐述数字货币监管的重要性，提出具体监管原则和建议，为成员国提供政策应对与关键要素指导，成为成员国治理数字货币的重要参考。第一，货币主权和金融稳定原则。IMF 强调维护货币主权和稳定的重要性，提出不授予加密资产官方货币或法定货币地位以保护传统货币体系的完整性和稳定性，防止数字货币对现有金融体系造成冲击。IMF 还建议防止资本过度流动，针对加密资产采取明确的税收规则。这些措施有助于规范数字货币市场的运作，防止市场出现过度投机和波动，同时确保数字货币交易的合法性和合规性。此外，IMF 还提出制定和执行对所有加密市场参与者的监管要求。这包括要求加密资产交易平台、发行方和其他相关实体遵守严格的监管标准，确保他们的业务活动符合法规要求，并防止利用数字货币进行非法活动。第二，监管一致性原则。IMF 提出数字货币监管应遵循相同活动、相同风险、相同监管原则，以确保监管一致性和公平性。同时，IMF 还鼓励各国制定全面的数字货币法规，并确保标准的一致性，以避免

---

① IMF, *Digital Curencies: The Rise of Stablecoins*, IMF Blog, hhtps://blogs.IMF.org/2019/09/19/digital-curencies-the-rise-of-stablecoins/.

② IMF, *The Digital Money Revolution*, https://meetings.IMF.org/en/2021/Annual/Schedule/2021/10/15/IMF-seminar-the-digital-money-revolution.

监管套利和市场分割。

（2）持续监测和评估数字货币风险

一方面，IMF建议金融监管部门持续监测数字货币发展趋势并评估其对金融稳定、货币政策和支付体系的影响，及时发现潜在风险；另一方面，建立跨部门、跨国的联合监测框架，加强各国监管机构之间的信息共享、协作执法以及共同制定监管政策，以应对数字货币市场的复杂性和跨境性。

（3）推动包含数字货币在内的金融监管国际合作与协调

IMF积极推动各国在数字货币监管方面的国际合作与协调。通过组织国际会议、研讨会等活动，促进各国央行、监管机构和其他利益相关方之间的对话和交流，关注数字货币发展趋势和治理问题，推动制定统一的监管标准和规范。

2. 非正式国家集团

履行国际经济金融合作职能的非正式国家集团，或所谓"国对国联系集团"的代表样态是各种"G集团"，即那些在经济领域最具代表性的国家的部长和政府首脑定期举行的会晤，包括从七国集团（G7）、八国集团（G8）、十国集团（G10）以及二十国集团（G20）。与政府间国际组织不同，"G集团"的运作并非基于任何国际条约或正式法律文件，而是代表着一个强有力的以国家为中心的网络。这些集团在国际金融建筑结构中发挥着不可或缺的作用，通过提供必要的政治协议，使得许多不那么正式的合作网络得以充当全球金融体系事实上的监管者。

3. 跨政府网络

跨政府网络是指在次国家行为主体（Sub-State Actors）之间建立起的"跨越国界的非正式制度"，跨政府网络的力量不是源自条约或者其他国对国协议，而是通过这些次国家行为主体之间的频繁互动发展而来。除银行领域的巴塞尔委员会外，证券领域的国际证监会组织（IOSCO）和保险领域的国际保险监督官协会（IAIS）也都是金融监管跨政府网络的突出代表。

（二）传统全球金融治理规则体系

全球金融治理制度体系涵盖了实体层面的国际金融组织机构和观念

层面的货币金融制度规则,表4-1列举了当前全球金融治理核心权威机构的国际规则文件、区域性或临时性安排以及国际行业规范准则的代表性文件。其治理主体既有主权国家和区域货币当局、政府间国际组织和非政府间国际组织,也有行业协会;既有正式国际监管制度,也有非正式国际监管安排与合作。"二战"后,各主权国家与权威国际组织就某些金融领域达成了共识,如以 BIS 和 BCBS 为核心的银行业监管规则体系、以 IOSCO 为核心的证券行业监管规则体系、以 IAIS 为核心的保险业监管规则体系等。

表 4-1　　　　　　　　传统全球金融治理规则体系

治理主体属性	国际规则文件体系
国际核心权威机构	FSB 国际金融监管规则体系和协调机制:《加强银行风险披露的原则和建议》《有效风险偏好框架原则》
	BIS 和 BCBS 银行业监管规则体系:巴塞尔协议文件体系
	IOSCO 证券业监管规则体系:《证券监管目标和原则》
	IAIS 保险业监管规则体系:《保险核心原则》
	IMF《牙买加协议》《货币与金融政策透明度良好做法准则》《货币与金融统计手册》《IMF 协定第二修正案》
区域或临时过渡性安排	多边/双边货币互换协议
	G20 公报和声明
	BIS《货币政策框架与中央银行的市场操作》
行业规范规则	CPMI 金融市场规则体系:《金融市场基础设施准则》
	WB 规则体系:《有效破产与债权人权利体系的原则》
	UN 规则体系:《破产立法指南》《保险业促进可持续发展原则》
	OECD 规则体系:《公司治理原则》
	IASB 国际会计和审计规则体系:《国际会计准则》

资料来源:根据国际组织公开资料整理。

二 数字货币全球治理的组织结构层级

国际金融组织结构大致可以分为核心平台、支柱机构和具体职能机构三个层级。在数字货币的全球治理架构层面,基本上形成了如表 4-2

所示的以 G20 为核心平台，FSB、IMF、BIS 为支柱机构，FATF、BCBS、CPMI、IOSCO 等具体职能机构为辅助的治理体系，[①] 各层级机构已经在加密资产的风险识别与监管、全球稳定币监管框架的制定、中央银行数字货币的研发合作与标准制定和加强跨境支付路线图等议题下开展治理活动。

表 4-2　　　　　　　　　数字货币全球治理体系层级

数字货币全球治理结构	主要职能	代表组织或机构	角色定位	数字货币治理重点
顶层核心平台	讨论数字货币与全球金融稳定、监管体制改革等议题，引导数字货币政策协调	G20	全球金融治理体系的核心，发达国家和新兴市场国家就世界经济稳定开展对话与合作的高级别平台	加密资产风险、加强跨境支付、央行数字货币合作等
中层支柱机构	跟踪金融稳定、宏观经济等领域的重要问题，及时识别风险并在必要时协调相关领域的国际标准制定机构和各国当局完善监管措施	FSB	G20 治理框架下对全球金融体系进行监管和提供建议的最高级别国际组织	协调治理主体间数字货币监管规则与政策，促进国际金融稳定
		IMF	全球金融治理的核心机构，其首要目标是确保国际货币体系的稳定，处理影响全球稳定的所有宏观经济和金融问题	主要关注数字货币的国际宏观金融影响及其对国际货币体系的影响
		BIS	服务于各国央行，促进各国央行在货币和金融稳定方面的国际合作并充当中央银行的银行	在央行数字货币领域展开研究并协调各国央行国际合作

---

① 宋爽、熊爱宗：《数字货币全球治理的进展、挑战与建议》，《国际经贸探索》2022 年第 9 期。

续表

数字货币全球治理结构	主要职能	代表组织或机构	角色定位	数字货币治理重点
底层国际标准制定机构	在具体领域研究制定国际监管规则或标准	FATF	制定全球反洗钱和反恐怖融资国际标准的政府间组织	针对各类数字货币风险发布反洗钱和反恐怖融资监管建议
		BCBS	银行审慎监管的全球标准制定者并为银行监管事务合作提供平台	主要关注加密资产对银行业及其监管机构的影响,研究并制定银行加密资产风险的审慎处理办法
		CPMI	促进和监督支付、清算、结算及相关安排的安全和效率并提出建议的国际标准制定机构,为中央银行开展合作提供平台	关注数字货币对支付技术及国际支付体系的影响并制定相应规则
		IOSCO	制定全球证券监管标准,加强投资者保护以及增进全球和区域层面的经验交流	关注加密资产交易风险并针对加密资产交易平台完善监管措施

资料来源:宋爽、熊爱宗:《数字货币全球治理的进展、挑战与建议》,《国际经贸探索》2022年第9期。

(一)核心平台

G20机制已成为重塑国际货币金融体系的关键角色以及发达国家和新兴市场国家就世界经济稳定开展对话与合作的高级别平台。作为数字货币全球治理的核心平台,G20负责讨论数字货币与全球金融稳定、监管体制改革等议题,引导数字货币政策协调。

2018年3月,G20将数字货币全球治理首次纳入正式议程,认为应当密切监控加密数字货币的风险及其发展动向,并评估各国际金融监管机构的多边应对措施。由于各主权国家对加密数字资产的发展需求和认识不一，国际层面并未形成一致的监管行动。直至 2019 年 6 月，Facebook 发布其全球稳定币 Libra 白皮书，力图打造全球通行的数字货币支付体系，有关数字货币全球治理的合作开始加速。从社群公共产品监管到全球数字货币治理，主权国家监管机关、国际金融组织、市场机构和技术社群等主体纷纷加入数字货币这一治理场域，并形成了专门性的国际组织。例如，2020 年 1 月世界经济论坛为推动数字货币全球治理共识框架的形成，成立了专门的数字货币全球治理联盟（Global Consortium for Digital Currency Governance），这意味着数字全球治理需求日益迫切。

（二）支柱机构

数字货币全球治理的支柱机构包括 FSB、BIS 和 IMF，负责跟踪金融稳定、宏观经济等领域的重要问题，及时识别风险，在必要时协调相关领域的国际标准制定机构和各国当局完善监管措施。

在 G20 全球金融治理框架下，FSB 是最高级别的国际金融监管协调组织。FSB 通过协调 IMF、BIS 等支柱机构、国际金融标准制定机构以及各国央行的数字货币监管规则和政策，促进国际金融稳定。FSB 主要关注金融科技、加密资产风险识别与监管规则制定、全球稳定币监管框架协调和改善跨境支付路线图的具体实现。

IMF 的主要职能是处理影响国际货币体系稳定的所有金融与宏观经济问题。IMF《国际货币基金协定》是现行国际货币监管法律制度规则中为数不多的具有正式法律效力和普遍约束力的国际公约，也是确立和巩固 IMF 促进国际货币合作、协调国际货币政策与法律冲突权威地位的宪章性文件。

BIS 是各国央行进行国际合作的纽带，其成员广泛、组织机构影响力和权威性较强。BIS 下属的巴塞尔银行业监管委员会（BCBS）、国际清算银行创新中心（BISIH）、市场与基础设施委员会（CPMI）都曾就央行数字货币的宏观影响、潜在风险、发行流通的国际标准、国际监管合作等问题发布过多项指引性规则文件，是目前最具国际影响力和权威性的国际金融监管机构。

（三）具体职能机构

具体职能机构主要指国际金融标准制定机构，包括 CPMI、BCBS 以及 IOSCO、IAIS、FATF 等行业监管组织，负责制定具体金融领域的国际监管规则或标准。

CPMI 是一个国际标准制定机构，以促进国际支付、结算、清算和相关安排的安全性、效率以及国际金融稳定为目标。CPMI 的主要职能包括为支付、结算、清算系统的监管、合规和实践提供全球性的标准，为各央行提供政策建议、促进央行间的政策共识，支持国际监管合作和危机沟通、跨境风险管理与应急规划等方面的跨境信息共享，与其他金融部门标准制定机构、各国央行和国际金融机构进行合作以及促进 CPMI 标准的全球通行。①

BCBS 是银行审慎监管的全球标准制定者，并为银行监管事务合作提供平台，主要关注加密资产对银行业及其监管机构的影响，研究并制定银行加密资产风险的审慎处理办法。FATF 是制定全球反洗钱和反恐怖融资国际标准的政府间组织，治理重点是防范加密资产、全球稳定币以及央行数字货币的反洗钱和反恐怖融资风险。IOSCO 关注加密资产交易风险并针对加密资产交易平台完善监管措施，制定全球证券监管标准，加强投资者保护以及增进全球和区域层面的经验交流。IAIS 是保险业监管的重要国际组织，负责制定保险业监管规则。

除此以外，非官方国际组织如世界经济论坛（World Economic Forum，WEF）、世界数字货币论坛（World Digital Currency Forum，WDCF）、博鳌亚洲论坛（Boao Forum For Asia，BFA）等也致力于全球数字货币治理。

世界经济论坛的职责是探索和解决世界经济中存在的问题，促进国际交流与合作，而数字货币正在颠覆金融服务领域。针对当前数字货币监管的分散状态，世界经济论坛创建了首个全球性组织——数字货币治理联盟，旨在规范数字货币发展，打造可信赖的数字货币。该组织计划设计一个全球数字货币治理框架，制定可操作、透明和包容的政策，促进各国协同建立一个包容性、集成性的全球数字货币系统。② 世界数字货

---

① BIS, *Committee on Payments and Market Infrastructures – Overview*, https：//www.bis.org/cpmi/about/overview.htm.

② World Economic Forum, *Digital Currency Governance Consortium*, htps：//www.weforum.org/communities/digital–currency–governance–consortium.

币论坛是全球第一个以专题领域命名的国际组织，聚焦数字货币和区块链治理，对数字货币引发的全球经济、政治、金融、文化等问题展开深入讨论。2019年12月，世界数字货币论坛启动全球发布会暨亚元ACU白皮书发布会，世界50多个国家政要及区块链专家就数字货币引发的问题进行商榷，倡导加快数字货币全球治理的步伐。为应对"数字货币战争"给国家和地区带来的挑战和威胁，世界数字货币论坛提出了全球性或地区性的倡议和宣言，引导数字货币全球治理，促进世界各国政府在数字货币领域的合作。

博鳌亚洲论坛作为一个增进亚洲各国及亚洲与全球之间交流与合作的平台，为解决亚洲或全球经济问题发挥着重要作用。博鳌亚洲论坛关注数字货币如何改变未来的支付体系，给金融体系带来何种影响以及如何治理数字货币等问题。2021年，博鳌亚洲论坛年会专门设置"数字货币与跨境支付"分论坛，各国政要就跨境使用数字货币可能带来货币替代的压力、加剧货币错配的脆弱性，削弱政府管理货币政策的能力及影响跨境支付等问题，进行全方位的交流并研讨治理方案。[①]

在具体分工方面，FSB对加密资产的风险识别和全球稳定币的国际监管进行了评估与协调，形成了全球稳定币监管的高级别建议，并就G20改善跨境支付的路线图工作形成了阶段性报告（第一、第三阶段）。BIS在G20的号召下负责央行数字货币的国际标准和监管规则的讨论与制定，2021年BIS及其创新中心（BIS Innovation Hub）、CPMI与IMF、WB共同向G20提交了《央行数字货币的跨境支付》报告，[②] 提出将全球稳定币和央行数字货币作为促进跨境支付的新型支付安排，与G7国家共同组建了央行数字货币研究工作组。

IMF与BIS、CPMI共同关注数字货币对全球经济的宏观影响。2019年至2021年，IMF对全球稳定币和央行数字货币可能造成的金融稳定风险进行了持续跟踪。CPMI作为国际支付基础设施的标准制定机构，完成

---

① 中国新闻网：《博鳌亚洲论坛2021年年会举行"数字支付与数字货币"分论坛》，http://www.jwview.com/jingwei/html/04-20/395222.shtml，2021年4月19日。

② BIS, Innovation Hub, CPMI, IMF and WB, *Central Bank Digital Currencies for Cross-Border Payments: Report to the G20*, July 2021.

了 G20 改善跨境支付路线图，减少跨境支付摩擦及相关措施模块工作（第二阶段），并积极参与央行数字货币系统互操作的设计。IOSCO 对涉及证券市场的加密资产交易平台进行风险管控和监督、对全球稳定币的宏观影响以及在跨境支付中的潜力进行研究。FATF 将反洗钱和反恐怖融资监管要求扩展到数字货币领域。

总体而言，IMF、FSB、CPMI、BCBS、IOSCO 和 FATF 都对加密资产和全球稳定币的风险进行了评估并提出相应的监管建议，IMF、BIS 及其创新中心、CPMI 对央行数字货币的标准制定和国际监管规则进行了探讨。[①]

三 数字货币多边治理合作框架

（一）数字货币全球治理合作的维度

数字货币全球治理合作包括国际协调性质、国际合作性质以及全球统一性质的治理合作，依次从低到高代表数字货币全球治理合作的深度和高标准。首先，具有国际协调性质的数字货币全球治理合作以各司法辖区国内独立的立法和监管制度为基础，就数字货币特定领域进行信息共享、经验交流、互助配合，属于典型的国际互助行为，此时国家主权让渡要求以及治理主体之间的利益博弈并不激烈，是较低维度的全球治理合作。其次，国际合作性质的治理合作多表现为就数字货币互操作性、数据跨境流动规则、网络安全规则、金融消费者权益保护等特定领域进行双边或多边性国际治理合作，以正式或非正式的协定、备忘录、谅解等形式制定共同规则标准，以统一认识、协调行动。最后，全球统一治理框架的达成是全球金融治理合作的最高维度，数字货币治理原则、治理主体、治理内容、协调机制、争端解决等核心问题均有法可依、有章可循。

数字货币全球治理的路径可以是统一全球治理框架"自上而下"的普及，也可由国家层面、区域层面的治理标准"自下而上"逐渐推行适用于全球。从数字货币全球发展状况和当前治理实践来看，由各主权国家、货币区、国际金融组织机构及国际行业协会等全球金融治理主体总

---

① 宋爽：《数字货币全球治理的走向与中国策略》，《中国发展观察》2022 年第 8 期。

结出具有指引性的治理原则和最佳实践,形成特定领域的治理规则更具现实意义。全球统一的数字货币治理规则的达成具有较大难度,这一方面源于数字货币全球治理技术维度和法律限度方面的障碍,另一方面源于货币主权和国家利益冲突不易协调。

(二)数字货币全球治理议题的全面化

21世纪金融危机后,全球金融市场复苏,全球金融治理呈现出国家管控和国内金融治理外溢全球的特征,国内事务与国际事务的边界模糊,区域国别治理议题与全球治理议题的等级化不再明显。典型案例是,政府干预下的人民币在国际汇率市场起到稳定器作用,有利于全球货币治理。[①] 与此同时,全球金融治理议题不再单一化,由危机后维护全球金融稳定、防范系统风险和宏观审慎监管等谈判重点转向多元化议题,如金融科技治理、绿色金融、全球金融基础设施的可持续发展、金融普惠等。尤其在2016年G20杭州峰会中,FSB报告的有关数字货币监管、全球跨境支付结算清算制度、气候变化与全球金融治理等新兴全球金融治理议题引起国际社会关注,金融创新与金融发展成为全球金融治理的新方向。

数字货币全球治理作为全球金融治理的新兴议题引起了国际社会的广泛关注,国际金融监管组织主要聚焦反洗钱/反恐怖融资、安全汇款走廊、数据跨境流动、网络安全、央行数字货币的国际互操作性以及金融消费者权益保护等关键领域。

1. 反洗钱/反恐怖融资

汇款作为国际资金流动的重要形式,存在被用于洗钱和恐怖融资(ML/TF)的风险。这种风险与发送方和/或接收方国家的背景、犯罪活动和恐怖主义的规模及特点有关。如果相关风险没有得到充分理解和有效缓解,汇款走廊可能会被犯罪分子、有组织犯罪集团、恐怖分子和恐怖组织滥用,从而威胁到相关国家安全、社会秩序和经济稳定。为了应对这些风险,金融行动特别工作组(FATF)制定了一系列的反洗钱/反恐怖融资(AML/CFT)标准,要求各国实施基于风险的AML/CFT措施。

---

① 郑丁灏:《相互依赖、机制变迁与全球金融治理——基于国际经济法与国际关系的交叉视角》,《国际经济法学刊》2021年第1期。

传统的反洗钱/反恐怖融资主要通过对国内银行和跨境代理银行的内部合规和外部监管进行。然而，近年来全球范围内的代理银行一直在终止或限制与某些客户类别业务，紧张的代理银行关系（Correspondent Banking Relationships，CBR）对全球支付系统和 AML/CFT 带来诸多挑战。

这主要源于以下五个因素。第一，操作和金融风险的变化。银行基于风险和回报的考虑重新评估与某些客户类别的业务关系。第二，监管环境的变化。监管压力的增加，特别是对反洗钱/反恐怖融资（AML/CFT）法规的不遵守行为的制裁，导致银行选择合作伙伴更为谨慎。第三，地缘政治博弈导致的经贸与金融制裁。政治博弈和经贸摩擦引致的贸易制裁、金融制裁，影响了银行与某些国家或客户的业务关系。第四，合规成本和税收透明度要求增加。遵守 AML/CFT 等法规的成本不断增加使得某些业务关系在经济上不再可行，对税务合规和透明度的要求提高也进一步增加了银行的合规负担。第五，跨境 ML/TF 风险治理难度更大。

全球监管主体对数字货币国际违法犯罪的关注始发于加密资产和全球稳定币对各国央行及监管部门带来的挑战和压力，有关数字货币的反洗钱/反恐怖融资的监管较早得到落实。荷兰央行特别指出其制裁条例、反洗钱/反恐怖融资立法将适用于央行数字货币，以防止目标国利用央行数字货币逃避制裁或进行国际不法行为。[①]

在国际组织层面，主要负责反洗钱/反恐怖融资的 FATF、交换资金转移情报的艾格蒙联盟（FIUs）在打击国际货币金融犯罪方面具有较大影响力，并将成为打击数字货币国际犯罪的组织基础。[②] FATF 将反洗钱/反恐怖融资的重点集中在"新型支付产品和服务"（如信用卡、移动支付、基于互联网的支付服务）、"虚拟货币"、加密资产以及数字货币和传统金融部门的交叉领域。为此，FATF 特别向各成员国发布了有关数字货币监管的 40 条指导性意见，建议各国利用监管科技、合规科技等手段促进和加强反洗钱/反恐怖融资工作，具体的监管途径和预防措施如生物识

---

① De Nederlandsche Bank, *Central Bank Digital Currency: Objectives, Preconditions and Design Choices*, Occasional Studies, April 2020.

② 李帅、屈茂辉：《数字货币全球治理的法律秩序构建》，《法学评论》2022 年第 4 期。

别技术、数字身份验证技术、区块链客户身份信息存储库、持续性风险监控与可疑交易识别的数据分析工具等。

在加密资产、全球稳定币和央行数字货币监管领域持续发力的代表为美国。为提高打击数字货币犯罪和消费者金融保护的立法层次,美国于2019年通过国会立法《金融科技保护法案》（H. R. 56 – Financial Technology Protection Act）,[①] 并由此成立"打击恐怖主义和非法融资的独立金融技术工作组",明确了数字金融监管的专门立法和专门机构。该法案将利用虚拟货币从事恐怖主义活动和非法融资的主体和行为作为监管对象,并侧重行为监管。[②] 根据该法案,该金融技术工作组负责对利用数字货币、数字金融工具实施恐怖融资、洗钱、非法集资等犯罪活动进行调查和报告,并协助财政部、国家安全部门和情报部门监测从事数字货币犯罪的人员,研发相应监测程序和工具。

美国金融业监管局（Financial Industry Regulatory Authority, FINRA）于2019年4月下设金融创新办公室,[③] 将进一步识别金融科技风险、保护投资者信心和消费者权益、促进金融市场的创新能力作为关注重点。为进一步加强对数字资产和信息数据的监管与控制,美国证监会提高了对欲在美发行证券的金融科技公司数字资产框架和代币发行资格的审查力度,其职能部门创新和金融科技战略中心（SEC FinHub）将分布式账本技术、智能投顾、数据安全、数字融资市场和深度机器学习作为研究重点。[④]

美国财政部下属的货币监理署（Office of the Comptroller of the Currency, OCC）是联邦政府五大监管机构之一。OCC于2016年成立了专门的

---

① Congress. Gov, *H. R. 56 – Financial Technology Protection Act* (116th Congress 2019 – 2020), https：//www. congress. gov/bill/116th – congress/house – bill/56？r = 1&s = 2.

② 李真、袁伟：《美国金融科技最新立法监管动态及对我国的启示》,《金融理论与实践》2020年第4期。

③ FINRA, *FINRA Forms Office of Financial Innovation, Announces Haimera Workie as Head*, https：//www. finra. org/media – center/news – releases/2019/finra – forms – office – financial – innovation – announces – haimera – workie – head, April 24, 2019.

④ U. S. Securities and Exchange Commission, *Strategic Hub for Innovation and Financial Technology (FinHub)*, https：//www. sec. gov/finhub.

金融科技创新办公室,将区块链、加密资产、美元稳定币纳入正式监管框架并鼓励私营部门参与数字美元的研发活动。OCC 强调负责任的数字资产开发,与美国金融犯罪执法局(FinCEN)等监管部门在反洗钱/反恐怖融资和投资者、金融消费者保护领域进行协调合作。在消除信息壁垒和政策协调机制的微观网络体系设计方面,美国消费者金融创新网络(American Consumer Financial Innovation Network,ACFIN)将消费者金融保护局(Consumer Financial Protection Bureau)与各州监管机构联结起来,强化金融创新竞争、金融普惠和消费者保护的共同目标,联邦层面和各州层面的金融监管机构通过该体系进行信息共享和政策计划的同步协调。①

2. 安全汇款走廊

代理行的退出不仅对汇款服务产生显著影响,还改变了依赖跨境代理行进行反洗钱/反恐怖融资的治理模式。为解决代理银行关系的压力问题,确保汇款服务的持续和稳定,减少反洗钱/反恐怖融资的监管成本,提高监管清晰度,G20 提出探索创新的支付解决方案和"安全汇款走廊"(Safe Remittance Corridors),以适应不断变化的国际支付环境。安全汇款走廊的目的是通过削减汇款服务及其合作银行的合规与监管成本,缓解低洗钱/恐怖融资风险区域代理银行关系所带来的压力。在这一背景下,IMF 和 WB 被指派负责 G20 跨境支付路线图中的"安全支付走廊"并制定汇款走廊风险评估框架。这一框架有助于识别潜在的"低风险走廊",并为简化合规要求提供依据。2021 年 9 月,IMF 与 WB 联合发布了《汇款走廊洗钱/恐怖融资风险评估框架(草案)》,②旨在为相关领域提供明确的方法论指导。

(1) 汇款走廊风险评估的考虑事项

有效的 ML/TF 风险评估是建立基于风险的监管框架的关键。通过识

---

① Consumer Financial Protection Bureau, *American Consumer Financial Innovation Network*, https://www.consumerfinance.gov/rules-policy/competition-innovation/american-consumer-financial-innovation-network/, September 2019.

② IMF and World Bank, *A Draft Framework for Money Laundering/ Terrorist Financing Risk Assessment of a Remittance Corridor*, September 2021.

别、分析和评估走廊中的 ML/TF 风险,包括威胁、脆弱性以及风险事件发生的可能性和潜在后果,监管机构可以调整监管框架,优化对汇款部门的监管。在进行汇款走廊风险评估时,需要考虑该区域有组织犯罪和恐怖主义水平、平均交易价值、汇款类型、汇款渠道和公共金融基础设施水平等多个因素。

汇款走廊风险评估的目标是评估走廊中汇款的 ML/TF 风险,以便在低风险汇款交易中简化 AML/CFT 措施。如果评估显示走廊的总体 ML/TF 风险水平较低,则该走廊可被视为安全汇款走廊。根据强有力的汇款走廊风险评估确定安全汇款走廊能够实现与汇款相关的两个重要政策目标。第一,支持扶贫和经济增长。通过确保具有成本效益的转移机制,安全汇款走廊有助于支持接收汇款国家的扶贫工作和经济增长,这有助于发展中国家通过提供必要的金融资源来促进经济活动和改善民生。第二,降低洗钱和恐怖融资风险。安全汇款走廊旨在最大限度地减少这些转移机制被用于犯罪或恐怖主义目的的风险。通过识别和实施针对低风险交易的简化合规措施,可以更有效地分配监管资源,同时保持对高风险活动的严格监控。

(2)安全汇款走廊框架需要具备的特点

安全汇款走廊框架的有效实施会降低低风险汇款的合规成本,但其成功和有效性最终将取决于其为全球和地区银行以及其他金融机构的监管提供信息的能力。这意味着安全汇款走廊框架需要具备以下特点。

第一,利益攸关方有充分的信息和数据分享渠道。政府部门、国际组织、跨政府网络以及私营部门拥有充分的信息和数据共享渠道,共享有关风险水平、非正式汇款渠道和资金流动的信息,以确保风险评估的准确性和及时性。

第二,风险评估的全面性和准确性。监管机构和金融机构需要采用科学的方法,对与汇款相关的洗钱和恐怖融资风险进行全面、准确评估。这包括对汇款走廊内提供的产品和服务的性质、规模和复杂性进行深入分析,以评估这些产品和服务被用于 ML/TF 目的的固有风险。评估范围应涵盖传统的现金汇款服务以及其他可能被用于走廊的产品和服务,如银行账户、支票、预付产品、旅行支票、汇票、预付卡和 ATM 网络等。

第三，监管一致性。为确保跨境汇款走廊的稳定性和安全性，不同国家和地区的监管机构需要遵循统一的标准和方法来识别和管理风险。这要求各国监管机构加强沟通和协作，共同制定和执行国际公认的监管标准，以确保跨境汇款走廊在全球范围内的监管一致性。

第四，跨部门协同与国际合作。在国内层面，金融情报单位、金融监管机构、中央银行、支付系统、执法机构、海关和移民当局以及统计机构等应形成跨部门协同合力，建立紧密的信息共享、风险评估、监管执行等合作机制，共同维护跨境汇款走廊的安全和稳定。在国际层面，通过建立国际合作机制，各国可以共同分享风险信息、协调监管政策、开展联合执法行动等，以有效应对跨境汇款走廊中的 ML/TF 风险。

3. 数据跨境流动

货币金融体系本身是货币信息、信用信息、交易信息的数据集合体，数据是数字金融的"原油"。相较传统支付方式，数字支付方式使得大量金融服务提供商、金融基础设施主体、金融机构和金融科技企业等主体获得了更多数据留存、数据控制和数据处理机会。

数字货币的跨境性、数字性、匿名性和去中心化特性不可避免地带来数据跨境流动和隐私保护问题。WB 认为，金融数字化使数据保护的强大法制框架的重要性越发凸显。[1] 联合国发布的《2021 年数字经济报告——数据跨境流动与发展：数据为谁而流动》报告提出，[2] 日益扩大的全球数字鸿沟阻碍了全球数字经济的发展，国家和国际层面的数据跨境流动的立法框架和执法实践不仅会影响国际贸易、数字创新和经济发展，还将对数字资源、人权、国际司法和国家安全等问题产生影响。

因此，健全有效的数据跨境流动保护框架对维持用户信任和市场信心至关重要，这类框架的重要组成部分包括明确数据所有权、保护数据机密性、可用性和完整性的保障措施，同时鼓励适当的监管信息共享、

---

[1] IMF and WB, *The Bali Fintech Agenda*, IMF Policy Paper No. 18/388, October 2018.

[2] United Nations Conference on Trade and Development, *Digital Economy Report* 2021 - *Cross-border Data Flows and Development：For Whom the Data Flow*, UNCTAD/DER/2021, December 2021.

隐私保护以及负责任的数据使用。

跨境支付场景中的数据跨境流动引致数据隐私安全风险,大型数字平台如 Facebook、PayPal 对巨量数字信息的掌控造成的数字竞争垄断以及在货币领域造成的金融与网络风险是数字货币治理的重点内容之一。欧洲央行《探索匿名央行数字货币的可行性报告》指出,未来在欧盟境内发行流通的公共数字货币必须以完备的数据监管和隐私保护法律框架为前提。在以数据治理为核心的数字金融监管理念下,欧盟理事会、欧盟委员会以及欧洲央行等欧洲主要货币金融监管机构发布了一系列数据跨境流动和隐私保护法案。最为瞩目的是欧盟发布了一项号称数据保护史上最为严格的法令——《通用数据保护条例》(General Data Protection Regulation,GDPR),为辅助该法令的实施并细化适用范围,欧盟发布了配套的《GDPR 适用地域指南》规范性文件。2022 年 9 月 14 日,欧盟理事会与欧洲议会共同签署针对核心大型金融服务平台规则义务的《数字市场法案》(Digital Markets Act,DMA)。该法案规定了作为"守门人"的跨境数字平台在数字市场公平竞争以及数字金融开放包容的一系列义务。

4. 网络安全

网络安全是数字货币系统整体运营弹性的一个重要因素,也是金融服务基础设施的薄弱环节。数字货币的广泛发行流通产生的规模经济效应可能导致大型金融或科技公司在提供关键基础设施服务方面变得越来越重要,国内和跨境金融风险变得更为集中,从而更容易受到系统性破坏。央行数字货币系统的稳健性和安全性显然更为重要,需要在央行数字货币体系设计之初就将网络安全和稳健的运营弹性充分融入新流程开发中。

欧盟出台的《数字市场法案》和《数字服务法案》(Digital Services Act,DSA)与成员国内部的市场规则与竞争法相互补强,[①] 并由欧盟委员会负责对相关数字法案的执行与法律实施进行审查。为保护金融消费者

---

① European Council, *Digital Services Package*, https://www.consilium.europa.eu/en/policies/digital-services-package/.

及投资者免受安全性不足的数字产品带来的风险侵害，欧盟委员会提出对数字产品引入全生命周期的网络安全强制要求，发布欧盟首个数字产品网络安全立法草案——《网络弹性法案》（Cyber Resilience Act）。[①] 该法案的适用对象是所有具有数字元素的产品，设计方、开发方、制造方以及相关运营商是承担数字产品整个生命周期内网络安全和透明度、可信任度的义务主体。《网络弹性法案》作为首部数字产品网络安全弹性立法，将成为各国在数据保护和隐私安全立法方面的国际参考标准。

5. 央行数字货币的国际互操作性

央行数字货币的安全性、可用性和互操作性是央行数字货币全球治理合作与竞争的重点领域。欧盟委员会认为各国在央行数字货币机制设计早期就应考虑未来央行数字货币跨境支付的系统互操作性，其《金融创新监管障碍专家组最终报告：金融科技监管、创新与融资的三十条建议》（Final Report of the Expert Group on Regulatory Obstacles to Financial Innovation: 30 Recommendations on Regulation, Innovation and Finance）建议各货币当局加强有关金融系统互操作性和金融科技监管标准制定方面的政策协调，在隐私保护和数据治理层面保障数据访问机制的合法性以及可追溯性，在系统安全性和技术稳健性层面确保底层系统弹性、互操作性和可靠性，在金融普惠层面追求公平性、非歧视性以及社会公共利益性等。

从各国央行数字货币项目研发实践和国际合作情况来看，当前双边、多边的央行数字货币合作的侧重点和治理模式各有不同。美联储注重数字美元坚实的法律基础和充分的市场准备，欧洲央行侧重数据保护和金融消费者权益保护，BIS 旨在促进央行数字货币的可获得性、全球监管规范的一致性和非摩擦性。

央行数字货币系统互操作性及国际标准的形成有助于以更大力度的国际协调规避各主权国家因监管博弈造成的负外部效应。2020 年 6 月 BIS 与 G7 国家共同发布《央行数字货币的基本原则与核心特征》报告，确立

---

① European Commission, *Cyber Resilience Act*, https://digital-strategy.ec.europa.eu/en/library/cyber-resilience-act.

央行数字货币发行的共同基本原则:"无损性""共存性"与"创新与效率"原则,即央行数字货币的发行流通应对央行货币政策、金融体系稳定等目标无害,且能够与现行货币金融体系并存,促进支付效率与金融创新。上述原则是国际金融组织就央行数字货币发行流通作出的第一份全球性指引规则,对全球央行具有借鉴意义。

在央行数字货币跨境流通的国际支付基础设施与国际标准方面,国际金融标准组织在跨境数据传输、消息格式、数字身份识别、央行数字货币应用程序接口等方面进行了统一国际规则的探索。例如,CPMI 提交的 G20 改善跨境支付的第二阶段报告就明确提出,增强数据和市场实践减少跨境支付摩擦,采用全球统一的跨境支付 ISO 20022 消息格式、应用程序编程接口(API)数据交换协议、统一的数字识别码(GLEIS)等手段提高数据质量和标准化程度。IMF、WB、BIS、FSB、CPMI、国际标准化组织(International Organization for Standardization,ISO)与全球人识别编码基金会(Global Legal Entity Identifier Foundation,GLEIF)将制定全球数字唯一标识码,这将在极大程度上减轻数据格式不统一带来的系统不兼容负担。

6. 金融消费者权益保护

保护金融消费者和投资者的合法权益是数字货币全球治理合作的应有之义。英格兰央行《金融市场基础设施监管 2019 年度报告》[①] 认为,新型支付行为尤其是以区块链或分布式账本技术为底层技术的数字支付以及大型科技公司在数字竞争中的垄断将冲击现行金融治理框架、损害金融消费者权益,各金融行为监管部门应密切关注支付体系的完整性、货币体系的稳定性和金融消费者权益保护。德国 2019 年发布的《德国国家区块链战略》与欧盟数字货币治理理念一脉相承,即在借助新数字技术增强金融包容性并巩固金融科技大国地位的同时加强区域性、国际性的治理合作,避免数字新兴支付技术侵犯国家金融主权、威胁国家法定

---

① Bank of England, *The Bank of England's Supervision of Financial Market Infrastructures – Annual Report* 2019, https://www.bankofengland.co.uk/news/2019/february/supervision-of-financial-market-infrastructures-annual-report-2019, 14 February 2019.

货币地位或侵犯金融消费者和投资者的合法权益。

（三）数字货币全球治理合作的组织架构

1. 数字货币全球治理引导机构

IMF 是与成员国央行联系最紧密也是最重要的国际组织之一，因此 IMF 在央行数字货币跨境流通体系的建设和协调国际货币问题方面具有较强的信用优势，IMF 作为数字货币全球治理体系的引导机构能够在短期内争取到更多成员国的信任和支持。除了具有较强的政治信任优势，IMF 自身一直积极尝试推出全球通用型的数字货币 e–SDR，打造更高效、公平、安全和更具包容性的国际支付体系，而搭建多边的央行数字货币跨境支付平台可能是实现 IMF e–SDR 构想的第一步。

除了对各国央行影响力的便利条件和革新国际货币体系的积极意愿以外，IMF 对央行数字货币乃至整个金融科技领域保持着密切关注，定期发布有关金融科技、加密资产、全球稳定币、央行数字货币等相关议题的工作报告、内部讨论文件、说明与指南。如 2019 年 7 月发布的金融科技备忘录《数字货币的崛起》[1]、2020 年 11 月 IMF 法务部发布的《中央银行法与货币法视角下的央行数字货币法律问题》[2]、2022 年 2 月和 5 月发布的工作报告《现金的衰落与央行数字货币需求的增长》[3] 与《央行数字货币跨境流动、银行挤兑与资本波动》[4]、2022 年 9 月发布的金融科技备忘录《亚太地区央行数字货币发展的区域性调查结果》[5] 等。

与此同时，IMF 与其他国际货币金融监管组织及国际金融标准制定机构合作，共同讨论包括央行数字货币在内的金融科技全球监管框架。2018 年 10 月 IMF 与 WB 共同发布了《巴厘岛金融科技议程：成功利用金

---

[1] IMF, *The Rise of Digital Money*, FinTech Notes 19/01, July 2019.

[2] IMF, *Legal Aspects of Central Bank Digital Currency: Central Bank and Monetary Law Considerations*, IMF WP/20/254, November 2020.

[3] IMF, *Falling Use of Cash and Demand for Retail Central Bank Digital Currency*, IMF WP/22/27, February 2022.

[4] IMF, *Cross–Border Central Bank Digital Currencies, Bank Runs and Capital Flows Volatility*, IMF WP/22/83, May2022.

[5] IMF, *Towards Central Bank Digital Currencies in Asia and the Pacific: Results of a Regional Survey*, IMF Fintech Note/2022/009, September 2022.

融科技机遇的蓝图》,① 涵盖金融科技发展与监管的12项主题。该议程提出在运用新兴技术促进金融科技发展的同时应调整监管框架和监管实践,以现代化的法律框架保障金融体系的完整性和稳定性,加强国际货币体系和国际金融体系的集体监督等国际金融原则,为各成员方提供了可参考的高级别金融科技监管框架,而该框架对同属金融科技范畴的央行数字货币具有适用性。

在巴厘岛金融科技议程下,IMF关注的重点是金融科技对国家和全球货币和金融稳定的影响,以及国际货币体系和全球金融安全网的演变。WB专注于利用金融科技深化金融市场,加强负责任的金融服务渠道,并改善跨境支付和汇款转账系统。为此,IMF和WB呼吁全球货币金融监管主体在信息、经验、最佳实践方面进行密切的国际合作和协调,以解决各司法管辖区在金融科技监管合规方面的差异和冲突,防范洗钱/恐怖融资和系统性风险的蔓延。IMF和WB内部机构与国际标准制定机构也应密切合作,不断监控和分析金融科技发展对跨境资本流动、金融完整性、国家和全球货币体系的金融稳定影响,避免监管政策的重复或重叠。为了解决金融科技带来的金融发展、金融包容性、金融稳定性、金融市场信心、投资者与消费者保护及相关金融监管问题,IMF与WB运用的一个关键工具是金融部门联合评估计划(IMF – World Bank Financial Sector Assessment Program,FSAP)。FSAP对成员国的如下领域进行评估并提出建议:第一,金融部门的发展与运营弹性;第二,各成员方法律、监管、合规框架的质量;第三,金融包容性状况;第四,管控和解决金融危机的能力等。该工具旨在促进IMF、WB及其他国际金融组织进行更有效、更可信地跨部门监管,强化金融科技的溢出效应和系统性风险的政策合作,帮助各成员国增强应对新形式金融风险的危机准备。

2021年7月,IMF与BIS、BISIH、WB、CPMI共同发布了《G20报告:用于跨境支付的央行数字货币》,② 正式讨论了央行数字跨境流通问

---

① IMF and WB, *The Bali Fintech Agenda: A Blueprint for Successfully Harnessing Fintech's Opportunities*, IMF No.18/388, October 2018.

② BIS, IMF, WB, CPMI and BISIH, *Central Bank Digital Currencies for Cross – border Payments – Report to the G20*, July 2021.

题,提出各成员方应加强国际合作,构建多边、民主、透明的数字货币全球治理框架和更具包容性和层次性的金融科技风险治理机制。G20 作为改革全球金融治理体系和 IMF 弊端的全新国际机制,近年来将改善跨境支付作为优先议程,探索央行数字货币的跨境流通的实现途径、摩擦因素、有关数据、信息、接口、数字身份、支付体系互操作性等方面的国际标准以及监管合规问题。在 G20 的积极推动和指令下,IMF、WB、BIS、CPMI、FSB、FATF 等国际组织都曾做出改善跨境支付路线图的专项报告。G20 在国际金融标准制定领域的广泛影响力、国家领导人直接参与所代表的国家意志性和国际金融监管规则法律层面的正当性,G20 决定着央行数字货币国际标准和监管规则的总体进程,[①] 因此在 G20 全球框架下进行央行数字货币的全球治理合作较为适宜。

与此同时,鉴于 IMF 的成员方多为发行央行数字货币的各国央行或货币当局,具有成员众多、联系密切、影响力和权威性较强的优势,且 IMF 具有改革国际货币体系、抑制央行数字货币潜在风险、维护国际金融稳定、加强国际金融监管合作的强烈意愿以及对央行数字货币的深厚研究基础,因此由 G20 和 IMF 牵头进行央行数字货币跨境流通体系的初步建设并引导数字货币全球治理宏观框架的形成具有可行性。

2. 数字货币全球治理合作的纽带和核心

BIS 作为数字货币全球治理合作的纽带和核心较为适宜。

首先,从央行数字货币特有的主权属性和 BIS 自身的成员国及组织架构优势来看,一方面,央行数字货币的法定货币地位较为明晰,其法律属性争议较小,将其全球治理合作问题置于长期关注央行数字货币议题并致力于全球央行国际合作的 BIS 框架下较为合适;另一方面,BIS 的成员多为各国央行和具有国际影响力的国际金融机构,其广泛且优质的成员优势有利于促成公共部门与私营部门的国际金融合作,能够在数字货币全球治理合作中发挥纽带作用。除此以外,BIS 下属的职能机构包括在国际银行业领域具有重要地位的巴塞尔银行监管委员会、支付与市场设施委员会、中央银行治理论坛、全球金融体系委员会等,主导着与数字

[①] 廖凡:《跨境金融监管合作:现状、问题和法制出路》,《政治与法律》2018 年第 12 期。

货币密切相关的国际银行业、国际金融标准的制定。例如，2022 年 12 月 16 日，巴塞尔银行监管委员会发布了《SCO60：加密资产风险的审慎处置》，① 这份自 2025 年 1 月 1 日正式实施的文件确立了全球银行业对数字货币领域风险处置的 SCO60 国际性标准，有关央行数字货币的相关国际标准也正在酝酿中。鉴于其在国际金融领域的权威性和专业性，将 BIS 作为数字货币全球治理的核心机构具有可行性。

其次，为了加强对央行数字货币的深度研究和国际合作，BIS 成立了专门的央行数字货币工作组，通过国际清算银行创新中心（BIS Hub）与多国央行开展了多边央行数字货币研发项目，其前沿性在诸多国际金融组织中首屈一指。目前，该央行数字货币工作组的成员包括国际清算银行、欧洲央行、加拿大央行、英格兰央行、日本央行、瑞士国家银行和瑞典央行，负责评估各司法辖区央行数字货币的技术选择、功能、跨境互操作性等方面的案例和最佳实践，并与 FSB、CPMI 等国际金融机构和论坛密切协调。②

自 2021 年开始至 2022 年 12 月 BIS Hub 已相继开展了多项国际数字金融公共产品项目以改善全球金融体系的运作：①数字贸易融资项目（Digitising Trade Finance）；②与香港金管局合作的零售型 CBDC 项目 Aurum；③中央银行运用监管科技和合规科技进行实时数字监控的平台原型项目 Rio；④与香港金管局合作的融合区块链、智能合约、物联网和数字资产在内的 Genesis 1.0 与 Genesis 2.0 绿色金融项目；⑤将多国支付体系连接到统一跨境支付平台的 Nexus 项目；⑥批发型 CBDC 在分布式账本技术平台上进行跨境结算的 Jura 项目；⑦中央银行在代币化的央行资产和基于分布式账本技术的金融基础设施环境中处理结算、操作、法律和监管问题的 Helvetia 项目；⑧多边央行数字货币在统一平台上实现国际清算的 Dunbar 项目；⑨运用集成的监管数据和分析平台提升金融监管洞察力和数据驱动力的 Ellipse 项目；⑩提升 CBDC 互操作性的应用程序编程接口原型项目 Rosalind；⑪与以色列、挪威、瑞典央行合作的用于国际零售

---

① BCBS, *Prudential Treatment of Cryptoasset Exposures*, December 2022.
② BIS, *Central Bank Group to Assess Potential Cases for Central Bank Digital Currencies*, https：// www.bis.org/press/p200121.htm, 21 January 2020.

支付和汇款的 Icebreaker 项目；⑫运用区块链和智能合约解决中小企业融资困难问题的 Dynamo 项目；⑬与中国人民银行数研所、中国香港金管局、泰国央行、阿联酋央行合作的旨在改善跨境支付的多边央行数字货币桥项目 mBridge；⑭跨境金融机构在跨境服务贸易交易中以瑞士法郎、欧元和新加坡元进行自动结算的 Mariana 项目；⑮提高央行数字货币网络弹性、可扩展性和隐私保护的 Tourbillon 项目；⑯旨在降低中介机构财务风险、提升网络安全的零售型 CBDC 项目 Sela。[1]

综上所述，BIS 具有成员广泛、组织机构影响力和权威性较强、央行数字货币的国际合作深度和前沿性程度较高等独特优势，将 BIS 作为数字货币全球治理合作的纽带和核心具有较强的可执行性。

3. 数字货币全球治理标准制定机构

数字货币国际标准制定机构包括 BIS 下属的 CPMI、BCBS 以及 IOSCO、IAIS、FATF 等行业监管组织。在上述国际组织中，CPMI 在数字货币的相关标准制定中发挥了重要作用。数字货币的跨境流通涉及数据格式、系统互操作性、数据保护、网络安全、消费者保护等诸多方面的国际标准协调，需要 CPMI、BCBS、IOSCO、IAIS 等国际金融标准制定机构和行业协会共同拟定数字货币全球治理的标准和原则，鼓励最佳治理实践，推动数字货币全球治理的广泛、深入合作。

四 数字货币治理协调框架

数字货币全球治理的多边协调框架既包括联合国、IMF、WB 等国际组织，G20、BIS、FSB、CPMI、BCBS、IOSCO 等国际金融监管与国际金融标准机构统筹协调下的多边协定与倡议，也包括区域性和国家层面的双边、多边安排。

（一）数字货币全球治理协调的组织架构

1. 数字货币全球治理协调的核心机构

FSB 通过协调国家金融当局、国际标准制定机构和其他金融部门的监

---

[1] BIS, *BIS Innovation Hub Projects*, https://www.bis.org/about/bisih/projects.htm?m=3102.

管、合规政策的一致性，促进金融公平竞争和全球金融体系稳定，保持金融部门的公开性和透明度，与 IMF、WB 进行联合评估和预警，并定期向 G20 报告其政策议程。2022 年 11 月印度尼西亚主办的 G20 峰会发布的《巴厘领导人宣言》中重申了跨境支付、加密资产、全球稳定币、央行数字货币全球治理的重要性，支持国际标准制定机构构建高标准的、完整的全球治理框架，充分发挥其全球治理协调作用。[1]

FSB 的核心监管职能包括：第一，从宏观审慎的角度及时、持续地审查评估全球金融体系的脆弱性影响因素及后果，监控全球金融市场的发展，为成员国提供符合监管标准的政策建议和最佳实践；第二，为具有金融稳定系统重要性的金融机构提供跨境危机管理和应急计划支持，促进金融稳定部门和监管当局之间的协调和信息交流；第三，监督成员国的金融监管承诺、国际金融监管标准、金融监管信息披露与审查等已达成一致的 FSB 倡议和国际标准的实施与执行情况。[2]

当前 FSB 金融创新和结构变革集中在跨境支付、加密资产和全球稳定币、金融科技、网络弹性、非银行性金融中介机构（NBFI, Non-Bank Financial Intermediation）、气候变化风险等可能引发金融稳定风险的广泛国际议题上。FSB 认为金融科技技术正在改变金融机构的运营方式和市场机构，[3] 加强金融监管主体之间的统筹协调和监管合作需要发挥 FSB 在国际金融监管组织、国际金融标准制定机构和各国金融监管当局之间的国际协调作用，削减数字货币全球治理过程中的监管套利及监管套利和监管分割壁垒。

作为国际金融科技监管的协调机构，FSB 有关金融科技监管的常设工作机构主要有脆弱性评估委员会（Standing Committee on Assessment of Vulnerabilities，SCAV）、监管合规合作委员会（Standing Committee on Supervisory and Regulatory Cooperation，SRC）、标准实施委员会（Standing Committee on Standards Implementation，SCSI）以及跨境风险管理工作组。

---

[1] G20, *G20 Bali Leaders' Declaration*, November 2022.
[2] FSB, *Mandate of the FSB*, https://www.fsb.org/about/.
[3] FSB, *Financial Innovation and Structural Change*, https://www.fsb.org/work-of-the-fsb/financial-innovation-and-structural-change/.

为了提高数字货币全球治理的针对性，有论者建议扩充 SCSI 在数字货币监管标准、数字货币日常业务监督和全球数字货币金融数据收集与交流方面的职能，并增设专门的 FSB 数字货币技术管理工作组作为数字货币技术全球治理部门，将央行数字货币发行流通和交易技术范围、技术验证数据库、技术风险等级评估标准、技术故障应急管理专家组和技术监管合作等内容纳入该技术工作组的工作范畴。[1]

FSB 还应加强与区域性咨询小组（RCGs，Regional Consultative Groups）的外联与合作。RCGs 的成员包括各国央行、财政部、金融监管部门，涵盖了 70 多个国家和地区的发达经济体以及新兴市场和发展中经济体。借助 FSB 与区域协调小组 RCGs 联动合作的组织架构优势，国际层面和区域层面数字货币治理信息交流渠道和政策协调机制更为畅通有效。

2. 数字货币数据信息共享协调机构

在国际和区域层面，有关数据跨境流动规则主要有两类：一类是在广义的经贸领域内进行的数字贸易谈判和数据治理安排；另一类是在国际经贸领域以外进行的跨境数据流动倡议。

第一类数据流动规则框架主要有：

（1）G20 数据治理框架。G20"基于信任的数据自由流动"（Data Free Flow with Trust）的倡议、2020 年利雅得领导人宣言及《基于信任的数据自由流动合作路线图》。

（2）DEPA 数据跨境流动和信息保护法律框架。于 2021 年 1 月开始生效的《数字经济伙伴关系协定》解决了与数字经济相关的一系列问题。如该协定第 4.2、4.3、4.4 条处理了跨境数据流动和数据本地化问题，规定了个人信息保护的法律框架及透明度要求和不歧视承诺等相关标准，提供了促进各国个人信息保护制度兼容性和互操作性的可能机制。

（3）亚太经合组织的跨境隐私规则体系。亚太经合组织框架下的《亚太经合组织互联网和数字经济路线图》《跨境隐私规则》《跨境隐私执行安排》等协议和方案，提供了一种信息共享机制，在区域性的跨境数据流动治理合作中发挥了重要作用。

---

[1] 李帅、屈茂辉：《数字货币全球治理的法律秩序构建》，《法学评论》2022 年第 4 期。

（4）东盟个人数据保护框架。东盟（ASEAN）是除亚太经合组织以外的另一个跨境数据流动区域合作组织。2016年东盟采用了个人数据保护框架（Framework on Personal Data Protection）旨在加强东盟国家对个人数据保护的合作，促进区域和全球的贸易发展和信息流动。在此基础上，东盟于2018年发布了《数字数据治理框架》加强成员国之间数据法规的协调，2021年首届东盟数字部长会议批准了《东盟数据管理框架》、《东盟跨境数据流示范性合同条款》及《东盟2025年数字总体规划》。

在国际经济和国际贸易议程以外进行的数据治理倡议主要有：

（1）OECD隐私保护指南。2013年OECD更新了《跨境数据流动和隐私保护指导方针》，细化了收集、传输、利用个人数据的限制和保护措施。2014年OECD通过了"互联网政策制定原则"（Principles for Internet Policy Making），强调支持数据跨境自由流动和兼容的各司法辖区监管规则的必要性。

（2）欧洲委员会第108号公约。欧洲委员会制定的《个人数据自动处理中的个人保护公约》（也称108号公约）是国际首份数据保护公约，也是唯一具有法律拘束力的多边公约，影响了其他国际、区域和国家的隐私保护立法。

（3）非洲联盟《网络安全和个人数据保护公约》。2014年非盟通过了有关个人数据收集、处理应征得数据主体统一、合目的性、程序合法性和透明度要求等内容在内的《非洲联盟网络安全和个人数据保护公约》。

（4）拉丁美洲区域性论坛。美洲国家组织（Organization of American States，OAS）和《拉丁美洲和加勒比数字议程》、《伊比利亚—美洲共同体数据保护协调准则》是加强美洲地区数字监管一致性和协调性的主要机构和规则文件。

从上述数据跨境流动的监管框架来看，当前跨境数据流动的治理格局是不同国家、区域监管政策的拼凑，缺乏统一的国际监管体系和协调的信息共享机构。而这种国际监管系统性的缺失增加了监管制度碎片化、阵营化，使数据大国和制度强国的优势地位进一步强化、数据跨境流动的国际风险进一步扩散，建立跨境数据信息共享协调机构至关重要。

联合国贸易与发展大会（UNCTAD）在《2021年数字经济报告》中提出，应在联合国的主导下构建全新的全球数据治理体制框架，包括设置一个新的数据治理协调机构全面评估和统筹全球数字发展和数据治理规则。UNCTAD认为全球数据治理的关键政策领域和优先事项包括将数据作为一种全球公共产品、对关键数据定义形成共识、制定与数据相关的标准、构建数据获取的相关规则、强化对数据价值和跨境数据流的监测、探索新兴的数据治理方式并加强数字竞争、数字税收、数字平台治理等方面的国际合作。[1] 联合国下属的有关数据治理倡议的组织机构主要有联合国科技发展委员会（United Nations Commission on Science and Technology for Development）、联合国人权事务高级专员办事处（Office of the United Nations High Commissioner for Human Rights）、联合国国际贸易法委员会（United Nations Commission on International Trade Law）、互联网治理论坛（Internet Governance Forum）以及国际电信联盟（International Telecommunication Union）。

从该组织层面来看，在联合国主导下与G20、BIS、FSB、FATF等全球金融治理平台和机构以及区域层面和国家层面的各种跨境数据治理安排进行信息共享和规则协调，统筹数字货币跨境数据流动和监管信息共享具有可行性。从数字货币跨境数据流动和监管信息共享的协调内容来看，应制定信息共享办法、搭建信息共享平台、畅通信息反馈机制以及加强技术支持。

3. 央行数字货币国际互操作性协调

央行数字货币跨境流通的实现以具有互操作性的金融基础设施为前提。具体而言，这种互操作性意味着各国央行数字货币底层技术的兼容性、支付系统的可扩展性和数据处理标准的统一性。[2] 央行数字货币跨境流通的实现模式主要有兼容的央行数字货币系统多边安排、互联的央行数字货币系统和单一的多边央行数字货币平台，其共通性是采用兼容的

---

[1] United Nations Conference on Trade and Development, *Digital Economy Report* 2021 - *Cross - border Data Flows and Development: For Whom the Data Flow*, UNCTAD/DER/2021.

[2] 卜学民：《论法定数字货币跨境流动的挑战与制度构建》，《太平洋学报》2021年第6期。

或统一的技术、应用程序接口、数据格式、监管政策加强系统互联的可操作性和可扩展性。

央行数字货币跨境流通技术的协调不仅包括基于区块链和分布式账本技术的各国央行数字货币系统的协调，还包括央行数字货币系统与RGTS之类的传统跨境支付系统的协调。从当前国际金融标准机构和各国央行的研发实践来看，最先形成全球性统一标准的领域集中在全球数字身份识别、跨境支付报文传送格式、金融市场基础设施原则上。目前央行数字货币跨境流通平台测试项目主要有多边央行数字货币桥（mBridge）和 Dunbar 项目。mBridge 项目通过流动性节约机制、PVP（Payment Versus Payment）结算、智能合约和透明度提升等方式降低了货币管理、货币汇兑和监管合规成本，验证了去中心化的多边央行数字货币能够在统一的跨境结算平台上实现点对点交易。

(二) 数字货币全球治理中的冲突解决

1. 冲突解决思路与国际私法的适用

从法律适用的具体实践上来看，多维化的、多价值标准的法律适用思路有助于减少法律冲突。多维化的法律思路即在数字货币国际纠纷法律适用中坚持保持对话的共商原则、符合东道国和母国共同利益诉求的共通原则，根据实际程度确定争议双方权利义务关系的比例原则。[1] 数字货币引发的国际纠纷可能包括财产确权、数据保护、数字技术等知识产权保护或作为支付工具的争议，需要在坚持程序正义和实质正义价值目标的指引下，考虑不同国家对争议目标和技术规则的特殊立法和个体利益需求，适用最合理的冲突法规范。

2. 国际货币争端解决中的专门磋商机制

数字货币跨境流通将带来所有权转移、支付结算的最终性确认、汇率义务的履行、国际私法的适用等问题，亟待构建具有可操作性的数字货币争端解决规则。当前国际货币争端解决主要依靠国际货币基金组织的磋商机制及《国际货币基金协定》这一为数不多的有效国际法律

---

[1] 李智、黄琳芳：《法定数字货币跨境流通的法律问题研究》，《武大国际法评论》2022年第2期。

文件。①

然而，《国际货币基金协定》规定的主要内容是成员国的汇率义务，当争端主体的争议内容不涉及汇率问题时启动 IMF 货币争端解决程序存在明显的不适配。即便成员方有汇率争端，该协定也缺乏明确的汇率义务判断标准，并且 IMF 货币争端磋商并非成员国的义务，其处置结果也不具有强制性，IMF 具有维护国际货币体系稳定的职能，但确实在国际货币争端解决问题上力不从心。②

数字货币的跨境流通甚至未来可能出现的全球通用型数字货币带来的货币争端只会比传统货币更多、更复杂，对完善的、多元化的货币争端解决规则的需求也更加迫切。IMF 的货币监管和货币争端解决职能改革或可成为其未来发展方向之一，构建有效的央行数字货币国际争端解决规则以及在 IMF 下设专门的央行数字货币委员会将成为 IMF 引导央行数字货币国际规则的重要途径。③

3. 数字货币国际纠纷仲裁

目前国际争端解决机制主要集中在国际贸易、国际商事和国际投资等领域。现行有效的国际争端解决机制主要有 WTO 框架下的争端解决程序，世界银行根据《华盛顿公约》成立的旨在解决外国投资者与东道国之间投资纠纷的国际投资争端解决机制（ICSID）及分布于多国境内的国际商事仲裁院，有关数字货币的国际争端解决机制存在空白。实际上，有关数字货币引起的国际投资纠纷并不在少数，美国基于金融消费者保护较早将数字货币纠纷解决纳入政府责任范畴。近年来，G20、IMF、WB、BIS 等都将数字货币引起的争端解决问题作为讨论议程之一。

在解决数字货币引起的数据保护、投资者争端、知识产权保护等国际商事纠纷问题中，采用柔性的磋商、协调、仲裁的方式较为可行。除了具有较大灵活性的双边或多边磋商、协调等纠纷解决机制，引入更具

---

① 卜学民：《论法定数字货币跨境流动的挑战与制度构建》，《太平洋学报》2021 年第 6 期。
② 廖凡：《国际货币体制的困境与出路》，《法学研究》2010 年第 4 期。
③ 卜学民：《论法定数字货币跨境流动的挑战与制度构建》，《太平洋学报》2021 年第 6 期。

保密性、专业性和时效性的仲裁机制具有必要性。相比创设专门的数字货币国际争端解决机制,在现行仲裁机构中增设专门的数字货币国际纠纷仲裁庭具有较大的可行性。

第二节 国际金融组织的数字货币治理趋势

全球数字货币正处于快速发展时期,数字货币发展方向和治理政策发生了一些关键性变化。一方面,加密资产市场风险事件频出,令一直对加密资产持拥抱态度的发达国家开始加速整合和收紧加密资产监管;另一方面,中央银行数字货币(CBDC)的重要性受到认可,更多国家参与到 CBDC 的开发和跨境应用合作中,特别是发达国家对 CBDC 的态度更加积极。未来几年,全球数字货币发展将继续保持上述趋势,加密资产的监管规则将会更加严格和清晰,CBDC 的研发进程则会继续提速。在此背景下,各国际金融组织的数字货币治理重点也相应调整。

一 金融普惠

金融危机后,二十国集团(Group of 20,G20)机制成为重塑国际货币金融体系的关键角色。2016 年 G20 发布了《数字普惠金融高级别原则》(G20 High-Level Principles for Digital Financial Inclusion,以下简称 G20 原则),该文件在八项原则项下又细化出多项具体行动建议,是数字金融普惠领域的第一份高级别国际准则。具体而言,G20 原则以金融创新、金融稳定、金融安全的三角平衡作为成员方金融发展的核心价值目标,在具体实现路径上重视数字技术的强劲驱动力,以数字金融服务基础设施的广泛可用性和效能升级为实现数字金融普惠的重要抓手,以坚实的法律基础和完善的监管框架为保障。与此同时,G20 原则提出数字金融普惠中的关键问题是金融消费者保护、客户身份识别、公共部门与私人部门的竞争与合作以及金融风险的监测与处置。

在数字金融普惠原则的指引下,其下属的 FSB 与国际清算银行下属的 CPMI 就数字金融普惠的金融科技创新路径进行了探索,认为央行数字货币具有促进数字金融普惠和金融包容的作用。

二 数字货币风险防范与监管

在数字货币领域，加密资产、全球稳定币、央行数字货币之间存在货币演进的先后顺序和货币竞争合作关系，因此这三类议题联系紧密并共同出现在数字货币全球治理议题中。① 具体而言，BIS 和 CPMI 负责央行数字货币的标准制定、国际合作及相关治理工作，FSB 关注加密资产规则制定和全球稳定币监管框架的协调，其他国际金融机构在各自领域内对上述议题进行评估与监管。

（一）加密资产风险监管的审慎处置原则与初步监管框架

自 2018 年开始 G20 已开始将加密资产、全球稳定币与央行数字货币作为重点关注的议题，改善跨境支付也被作为其优先议程。2018 布宜诺斯艾利斯 G20 财长和央行行长会议公报曾提出，加密数字资产对全球金融体系的潜在影响具有不确定性，FSB 和国际金融标准制定机构应对数字货币进行持续监控，并在必要时评估多边应对措施。②

在数字金融科技引发的货币变革中，IMF 主要关注金融科技、加密数字资产、全球稳定币、央行数字货币等引起的宏观经济影响和潜在金融稳定风险。2017 年 6 月 IMF 发布了《金融科技与金融服务：初步构想》报告，这份金融科技行业发展报告针对分布式账本技术和数字货币的有效监管提出了建议。③ 2019 年 IMF 将数字货币的监管问题列入当年的首要任务之一，并为此发布了专题报告《数字货币的崛起》，呼吁国际社会加强对数字货币的集体监管。④ IMF 认为金融科技对金融体系的变革将促使 IMF 由"均衡监管"转向"强化监管"。

---

① 宋爽、熊爱宗：《数字货币全球治理的进展、挑战与建议》，《国际经贸探索》2022 年第 9 期。

② 新华网：《G20 财长会强调坚持贸易对话》，http：//www.xinhuanet.com/money/2018 - 03/22/c_1122573400.htm。

③ IMF, *Fintech and Financial Services: Initial Considerations*, IMF Staff Discussion Note, https://www.IMF.org/en/Publications/Staff - Discussion - Notes/Issues/2017/06/16/Fintech - and - Financial - Services - Initial - Considerations - 44985.

④ IMF, *Digital Curencies: The Rise of Stablecoins*, hhtps://blogs.IMF.org/2019/09/19/digital - curencies - the - rise - of - stablecoins/.

BCBS（2021）就加密资产对现代银行业的潜在风险和监管模式进行了审慎评估，认为不同类别的加密资产其审慎监管要求应有所不同（如表4-3所示），并出台了针对加密资产风险审慎监管的一般原则，即最低限度的监管原则（Minimum Standards）、简单且富有弹性的监管原则（Simplicity）以及同等监管原则（Same Risk, Same Activity, Same Treatment）。《SCO60：加密资产风险的审慎处置》（Cryptoasset Exposures），[①]文件确立了全球银行业对数字货币领域风险处置的SCO60国际性标准，有关央行数字货币的相关国际标准也正在酝酿中。

表4-3　　　　BCBS就加密资产风险的审慎处理要求

审慎要求	类别1 加密资产（满足分类条件）		类别2 加密资产（不满足分类条件）	范围以外
	传统资产的代币化	具有稳定机制的加密资产	"类别1"以外的加密资产（比特币类）	央行数字货币
信贷和市场风险要求	至少等同于传统资产的资本充足率（并进一步考虑额外资本要求）	应用现行规则以监测稳定币相关风险的新指引（并进一步考虑额外资本要求）	最大限度地保守审慎原则，将1250%的最大风险权重应用于多头和空头头寸	不适用
其他最低要求（杠杆率、风险敞口、流动性比率）	适用现有的巴塞尔协议框架要求，并提供额外指引			不适用
监管审查	额外审查以确保对未达到最低要求的风险因素进行充分评估、监控和适当减缓			不适用
信息披露	增加银行定期披露有关加密资产风险信息的新要求			不适用

资料来源：根据2021年6月巴塞尔监管委员会咨询文件《加密资产风险的审慎处理》整理所得。

[①] BCBS, *Prudential Treatment of Cryptoasset Exposures*, December 2022.

FSB 于 2018 年和 2019 年分别发布了《加密资产：FSB 及标准制定机构提交至 G20 的工作报告》①《加密资产：正在进行的工作、监管方法和潜在问题》②两份专题工作报告，概述了 FSB、CPMI、IOSCO、BCBS、FATF、OECD 等国际金融标准制定机构在各自领域内对加密资产的监管框架，将金融消费者和投资者保护、市场完整性、反洗钱、银行业风险敞口、金融稳定性监测作为重点监管领域。2018 年 FSB 与 CPMI 合作开发了一个加密资产监管框架，确定了数字货币影响全球金融稳定的衡量指标。

（二）全球稳定币监管审查的十条高级别建议

在全球稳定币监管问题上，FSB 负责协调 CPMI、BCBS、IOSCO、FATF 等部门的标准制定工作。2020 年，FSB 从国内和国际双重维度提出了全球稳定币监管审查的十条高级别建议，③呼吁国际社会进行与风险相称的合规、监管和管控，强调灵活、高效、包容的金融监管理念、负责任的金融创新，就全球稳定币不断发展演变带来的风险进行监管当局之间的多部门跨境合作、协调与信息共享安排。

FSB 在 2019 年的报告中指出，大部分国家有关加密资产、全球稳定币、央行数字货币的监管政策存在立法授权方面的问题，且差异性巨大，这将导致重大的监管不对称，需要国际金融组织对参差不齐的多边反应进行协调。

（三）央行数字货币国际标准制定

1. 央行数字货币的法律地位

当前只有少数国家有能力在中短期内发行央行数字货币，且多数国家欠缺发行和维护央行数字货币流通的法律基础。IMF 呼吁各货币当局和司法当局关注央行数字货币的合法性问题。在《中央银行法和货币法视角下的央行数字货币法律问题》法律研究报告中，IMF 提出央行数字货

---

① FSB, *Crypto – Assets*: *Report to the G20 on Work by the FSB and Sandard – setting Bodies*, July 2018.
② FSB, *Crypto – Assets*: *Work Underway, Regulatory Approaches and Potential Gaps*, May 2019.
③ FSB, *Regulation, Supervision and Oversight of "Global Stablecoin" Arrangements*: *Final Report and High – Level Recommendations*, October 2020.

币的广泛流通以坚实的法律基础为必要条件，而当前央行数字货币的发行和跨境流动缺乏国内法和国际法的有力保护。[①] 在国内法层面，多数国家首先欠缺的就是央行数字货币发行权的明确法律依据，这将直接影响央行数字货币的法律性质和法律地位。中央银行法、货币法、刑法、隐私保护法等相关配套法律法规滞后，在调整新型数字货币法律关系时应对乏力。在国际法层面，现行的《打击货币伪造的日内瓦公约》和《布达佩斯网络犯罪公约》均未将数字货币纳入调整范围，而基于数字货币从国家监管到全球治理的必然趋势和维护国际货币金融体系稳定的需求，应对国际法制度进行必要革新。

2. 央行数字货币研发的基本原则

央行数字货币具有明确的主权属性，货币政策和监管规则通常由各国或区域央行制定，因此其研发合作、国际标准的制定和国际监管规则的协调由"央行的央行"——国际清算银行承担。2018年3月，BIS在《中央银行加密数字货币》[②] 和《中央银行数字货币将会影响支付、货币政策和金融稳定》[③] 两篇报告中讨论了央行数字货币的定义及其在金融稳定、货币政策和支付体系三个核心领域的影响，认为其发行流通可能带来现行货币体系的金融脆弱性，应当对其风险审慎评估。

FSB 认为当前央行数字货币国际监管的首要任务是形成全球统一的标准，加强各国的系统互操作性，减少跨境支付的法律制度摩擦。2021年9月，G7 国家与国际清算银行联合发布了《中央银行数字货币——执行总纲要》，该报告阐述了央行数字货币的共同基本原则和核心特征，成为全球首份央行数字货币国际标准方面的高级别文件。[④]

---

① IMF, *Legal Aspects of Central Bank Digital Currency: Central Bank and Monetary Law Considerations*, WP/20/254, November 2020.

② CPMI, *Central Bank Digital Currencies*, https://www.bis.org/CPMI/publ/d174.htm, March 2018.

③ BIS, *Central Bank Digital Currencies Could Impact Payments, Monetary Policy and Financial Stability*, BIS, September 2021, https://www.bis.org/press/p180312.htm.

④ BIS and 7 Central Banks, *Central Bank Digital Currencies – Executive Summary*, BIS, September 2021, https://www.bis.org/publ/othp42.htm.

《中央银行数字货币：基本原则与核心特征》及其配套执行纲要，①从横向和纵向相结合的角度比较了数字货币的不同类型、不同国家央行数字货币的发行架构选择与技术考量。指出跨境支付和央行数字货币存在货币政策风险、金融稳定风险和平衡风险与创新方面的问题，提出央行数字货币发行的"无害性""共存性""创新与效率性"三大基本原则以及央行数字货币应当在工具、系统和机制层面具有的核心特征，并在此基础上形成了《系统设计和互操作性》《用户需求和适用》《央行数字货币对金融稳定的影响》三份具体报告。BIS认为，央行数字货币的标准和互操作性是当前各国研发的重点，并且在初始阶段就应加强国际合作。

2021年BIS发布了《多边央行数字货币安排及跨境支付的未来》②《央行数字货币：将伟大理念付诸实践》③《央行数字货币：货币体系的新机遇》④《央行数字货币：动机、经济影响与研究前沿》⑤《跨境央行数字货币项目：来自央行的调查结果》⑥等多份文件，讨论央行数字货币对金融稳定、货币政策、改善跨境支付等方面的潜在优势与风险，指出央行数字货币的影响最终将跨越国境，应就国家间央行数字货币的跨境问题加强合作，多边央行数字货币桥需要参与各方共同制定标准。

3. 金融市场基础设施的国际标准设定

在金融市场基础设施国际标准方面，CPMI与IOSCO共同发布了涵盖

---

① Bank of Canada, European Central Bank, Bank of Japan, Sveriges Riksbank, Swiss National Bank, Bank of England, Board of Governors Federal Reserve System & BIS, *Central Bank Digital Currencies: Foundational Principles and Core Features*, September 2020.

② BIS, *Multi-CBDC Arrangements and The Future of Cross-border Payments*, BIS Papers No. 115, https://www.bis.org/publ/bppdf/bispap115.htm, March 2021.

③ Peterson Institute for International Economics and BIS, *Central Bank Digital Currencies: Putting a Big Idea Into Practice*, March 2021.

④ BIS, *CBDCS: An Opportunity for the Monetary System*, BIS Annual Economic Report 2021, June 2021.

⑤ BIS, *Central Bank Digital Currencies: Motives, Economic Implications and the Research Frontier*, Monetary and Economic Department, BIS Working Papers No. 976, November 2021.

⑥ BIS, *Cbdcs beyond Borders: Results from a Survey of Central Banks*, Monetary and Economic Department, BIS Papers No 116, June 2021.

支付系统、中央证券存管机构、证券结算系统、中央对手方和交易存储库等内容在内的金融市场基础设施国际标准（Principles for Financial Market Infrastructures, PFMI）。[①] 为了密切监测金融市场基础设施原则的实施情况，提升各央行的网络弹性和网络安全，2022 年 CPMI 与 IOSCO 对 29 个司法辖区的金融市场基础设施的网络弹性状态进行了三级评估和审查，指出当前的金融基础设施在应对极端网络攻击和重大系统变更的网络复原力不足，缺乏全面的场景测试，相关利益攸关方充分参与度不足，[②] 而这些缺陷将影响央行数字货币系统的网络安全。

在跨境支付的数据格式标准方面，CPMI 提出采用国际统一的 ISO 20022 数据标准改善跨境支付数据的碎片化和不兼容等问题，以提升跨境支付的效率和透明度。相较于 SWIFT 提供的 MT 格式，ISO 20022 格式具有更强的开放性、互操作性潜力以及信息交换能力。[③] SWIFT 将在 2025 年暂停对 MT 报文传送格式的支持，在这之前 SWIFT 提供的 MT 格式将与 CPMI 提供的 ISO 20022 格式并存。统一的报文传送标准至关重要，随着越来越多的支付系统采用 ISO 20022 数据格式，金融机构间的数据直通处理能力增强，有助于跨境支付更便宜、更高效、更透明。

三 改善跨境支付

IMF 发布《跨境数字货币对宏观金融的影响》报告，认为央行数字货币和全球稳定币可能强化货币替代并改变传统货币国际化的路径。[④]《央行数字货币跨境流动、银行挤兑与资本波动》调查了跨境央行数字货币对资本流动和金融稳定的可能影响。研究发现采用外国央行数字货币作为国际安全资产可能会增加国内银行业的去金融中介化风险，并可能

---

① BIS, *Principles for Financial Market Infrastructures* (*PFMI*), https://www.bis.org/cpmi/info_pfmi.htm.

② CPMI and IOSCO, *Implementation Monitoring of the PFMI: Level 3 Assessment on Financial Market Infrastructures' Cyber Resilience*, November 2022.

③ CPMI, *Harmonisation of ISO 20022: Partnering with Industry for Faster, Cheaper, and More Transparent Cross-Border Payments*, September 2022.

④ IMF, *Digital Money across Borders: Macro-Financial Implications*, 2020.

伴随着更为剧烈的资本波动和更高的流动性风险。[1] 各货币当局应妥善处理数字货币体系与现行货币体系的关系、公共部门与私人部门的关系，确保国内和国际宏观金融体系的稳定。[2]

2021年7月，BIS与IMF、WB、CPMI、BISIH共同向G20提交了首份讨论央行数字跨境流通的正式文件——《用于跨境支付的央行数字货币》[3] 专项报告。在跨境支付的监管、合规框架方面，FSB负责协调与跨境支付相关的现有国际标准、指导方针和原则。在央行数字货币改善跨境支付体系的问题上，FSB于2020年和2021年发布了《改善跨境支付：阶段一报告》[4]《改善跨境支付：阶段三报告》[5]《致力于解决跨境支付的四大挑战：最终报告》。[6]

（一）IMF改善跨境支付的技术支持优先领域

近年来，G20已将加强跨境支付列为优先议程，促进更快捷高效、更便宜、更透明、更包容的跨境支付服务，支持经济增长、国际贸易、全球发展和金融普惠。2020年G20发布的《加强跨境支付的路线图》文件概述了各成员方为改善全球跨境支付的共同愿景、全球目标和问责制度，也是国际社会以整体方式解决跨境支付挑战的首次尝试。2023年金融稳定委员会FSB更新了跨境支付路线图的三个优先主题——优先议程1：支付系统的互操作性和扩展性；优先议程2：法律、合规和监管框架；优先议程3：跨境数据交换和消息标准。[7] 由于FSB、CPMI及其他国际金融组织本身并不运转跨境支付系统，因此超越G20成员范围的全球合作、公

---

[1] IMF, *Cross-Border Central Bank Digital Currencies, Bank Runs and Capital Flows Volatility*, IMF WP/22/83, May 2022.

[2] IMF, *The Digital Money Revolution*, https://meetings.IMF.org/en/2021/Annual/Schedule/2021/10/15/IMF-seminar-the-digital-money-revolution.

[3] BIS, IMF, WB, CPMI and BISIH, *Central Bank Digital Currencies for Cross-border Payments-Report to the G20*, July 2021.

[4] FSB, *Enhancing Cross-border Payments: Stage 1 Report to the G20*, April 2020.

[5] FSB, *Enhancing Cross-border Payments: Stage 3 Report to the G20*, October 2020.

[6] FSB, *Targets for Addressing the Four Challenges of Cross-Border Payments: Final Report*, October 2021.

[7] FSB, *G20 Roadmap for Enhancing Cross-Border Payments: Priority Actions for Achieving the G20 Targets*, 2023.

共部门和私营部门的伙伴关系、发挥 IMF 和 WB 及其他国际组织的技术支持并分享最佳实践至关重要。

技术支持（Technical Assistance，TA）在实现路线图目标方面发挥着关键作用。由于当前世界各国在交易速度、交易成本、准入水平和透明度方面存在相当大的差异，某些国家的跨境支付通道特别是新兴经济体之间的通道迫切需要解决互操作问题。除了国家间、区域的技术合作与协调以外，国际权威金融组织提供的政策分析、技术咨询、研讨会和技术培训等援助必不可少。

IMF 和 WB 的技术支持是支持 G20 成员贯彻执行加强全球跨境支付路线图优先主题的重要资源。2020 年 IMF 和 WB 参与了该路线图的开发设计，将改善跨境支付的技术支持扩展到包括新兴市场和发展中经济体（EMDEs）在内的非 G20 国家，构建起政府机构、公共部门和非营利性组织技术支持和合作协调的网状结构，提供针对性的技术支持。

IMF 和 WB 的技术支持与提供国际贸易和国际贷款援助的方法有某些类似，但也有其独特之处。第一，IMF 和 WB 在选择支持对象、批准程序、确定治理标准、技术支持需求优先排序、筹集资金、征求意见、向融资合作伙伴报告等方面都在独立运作。第二，技术支持为需求驱动，应受援国金融部门同意和要求进行。技术支持可以独立提供，也可以在现有投资项目或发展政策融资中提供技术信息或补充。第三，技术支持资金可以来源于 IMF 或 WB 的预算以及非营利性组织、政府等其他外部融资伙伴的资助。

除了参与 G20 跨境支付计划的设计和实施以外，IMF 和 WB 还发挥着推进和监督国际金融标准制定的作用。IMF – WB 部际联合金融评估计划（IMF – World Bank Financial Sector Assessment Programs，FSAPs），为支持、协调国际社会制定的加强跨境支付的建议、指导方针和原则提供了重要工具。除此以外，IMF 和 WB 广泛的成员资格、跨国视角、国际组织权威性和金融领域专业性，为 FSB 和 CPMI 以及其他国际标准制定机构提供了重要支持，积极促成跨境支付建议、原则和指南，敦促成员国一致执行和有效实施。

1. IMF 改善跨境支付的优先议程

IMF 和 WB 在相互关联的支付系统互操作性和扩展性，法律、监管和监督框架，以及跨境数据交换和信息标准这三个优先事项中明确了各自的职责范围和技术支持路径。从2021年初至2023年4月，IMF关注的跨境支付优先议程分别是支付系统互操作性，法律、监管和监督框架，二者分别占据IMF技术支持安排的14%和50%。[1] IMF的数字货币战略日程赋予其确保数字货币促进国内和国际经济和金融稳定的职权，[2] 因此IMF将超过1/3的技术支持任务集中在全球央行数字货币发展和加密资产监管方面。如表4-4所示，IMF未来几年技术支持的重点领域在支付系统特别是快速支付系统的互操作、反洗钱/反恐怖融资（AML/CFT）规则应用、延长和调整跨境支付代理行营业时间以及国际标准ISO 20022协调等领域。

表4-4　　　　　　　　　IMF重点关注的十大领域

IMF部门	关注优先议程	具体领域
货币与资本市场部	优先议程1	支付系统访问
		延长并调整营业时间
		支付系统互联
	优先议程3	跨境支付中的ISO 20022标准协调
	其他关注领域	央行数字货币
		加密资产
法律部门	优先议程2	金融完整性与包容性、AML/CFT标准的有效执行
		非银行支付系统的可访问性
		ISO 20022标准的推广适用
	其他关注领域	安全支付走廊

资料来源：IMF and WB, *IMF and World Bank Approach to Cross Border Payments Technical Assistance*, December 21, 2023, p. 18.

---

[1] IMF and WB, *IMF and World Bank Approach to Cross Border Payments Technical Assistance*, December 2023.

[2] IMF, *The Rise of Digital Money: A Strategic Plan to Continue Delivering on The IMF's Mandate*, Policy Paper No. 2021/054, July 2021.

（1）优先议程1：支付系统的互操作性和扩展性

支付系统的可访问性。银行、非银行和支付基础设施对支付系统的直接访问使跨境支付服务更安全高效，因为支付系统的高度可访问性为非银行支付服务提供商提供了公平竞争环境，在促进更大的竞争和创新的同时减少交易链中过多中介机构的参与，从而提高交易效率，降低交易成本。2022年5月，CPMI发布了评估关键支付系统访问政策的最佳实践框架，[①] IMF协助成员国评估其管辖范围内的关键支付系统准入政策以及扩大关键支付系统直接访问权限的风险和障碍。

关键支付系统运行时间的延长与调整。跨境支付的关键支付基础设施，特别是实时总结算（Real-Time Gross Settlement，RTGS）系统的运行时间有限，不仅导致跨境支付处理方的流动性成本和结算风险增加，还影响最终用户到款效率和交易成本。CPMI提出延长RTGS工作时间的可能方案包括延长当前营业时间、增加非工作日营业（通常是周末和节假日）和实施24小时/7天业务制，但应评估其风险和政策影响。IMF则提出"全球结算窗口"（Global Settlement Window）概念，即在工作日格林尼治标准时间（GMT）上午6：00至上午11：00这一全球金融交易最为活跃、大量实时全额支付系统（RTGS）同时运行的时段，进行跨国支付和资金转移操作。多个国家和地区的支付系统在同一时间窗口内运行，这有助于降低结算风险，提高资金流动性和市场效率。

支付系统的互联互通。IMF将在双边和多边层面就快速支付系统（Fast Payment Systems，FPS）的互联互通倡议提供支持。FPS的互联安排允许银行和其他支付服务提供商（Payment Service Provider，PSP）交易，而无须接入同一支付系统或使用中介机构（如代理银行）。这种安排可以缩短交易链，降低总体成本，并提高支付的透明度和速度。在提供FPS双边援助时，IMF还为受助国及意愿联系国搭建平台，协调发达经济体之间的政策。在多边层面上，IMF将与CPMI和国际清算银行创新中心（BIS Innovation Hub，BIS IH）提供技术培训和政策研讨，分享FPS互联

[①] CPMI, *Improving Access to Payment Systems for Cross-Border Payments: Best Practices For Self-Assessments*, 2022.

的实践经验。

（2）优先议程2：法律、合规和监督框架

AML/CFT规则的应用。这一重点领域的工作集中于在促进跨境支付法律、监管和监督框架有效性的同时保证其安全性和完整性，包括在AML/CFT领域。IMF有一个广泛的、长期的能力发展计划，通过该计划，帮助各国加强符合FATF标准的法律、合规和反洗钱/反恐怖融资监管框架。另外，IMF帮助成员国制定和实施健全、有效的风险防范和监管框架，这有助于缓解代理银行关系的压力，促进跨境支付。

提高银行和非银行监管和监督的一致性。强化银行与非银行金融机构在监管与监督领域的一致性，是构建法律、监管和监督框架的重点议题。根据各自风险水平，对银行和非银行机构施加相应比例的监管与监督措施，是实现跨境支付服务安全性和效率性的关键。IMF将协助成员国评估其法律和监管框架的可能变化及修订方案，以符合FSB、CPMI及其他国际标准组织的一致性监管建议。

采用ISO 20022。ISO 20022允许支付系统共享数据，是金融行业常用的一种信息传送标准。通用信息格式的重要性在于不仅可以全自动直接处理获取效率收益，还有助于提升支付系统的互操作性。ISO 20022标准的采用将增强跨境支付信息数据的一致性与实用性，并提高AML/CFT审查效率。

（3）其他关注领域

央行数字货币。IMF和WB的技术支持计划的范围比G20路线图的优先主题更广泛，如CBDC、加密资产监管和安全支付走廊，IMF认为这三个重点领域对跨境支付的长期演变至关重要。全球范围内的央行数字货币研发热潮使IMF成员国的技术支持和政策咨询需求越发旺盛。IMF认为，央行数字货币具有改善跨境支付的潜力，且对新兴市场经济体的影响最大。为此，CPMI与BIS IH、IMF和WB共同探索CBDC的风险与机遇、改善跨境支付的设计方案、可访问性和互操作性等、国际支付系统的稳健性和完整性等问题。

加密资产。加密资产和稳定币的发展是国际社会密切监测的事宜之一，如在IMF和FSB提出识别和应对加密货币资产相关的宏观经济和金融稳定风险的政策和监管建议中，IMF 提出各国应警惕加密资产和稳定币对宏观经济、金融完整性、货币和财政政策、跨境支付以及法律框架的影响，鼓励各国实施关于加密资产的高级建议，审查加密资产相关立法。FATF、FSB 和其他标准制定机构也从金融稳定性、金融完整性、市场完整性角度出台了加密资产的审慎监管和处置建议。

2. IMF2024—2025 年技术支持重点领域

IMF2024—2025 年的技术支持的重点领域包括支付系统互操作性议程中的快速支付系统的互联治理、ISO 20022 标准的协调化及其跨境支付应用，API、唯一标识符和服务级别协议以及国际指导和原则、监管、监管和监督框架等进展迟滞事项，以及多边跨境支付平台的设计与技术支持。

IMF 通过双边的技术支持和区域性研讨会、培训、讲习班等形式提供技术支持，从 2021 年初到 2023 年 4 月，这两种技术支持途径的比重分别为 54% 和 46%。[①] 其中，IMF 双边技术支持主要集中在帮助各国或区域解决支付系统法律现代化，CBDC 的跨境应用，维护金融系统的完整性，加强虚拟资产和虚拟资产服务平台的 AML/CFT 框架的有效性，以及解决跨境支付产生的 ML/TF 风险等问题上。区域研讨会、讲习班和培训的主题包括批发型和零售型 CBDC 在改善跨境支付中的潜力，CBDC 的跨境使用，快速支付系统的互联，跨境支付面临的法律不确定性、法律协调、解决最终性和法律冲突等法律挑战，加强虚拟资产和虚拟资产服务平台的 AML/CFT 合规监管框架。

（二）WB 改善跨境支付的技术支持优先领域

表 4-5 列举了 WB 为支持安全、可靠和有效的国内和跨境支付系统在各优先议程中进行的行动安排和技术支持，如整体统筹跨境支付系统和各国国内快速支付系统 FPS 的设计，纳入新技术、国际通信标准（ISO 20022）和更宽松的访问条件，利用跨部门项目促进准入资格、数字身份的使用、跨境数据保护、数字能力、私营部门发展等。

---

① IMF and WB, *IMF and World Bank Approach to Cross Border Payments Technical Assistance*, December 2023.

表 4-5　　　　　　　加强 WB 技术支持与 G20 路线图的联系

问题状态：跨境支付成本高、效率低、准入和透明度有限			
优先议程	行动安排	技术支持	预期
优先议程 1	1. 整合支付系统的设计与运营	支付系统评估/自我评估	缩短交易链
	2. 扩展快速支付系统	支付系统升级	延长/整合营业时间，更好地跨境互操作	效率更高
	3. 支付系统完整性路径审查	支付系统互联安排	成本更低
优先议程 2	4. 鼓励新的参与主体和创新模式	法律/合规框架评估，国家风险评估	持续的、风险适当的法律/合规框架	改善市场准入，促进创新和降低成本
	5. 增强国家间基于风险的合规监管能力	简化 AML/KYC 框架，审查监管框架	较低的准入壁垒	增强透明度和用户信任
优先议程 3	6. 促进身份和数据框架的整合和互操作	跨境数据流动和身份识别的政策、合规与基础设施协调	跨境支付中的身份识别与互操作	减少欺诈，改善用户体验
	7. 支持 ISO 20022 一致标准的适用	支付系统交流标准评估	安全的跨境数据流动，ISO 20022 计划执行	更高效、创新和低成本

资料来源：IMF and WB, *IMF and World Bank Approach to Cross Border Payments Technical Assistance*, December 2023, p. 26.

1. WB 改善跨境支付的优先议程

（1）优先议程 2：法律、合规和监管框架

通过法律、合规和监管框架的技术支持，WB 致力于在公平竞争和健全的风险管理环境中进行创新。相关行动的例子包括扩大对非银行支付服务提供商的监管支持并纳入新的国际指南框架，根据 WB 在汇款、金融包容和消费者保护技术支持方面的经验加强终端用户信息获取，数字身份识别及其在跨境支付中的应用，开发金融包容性产品风险评估模块

对金融产品风险进行审查，积极支持 FATF 修订 FATF 建议 16 中的电汇规则，提高各国对安全支付走廊的认识等。

（2）优先议程 3：跨境数据交换和消息标准

WB 将在两方面加强与跨境数据交换和消息标准这一优先主题的联系：一是通过利用 WB 内部的跨部门合作，促进数字身份和跨境支付数据交换的互操作性；二是支持采用 ISO 20022 格式、整合 API 支持升级的支付系统。

在全球范围内，WB 与标准制定机构（SSBs）和国际论坛合作制定和更新国际标准和建议，开发全球金融数据库便利各国中央银行和监管部门对金融市场的监管。WB 通过世界汇款价格（Remittance Prices Worldwide, RPW）数据库、全球支付系统调查（Global Payment Systems Survey, GPSS）数据库、全球金融普惠指数（Global Findex）数据库和企业调查（Enterprise Surveys）数据库等全球金融大数据评估国家和区域的跨境支付成本并监测改进动态。

WB 认为，快速支付系统能够适应各种支付服务提供商（银行和非银行）、各种支付工具、交易渠道和增值服务，并能够适用于国内和跨境场景。WB 计划通过 FASTT 项目（Project FASTT）加大在快速支付技术支持方面的投入。[①] FASTT 项目意在促进无摩擦的（Frictionless）、可负担的（Affordably）、安全的（Safe）、及时的（Timely）交易（Transactions）。该项目致力于推动全球范围内快速支付系统的发展，使支付更加高效、安全和便捷，促进包括非洲大陆和南亚在内的中低收入国家的金融包容性。此前 WB 支付系统发展小组（Payment Systems Development Group, PSDG）已协助 120 多个国家实现支付系统现代化，在全球快速支付研究和技术支持方面发挥着主导作用，而 FASTT 项目是这项重要工作的一个新里程碑。

2. WB 未来技术支持的重点领域

未来 3—5 年，WB 将通过 FASTT 项目促进中央银行与快速支付系统运营商的能力提升，为各国设计快速支付系统提供技术支持，包括监管、

[①] The World Bank, *Project FASTT*, https：//fastpayments.worldbank.org/.

监督、治理和技术等方面的支持。为 G20 路线图快速支付系统的互操作性这一优先主题，WB 采取了三个关键行动：（1）提供技术指导和支持，帮助各国建立或改进其快速支付系统；（2）推广快速支付的最佳实践和标准，以确保系统的稳定性和可靠性；（3）加强国际合作促进跨国支付的发展，降低跨境交易的成本和时间。通过项目 FASTT，WB 希望推动全球支付系统的创新性发展，以满足日益增长的电子商务和金融服务需求。同时，这也将有助于提高用户体验和信任度，促进全球经济的繁荣和发展。

除了推进 FASTT 项目以外，WB 还积极推进数字身份认证发展框架（Identification for Development，ID4D）[①]、政府对个人支付数字化倡议（Government-to-Person，G2Px）[②]、数字公共基础设施倡议（Digital Public Infrastructure，DPI）[③] 等全球倡议。ID4D 是世界银行提出的一个强调利用身份识别系统促进包容性和可持续发展的框架。该框架主要关注确保所有个体特别是贫困和边缘化群体，通过可靠安全的身份识别制度创造发展机会。为了确保各国发展负责任的、更具包容性、普及性、公平性的数字化支付，WB 提出了关注金融包容性和个人经济赋权的政府对个人支付数字化倡议（G2Px）。G2Px 号召全球提升核心数字公共基础设施的能力，加强和改进政府对个人的社会保护、支付系统、金融包容性、数字发展、治理与性别等，关注金融包容性和妇女经济赋权，以规模化地改进政府对个人的支付格局。数字公共基础设施倡议（DPI）通过构建和强化数字技术基础设施，提供安全、可靠且易于访问的数字服务，促进公共服务的高效交付、金融包容性以及经济增长。DPI 在 2023 年 9 月于新德里举行的 G20 峰会上成为优先议程之一。[④] 在 G20 印度主席国的引

---

① The World Bank, *ID4D*, https：//id4d.worldbank.org/.

② The World Bank, *G2Px: Digitizing Government-to-Person Payments*, https：//www.worldbank.org/en/programs/g2px.

③ G20, GPFI and WB, *G20 Policy Recommendations for Advancing Financial Inclusion And Productivity Gains through Digital Public Infrastructure-Global Partnership for Financial Inclusion*, 2023.

④ G20, *G20 New Delhi Leaders' Declaration*, https：//www.g20.org/content/dam/gtwenty/gtwenty_new/document/G20-New-Delhi-Leaders-Declaration.pdf, 10 September 2023.

导下，WB 进一步发展了全球金融包容伙伴关系（Global Partnership for Financial Inclusion，GPFI），并制定了 G20 政策建议，旨在通过数字公共基础设施推动金融包容性和生产力的提升。

在数字货币领域，WB 支持各国按照国际标准和指导方针对加密资产和稳定币进行监管，认为确保各国拥有足够的权力、工具和资源来有效控制加密资产风险和管理新形式的货币和市场基础设施至关重要。

IMF 和 WB 虽然在提供技术支持方面处于独特的地位，但仍脱离不开与 FSB、CPMI、BCBS、FATF 等国际金融组织以及各国央行、行业机构、私营部门的合作。WB 将在与主权国家、国际组织、私营部门等建立长期伙伴关系的基础上，扩大技术支持的影响，更好地发挥全球治理的作用。例如，WB 将利用拉丁美洲货币研究中心（Centro de Estudios Monetarios Latinoamericanos，CEMLA）、南部非洲发展共同体支付系统监督委员会（Southern Africa Development Community Payment System Oversight Committee）等区域合作伙伴，全球支付工作组（Global Remittances Working Group，GRWG）、定期会议全球支付周（Global Payments Week，GPW）等平台进行知识交流和培训，并就跨境支付问题采取行动。

第 五 章

中国数字货币发展与治理实践

国际社会尚未形成有关数字货币技术、运营和治理等方面的国际标准，在国际法层面也未形成国际条约或国际实体法。我国数字人民币的研发及配套法律制度的设计需要高度关注各国央行和国际组织的动向，避免数字人民币系统沦为孤立封闭的体系。目前，我国的数字人民币和数字港元已经进入试点阶段，多边央行数字货币桥项目也成功验证了多元场景跨境支付的可行性。构建更有层次和包容性的数字货币治理法制体系需要充分利用好我国在央行数字货币研究领域的先发优势，积极参与央行数字货币跨境流通的国际合作及其国际监管制度建设，注重国内法与国际法的统一协调，助推多边、民主、透明的金融科技全球治理体系的形成。

第一节 中国数字货币发展与人民币国际化

作为经济崛起大国的中国面临的两大短板：一是金融，二是技术。而正是由于这两方面，中国面临着非常急迫的"卡脖子"风险甚至危机。目前在美元主导的国际货币体系中，人民币国际地位与经济体量并不相称的弱势地位给中国的发展造成了严重的扭曲和束缚。随着发达国家经济结构金融化趋势增强，货币权力竞争进一步加剧。一方面，中国作为快速崛起的新兴大国，对新全球化格局有越来越强的影响力，但也面临以美国为代表的守成大国及其盟友体系带来的竞争压力乃至打压挑战，也就是国际关系中的"修昔底德陷阱"。另一方面，除了美元的强势压力，人民币还面临其他国家中央银行数字货币和多种私人数字货币的竞争。数字货币竞争远远超出了新时代的虚拟边界，在全球金融治理体系变革的国际背景中，数字人民币承担着改变非对称货币关系，扩大人民币的影响力和全球金融治理话语权的使命。近年来，中国在金融技术这一关键领域保持显著优势，人民币国际化进程在某种程度上可视为其数字化进程。

一　数字人民币的顶层设计与研发实践

（一）数字人民币的顶层设计

数字人民币（e-CNY），作为中国数字货币与电子支付（Digital Currency/Electric Payment, DC/EP）项目的代表性成果自2014年开始启动，中国人民银行专门成立法定数字货币研究小组，开始对发行框架、关键技术、发行流通环境及相关国际经验等进行专项研究。2016年，中国人民银行成立数字货币研究所（以下简称数研所），完成法定数字货币第一代原型系统搭建。2016年9月，G20领导人杭州峰会通过了《G20数字普惠金融高级原则》，是国际社会就利用数字技术促进普惠金融推出的第一份高级别指引性文件。12月国务院印发《"十三五"国家信息化规划》[1]将区块链技术作为战略性技术写入。2017年，中国人民银行成立了金融科技委员会，着力加强对金融科技工作的研究规划和统筹协调。经国务院批准，中国人民银行组织工商银行、中国银行、浦发银行等商业银行和中钞公司、上海票据交易所等有关机构共同开展数字人民币体系DC/EP的研发。

2019年8月，国务院发布《关于支持深圳建设中国特色社会主义先行示范区的意见》，支持在深圳开展数字货币研究与移动创新应用。[2] 2019年10月，习近平总书记在中共中央政治局第十八次区块链技术和发展趋势集体学习中强调区块链技术是全球金融竞争的重要工具，提升我

---

[1] 《国务院关于印发"十三五"国家信息化规划的通知》，国发〔2016〕73号，2016年12月15日。

[2] 《中共中央　国务院关于支持深圳建设中国特色社会主义先行示范区的意见》，http://www.gov.cn/zhengce/2019-08/18/content_5422183.htm。

国在区块链技术标准制定中的话语权和规则制定权，加快区块链技术与数字资产交易、数字经济、数字金融、普惠金融等领域的融合运用。①

2020 年 2 月，中国人民银行发布了金融行业标准《金融分布式账本技术安全规范》。② 2020 年 8 月，商务部正式印发《全面深化服务贸易创新发展试点总体方案》（以下简称《方案》），在京津冀、粤港澳大湾区等地区进行数字人民币试点。③ 2020 年 11 月，"2020 金融科技、监管科技、区块链蓝皮书发布会"在北京举行。大会发布了《中国金融科技发展报告（2020）》《中国监管科技发展报告（2020）》《中国区块链发展报告（2020）》。2020 年 11 月 21 日，我国领导人在二十国集团（G20）领导人第十五次峰会第一阶段会议上表示，二十国集团应在开放包容的基础上，制定央行数字货币的各项标准和原则，妥善应对各类风险挑战。

2021 年 1 月，中国人民银行（PBOC）联合数字货币研究所、跨境银行间支付系统（CIPS）和中国国家清算中心，与全球银行间金融电信协会（SWIFT）合作，成立金融网关信息服务合资企业，以应对中国跨境支付数字化转型中的系统集成开发、数据处理以及金融基础设施互联互通等需求。2021 年 2 月，中国人民银行数字货币研究所、香港金融管理局、泰国中央银行、阿拉伯联合酋长国中央银行发布《有关"多种央行数码货币跨境网络"项目的联合声明》，④ 进行"多边央行数字货币桥"（Multiple CBDC Bridge）项目，旨在探讨央行数字货币的跨境支付应用。2021 年 4 月，《中共中央关于制定国民经济和社会发展第十四个五年规划和二〇三五年远景目标的建议》中明确提出"稳妥推进数

---

① 《习近平在中共中央政治局第十八次集体学习时强调 把区块链作为核心技术自主创新重要突破口 加快推动区块链技术和产业创新发展》，http：//www.12371.cn/2019/10/25/ARTI1571999599997950.shtml。

② 《中国人民银行 中华人民共和国金融行业标准〈金融分布式账本技术安全规范〉JR/T 0184–2020》，https：//www.cfstc.org/bzgk/gk/view/bzxq.jsp? i_id=1855。

③ 《〈全面深化服务贸易创新发展试点总体方案〉获批 28 地开展深化服贸创新试点》，http：//www.gov.cn/xinwen/2020–08/12/content_5534228.htm。

④ 香港金融管理局：《有关"多种央行数码货币跨境网络"项目的联合声明》，https：//www.hkma.gov.hk/gb_chi/news–and–media/press–releases/2021/02/20210223–3/。

字货币研发"。① 2021年10月4日,香港金融管理局与国际清算银行香港中心联合发布零售层面央行数码货币技术白皮书(e-HKD: A Technical Perspective),标志着数字港币技术的进一步拓展,该白皮书建议以安全性、高效性及开放性作为研发数字港币的主要原则,以与其他央行数字货币研究合作为基础,探讨在香港发行数字港币的技术、政策条件和央行数字货币的跨境应用。2021年10月18日,习近平总书记在中共中央政治局第三十四次推动数字经济健康发展集体学习会议中强调,作为新兴金融崛起国,在国际金融变化局势中应主动拥抱数字技术和数字经济,重视区块链底层技术、数字金融的延伸应用、适时推出央行数字货币并完善监管与治理机制、防范数字货币金融风险、在国际数字货币标准制定中贡献中国方案。②

2022年,中国人民银行、银保监会、证监会以及市场监管总局四部委共同印发了《金融标准化"十四五"发展规划》,③将央行数字货币的基础架构标准、技术标准、技术数据元标准、终端技术标准、信息安全标准、业务和应用标准以及系统与产品评估检测标准作为未来央行数字货币标准制定的重点方向。2022年12月19日,国务院发布了《关于构建数据基础制度更好发挥数据要素作用的意见》(也称"数据二十条"),第十一条规定我国将在《全球数据安全倡议》的基础上构建安全合规有序的数据跨境流通机制和监管体系,积极参与包括数字货币、数据流动、数据安全、数字税收在内的国际数字规则和数字技术标准的制定。④

---

① 载中华人民共和国中央人民政府网:《中共中央关于制定国民经济和社会发展第十四个五年规划和二〇三五年远景目标的建议》,http://www.gov.cn/zhengce/2020-11/03/content_5556991.htm。
② 共产党员网:《习近平在中共中央政治局第三十四次集体学习时强调 把握数字经济发展趋势和规律 推动我国数字经济健康发展》,https://www.12371.cn/2021/10/19/ARTI1634637557010218.shtml。
③ 中国人民银行:《中国人民银行 市场监管总局 银保监会 证监会印发〈金融标准化"十四五"发展规划〉》,http://www.pbc.gov.cn/goutongjiaoliu/113456/113469/4467138/2022020818374845311.pdf。
④ 《中共中央 国务院关于构建数据基础制度更好发挥数据要素作用的意见》,http://www.gov.cn/zhengce/2022-12/19/content_5732695.htm。

综上可知，我国央行数字货币的国内研发和跨境流通形成了以央行为核心、政府职能部门相互协调配合、各行业齐头并进的全局性发展态势。基于稳健的国家政策推动和统筹协调的顶层设计，数字人民币、数字港元以及多边合作的央行数字货币桥项目在全球央行数字货币竞争中取得了一定的先发优势。

（二）数字人民币的试点进展与有利条件

目前，我国的央行数字货币项目有三类。

第一类是中国人民银行主导的央行数字货币项目 DC/EP（Digital Currency/ Electronic Payment）。DC/EP 专注于零售场景，以降低支付成本、提高支付效率、安全性以及金融普惠为主要目标，在分布式账本技术基础上进行中心化管控并保留传统货币体系的双层运营架构。DC/EP 成功运用的案例是 2019 年开始落地试点的数字人民币（e-CNY）。截至 2021 年末，数字人民币的试点场景已经超过 800 万个，个人数字钱包开立数量超过 2.6 亿个，累计交易金额超过 875 亿元。[①] 截至 2022 年 7 月，数字人民币的试点涵盖了 15 个省市的 23 个地区，数字人民币交易超 2.6 亿笔。[②]

第二类是香港金管局主导的批发型 CBDC 项目 LionRock 和零售型数字港元项目 e-HKD。LionRock 项目是中国打造香港离岸人民币清算中心和国际金融中心地位的重要举措。2017 年香港金管局与三家发钞银行及香港银行同业结算有限公司开始该项目的概念验证，探索分布式账本技术促进实时大额支付和利用央行数字货币进行国际结算的可能性。e-HKD 是 2021 年 6 月启动的零售型数字港元项目，以抵御潜在金融支付体系风险、促进数字经济创新为其主要目标。鉴于技术测试、法律问题和政策考量因素，e-HKD 项目与 DC/EP 项目一样采用了双层运营结构，并重点研究去中介化风险、超量发行预防、隐私保护和数字港元可编程性问题的潜在解决方案。2022 年 11 月 e-HKD 项目开始进行沙盒试点，

[①]《2021 年末我国数字人民币试点场景超 800 万个》，http：//www.gov.cn/xinwen/2022-01/19/content_5669217.htm。

[②]《数字人民币试点已拓展到 15 个省市的 23 个地区》，http：//www.gov.cn/xinwen/2022-07/13/content_5700838.htm。

商业银行、产业界及利益攸关主体可深入研究并测试数字港元沙盒的设计与运转流程。①

第三类是央行数字货币跨境流通项目 mBridge。为了验证央行数字货币在跨境支付中的应用潜力，2019 年香港金管局与泰国央行在 LionRock 项目的基础上启动了 Inthanon-LionRock 项目，与两地的十家参与银行成功开发出基于分布式账本技术的央行数字货币跨境支付平台原型，以点对点的方式缩短交易链条，克服跨境支付中的低效、高成本、有限的可追溯性和合规监管的复杂性以促进实时的跨境资金转移，②是区域性多边央行数字货币合作的里程碑。2020 年该项目进入第二阶段，进一步探索分布式账本技术在多司法辖区环境中进行多币种之间全天候实时交易的能力。③ 2021 年 2 月随着中国人民数研所、国际清算银行创新中心、阿联酋央行的加入，该项目进入研发的第三阶段并更名为 mBridge。④ mBridge 是全球第一个央行数字货币跨境结算平台，也是中国重塑全球跨境支付体系的开创性尝试。mBridge 具有央行数字货币系统之间、央行数字货币系统与传统支付系统之间的兼容性，在覆盖更多参与主体的同时充分考虑了各司法辖区技术标准的异构性和合规监管要求的差异性。2022 年第三季度 mBridge 进入试点阶段并成功完成首次真实交易，跨境支付和外汇交易总额超 1.71 亿港元。⑤

总体而言，我国央行数字货币发行流通的有利条件主要有五方面。

---

① Hong Kong Monetary Authority, *Central Bank Digital Currency (CBDC)*, https://www.hkma.gov.hk/eng/key-functions/international-financial-centre/fintech/research-and-applications/central-bank-digital-currency/.

② Bank of Thailand and Hong Kong Monetary Authority, *Inthanon-LionRock: Leveraging Distributed Ledger Technology to Increase Efficiency in Cross-Border Payments*, January 2020.

③ BIS and Hong Kong SAR, *Inthanon-LionRock to mBridge: Building A Multi-CBDC Platform for International Payments*, September 2021.

④ BIS Hub, Bank of Thailand, Central Bank of the U.A.E., Digital Currency Institute People's Bank of China and Hong Kong Monetary Authority, *mBridge Building a Multi CBDC Platform for International Payments*, November 2021.

⑤ BIS Hub, Bank of Thailand, Central Bank of the U.A.E., Digital Currency Institute People's Bank of China and Hong Kong Monetary Authority, *Project mBridge: Connecting economies through CBDC*, October 2022.

第一，主权货币信用基础坚实。独立的货币主权、强大的国家信用、高水平的国家治理效能和有效的金融风险防范和监管能力共同为数字人民币的坚实信用基础背书。第二，技术成熟。作为数字经济大国，中国在5G技术、大数据、云计算、移动支付领域具有较为成熟的、体系化的技术条件，能够为数字人民币系统的流畅运行提供有力技术支持。第三，数字金融市场广阔。数字人民币的广泛流通和网络规模效应的发挥以广阔的金融市场和交易需求为依托，从国内市场的货币"内循环"视角来看，中国具有巨大的数字消费市场，数字金融普惠也有较大的缺口，因此内嵌安全、便捷、高效优势的数字人民币更容易在多元支付方式中脱颖而出。第四，国际贸易规模和金融发展水平营造良好的国际环境。从国际市场的"外循环"视角来看，中国的全球贸易规模和合作伙伴数量均处于领先水平，作为世界第一大货物贸易大国和货币资产储备大国，数字人民币的国际流通具有广阔的市场前景。第五，畅通的货币流通循环渠道与机制。从全球经济发展潮流和中国的顶层机制设计来看，数字人民币顺应了"去现金社会"的货币演变趋势和全球金融一体化的时代潮流，以货币数字化推动全球资本市场、跨境支付体系的革新。而"一带一路"为数字人民币的区域化适用、渐进式地推动人民币国际化进程提供了绝佳的试验机会。[1]

（三）数字人民币的功能定位与治理考量

我国央行数字货币将与传统纸币共存并逐渐代替流通中的现金，采用"中央银行—商业银行—公众"的双层运营模式，在现行货币投放和二元账户结构的基础上逐步构建起一套完整的具有法偿性、安全性和便捷高效的央行数字货币体系。[2] 央行数字货币并未对货币本质属性和货币职能起到颠覆性的改变，其可控匿名性、可追踪性更有利于预防货币犯罪行为效率的提升。一方面，央行数字货币的技术生命周期将记录其发行、交易、支付的全息过程；另一方面，由于央行数字货币加

---

[1] 保建云：《主权数字货币、金融科技创新与国际货币体系改革——兼论数字人民币发行、流通及国际化》，《人民论坛·学术前沿》2020年第2期。

[2] 陈燕红、于建忠、李真：《中国央行数字货币：系统架构、影响机制与治理路径》，《浙江社会科学》2020年第10期。

密特性使得货币编号具有唯一性、不可篡改性、不可重复花费性，伪造、变造数字货币的技术难度很大。此外，由于央行数字货币与商业银行或第三方支付机构的利益无关性，将在很大程度上避免道德风险。

有学者认为央行数字货币的发行流通将产生如下问题：可能会对现行商业银行体系或将产生挤出效应，削弱商业银行的信贷创造能力；底层技术的不成熟引发安全漏洞；法律法规和监管政策的缺位难以规制新型数字货币犯罪。除此以外，央行数字货币带来的挑战还包括货币之间的替代竞争以及技术监管难题。具体而言，数字人民币与当前的国内传统纸币、硬币等法定货币、他国主权数字货币存在"法定货币"之间的竞争，与非主权数字货币、数字支付方式存在"支付手段"之间的竞争。

在数字人民币监管方面，传统的监管措施可能失效。[1] 数字技术的数据风险、信息风险隐蔽性更强且破坏性更甚，这使得央行数字货币的自由流通、金融监管的不确定性更强。对央行数字货币进行监管是为了有效控制债务规模、促进实体经济发展以及增强抵御系统性金融风险的能力。[2] 因此，央行数字货币监管的重点涵盖了技术标准、数据流动、数据安全、金融消费者隐私保护、反洗钱/反恐怖融资等国际货币犯罪、境外经营以及央行数字货币及财产纠纷解决等领域。对数字技术和数据的监管将成为未来央行数字货币监管体系的核心，多元协同将成为监管常态。[3]

二 数字人民币对人民币国际化的作用

（一）人民币国际化及其成为全球主要货币的潜力

人民币国际化是一个渐进过程，其成功依赖于国家与非国家行为体

---

[1] 保健云：《主权数字货币、金融科技创新与国际货币体系改革——兼论数字人民币发行、流通及国际化》，《人民论坛》（学术前沿）2020年第2期。
[2] 袁曾：《数字人民币创新的合规监管研究》，《江淮论坛》2021年第6期。
[3] 戚聿东、褚席：《数字经济视阈下法定数字货币的经济效益与风险防范》，《改革》2019年第11期。

之间的广泛协商。数字人民币有望为人民币国际化带来新机遇，同时也带来新挑战。

数字人民币将在两方面推动人民币国际化进程。首先，数字人民币试图构建一种顶级国际货币所需的社会政治和意识基础，这意味着e-CNY是一个融合数字技术与社会系统的复杂网络，而非单纯的数字货币。其次，数字货币竞争力在很大程度上依赖其数字平台、网络的构建以及新的国际金融标准制定权。近年来，数字人民币与SWIFT的密切关联、CIPS的角色以及中国在助推国际金融标准制定的"巴塞尔进程"中日益增强的作用都有利于数字人民币的发展。

然而，以数字人民币助推人民币国际化进程也面临两大新挑战。其一，在全球央行数字货币领域，先发者的地位并不必然带来先发优势。e-CNY缺乏与其他央行的协调，与其他潜在央行数字货币系统、数字货币平台的标准化对接和互操作性不足，先发地位并未带来显著的先发优势。其二，数据治理将在数字货币治理中扮演更加重要的角色，但由于中国在跨境数据流动和数据隐私保护方面与美国、欧盟的立场差异，e-CNY将在互操作性、用户信任和数据多样性方面面临挑战。

人民币国际化通常被置于"崛起"的中国国家能力范畴下，相较于人民币作为国际储备货币的潜力和合法性认可，国外研究更多地将其视为一种有限使用的国际货币。[①] 该观点认为经济因素和制度因素决定了人民币国际化的程度。经济决定因素包括资本账户的开放程度、利率/汇率自由化、中国经济对外国直接投资的吸收和输出能力，以及维持全球需求的能力。制度因素则包括法治、金融安全、腐败程度、金融市场的发展和国内政治分配。在这些因素的考量下，人民币作为国际储备货币还有很大的上升空间。

还有观点认为，人民币国际化是货币协商（Negotiated Currency）的过程，[②] 即通过国家公信力和货币影响力的诱惑而非政治胁迫。对中国而

[①] Nanà de Graaff, Tobias ten Brink and Inderjeet Parmar, "China's Rise in a Liberal World in Transition", *Review of International Political Economy*, Vol. 27, No. 1, January 2020, pp. 1–17.

[②] Susan Strange, "The Politics of International Currencies", *World Politics*, Vol. 23, No. 2, January 1971, pp. 215–231.

言,人民币国际化的程度取决于其自身特性和未来目的地国的接受度。双边贸易的扩张以及外国直接投资的增加会促进人民币国际化程度。例如,2013年中英两国央行签订规模为2000亿元人民币的双边本币互换协议,在伦敦设立人民币清算中心,增加800亿元的人民币合格境外机构投资者(RQFII)配额,并在伦敦发展以人民币计价的投资产品和商品市场等举措,努力推动人民币在全球金融市场上的使用。随着人民币在海外市场的使用日益增多,全球金融中心正在为争夺更大份额的人民币业务而展开竞争。Pardo等认为,英国成立伦敦人民币清算中心助推其国际化的最重要原因是为维护伦敦作为世界领先金融中心的政治目标。[1]

现有文献对人民币国际化过程中的一个重要步骤——数字人民币(e-CNY)关注不足。当前有关数字人民币的分析大多在架构设计及其对国内经济安排、商业银行体系和现有在线支付的影响方面,但更应将其置于人民币国际化背景下进行全面理解,否则将无法揭示支持或阻碍人民币国际化的变量。例如,Joel Slawotsky讨论了在当前国际社会尤其是频繁遭受美国金融制裁和"长臂管辖"的国家不满当前国际货币体系的背景下,e-CNY在国际货币体系中的作用。[2] 不过仅凭对美国政府和国际货币体系的不满不太可能导致人民币被广泛接受为国际货币。有学者认为中国在CBDC发展方面的领先必然赋予中国制定CBDC规则的能力,[3] 但也有学者持相反意见。Martin Chorzempa认为,数字人民币获得的任何先发优势,如国际标准的制定都是短暂的,持久的优势取决于数字人民币相关技术和市场的发展速度。他进一步指出,在短期内数字人民币可能比目前的非数字人民币更难国际化,因为当前尚未建立起普遍

---

[1] Ramon Pacheco Pardo, Jan Knoerich and Li Yuanfang, "The Role of London and Frankfurt in Supporting the Internationalisation of the Chinese Renminbi", *New Political Economy*, Vol. 24, No. 4, July 2019, pp. 530 – 545.

[2] Joel Slawotsky, "US Financial Hegemony: The Digital Yuan and Risks of Dollar De – Weaponization", Fordham International Law Journal, Vol. 44, No. 1, October 2020, pp. 39 – 100.

[3] Juan Duque, "State Involvement in Cryptocurrencies: A Potential World Money?", *The Japanese Political Economy*, Vol. 46, No. 1, January 2020, pp. 65 – 82.

的央行数字货币系统，数字人民币也无从接入。①

（二）数字人民币促进人民币国际化的理论分析

数字人民币试图建立一种顶级国际货币的社会政治和定性基础。这些基础包括政治情感和国际安排，例如新自由主义国际秩序下的跨国货币联系和广泛的金融网络。② 货币国际地位与其发行国在全球经济中的交易网络的广泛性有关。③ 这些网络越广泛其域外流通的可能性越大。人民币目前创建物理技术网络和社会网络方面的能力有限，而数字人民币能够克服这些局限。因此，e-CNY 不仅仅是货币的数字化形式和物理形态的货币系统，还是一种社会网络。在基于平台的货币体系中，货币国际化不仅仅取决于货币本身流通的广泛性，还依赖其技术规则的接受与适用。换言之，标准设置在数字人民币项目中发挥着重要作用，而跨境银行间支付系统（CIPS）是扩大数字人民币跨国联系的关键工具。中国与那些被 SWIFT 网络体系边缘化的新兴经济体合作促进金融包容、金融普惠和金融部门国际化，也为新兴经济体制定国际金融标准提供更高水平的集体力量。

1. 共生关系和全球网络中的基础设施

科学技术和社会研究领域中的"基础设施"具有代理性，④ 能够通过改变事物状态、产生差异影响世界，基础设施的连接和断开是政治生活和社会形态形成的基础。掌握了基础设施权威就获得了某种技术安排的垄断权力和政治支配权。⑤ 因此，作为社会技术安排的基础设施具有持久性和中心性，新技术很少会全面取代复杂的社会技

---

① Martin Chorzempa, "China, the United States, and Central Bank Digital Currencies: How Important is it to be First?", *China Economic Journal*, Vol. 14, No. 1, January 2021, pp. 102 – 115.

② Harry Deng, "Negotiating Currency Internationalization: An Infrastructural Analysis of the Digital RMB", *Finance and Society*, Vol. 10, No. 1, March 2024, pp. 6 – 7.

③ Eric Helleiner, "Political Determinants of International Currencies: What Future for the Us Dollar?", *Review of International Political Economy*, Vol. 15, No. 3, July 2008, p. 358.

④ Lorenzo Genito, "Mandatory Clearing: The Infrastructural Authority of Central Counterparty Clearing Houses in the OTC Derivatives Market", *Review of International Political Economy*, Vol. 26, No. 5, July 2019, pp. 938 – 962.

⑤ Sven Opitz and Ute Tellmann, "Europe as Infrastructure: Networking the Operative Community", *South Atlantic Quarterly*, Vol. 114, No. 1, January 2015, pp. 171 – 190.

术系统。① 构成国际货币体系和国际金融体系的基础设施本身具有持久性，能够抵御结构性变革，但国际货币体系和国际金融体系本身具有相当的可塑性，尤其在 2008 年全球金融危机后，国际社会鼓励改革国际货币体系进行新的协调和安排。

数字货币网络的构建依托于支持互联网的基础设施，一旦这些网络得以建立，信息便能以低成本、近乎即时地在网络之间传播，这些数字网络的特性有助于打破传统环境中限制竞争的僵化壁垒。除此以外，数字货币是一个融合技术和社会系统及网络的复合体，而不仅仅是货币数字化。e – CNY 是促进国际金融体系革新的一种工具，并为中国在人民币国际化的战略和谈判中引入了新维度。迄今为止，人民币国际化主要依赖于全球金融中心的竞争以及贸易和外国直接投资增加。自 2016 年人民币加入 IMF 的特别提款权（SDR）以来，人民币国际化的进程已陷入停滞。然而，随着 e – CNY 的引入，高度联结和数字化的金融体系和社会网络能够推动 CBDC 的技术传播、技术效率和经济效率。

以 e – CNY 助推人民币国际化具有明显的新国家主义（neo – statist）和新自由主义（neoliberal）结合的特点，即融合自上而下的国家中心治理模式与自下而上的自治网络模式，在国家主导下融入新自由主义世界秩序的治理原则，这种融合体现了中国对市场竞争和国际经济一体化的深刻认识。②

私人精英网络是全球经济中的主要基础设施，也是基础设施变革的重要推动因素。③ 中国的数字支付系统比美国或欧盟的任何数字支付系统都要成熟，微信和支付宝的整合显示了全球零售支付系统之间的整合和同质化。中国人民银行已经能够监管不涉及银行账户的交易，并且银联

---

① Nick Bernards and Malcolm Campbell – Verduyn, "Understanding Technological Change in Finance Through Infrastructures: Introduction to Review of International Political Economy Special Issue 'The Changing Technological Infrastructures of Global Finance'", *Review of International Political Economy*, Vol. 26, No. 5, June 2019, p. 778.

② Christopher A. McNally, "Chaotic Mélange: Neoliberalism and Neo – Statism in the Age of Sino – Capitalism", *Review of International Political Economy*, Vol. 27, No. 2, November 2019, pp. 281 – 301.

③ Jeremy Green and Julian Gruin, "RMB Transnationalization and the Infrastructural Power of International Finance Centres", *Review of International Political Economy*, Vol. 28, No. 4, April 2020, pp. 1028 – 1054.

已经建立了一个全球支付网络。因此，e-CNY 可以利用现有的人民币交易全球支付系统网络。此外，中国还积极拓展区块链技术在贸易融资和供应链管理中的应用，如中国建设银行开发 BC Trade 2.0 区块链贸易金融平台服务大宗商品贸易和金融服务数字化。① 虽然短期内 e-CNY 可能不会改变跨境外国直接投资（FDI）流动或企业间的运营，但长期来看可能会在高创新领域带来变革。因此，e-CNY 不仅仅是数字货币，还应从技术、社会系统和网络角度重新思考。②

2. 中国在国际标准制定中的角色转变与策略

在当前的国际金融体系中，中央银行数字货币的开发已成为各国央行的重要战略。中国人民银行（PBOC）作为这一领域的先行者，数字人民币（e-CNY）的推出和应用，不仅标志着中国在 CBDC 领域的领先地位，也预示着其在全球金融治理中可能发挥的重要作用。

PBOC 并非唯一致力于 CBDC 研究的中央银行，其凭借 e-CNY 在中国 23 个城市的率先试点已在该领域中占据领先地位。这种领先地位赋予了中国在制定 CBDC 国际标准、整合全球经济体系及挑战美元霸权方面的重要话语权。技术标准化和基准测试本身就是一种政治性过程，其背后反映了新自由主义效率价值的渗透。③ 在此框架下，标准设置成为基础设施政治工作的核心环节。④

跨境银行间支付系统（CIPS）作为数字人民币平台的关键组成部分，

---

① Miranda Wood, *How China's Central Bank Digital Currency Will Help Renminbi to Challenge Dollar*, Ledger Insights, https://www.ledgerinsights.com/china-central-bank-digital-currency-cbdc-renminbi-dollar/.

② Harry Deng, "Negotiating Currency Internationalization: An Infrastructural analysis of the Digital RMB", *Finance and Society*, Vol. 10, No. 1, March 2024, pp. 6-7.

③ Marieke de Goede, "Finance/Security Infrastructures", *Review of International Political Economy*, Vol. 28, No. 2, October 2020, pp. 351-368; Wendy Larner and Nina Laurie, "Travelling Technocrats, Embodied Knowledges: Globalizing Privatization in Telecoms and Water", *Geoforum*, Vol. 41, No. 2, March 2010, pp. 218-226; LeBaron Genevieve and Jane Lister, "Benchmarking Global Supply Chains: The Power of the Ethical Audit Regime", *Review of International Studies*, Vol. 41, No. 5, November 2015, pp. 905-924.

④ Susan Leigh Star, "The Ethnography of Infrastructure", *American Behavioural Scientist*, Vol. 43, No. 3, 1999, pp. 377-391.

是发达经济体主导的 SWIFT 跨境支付体系的替代途径，也是促进新兴经济体金融包容的一个关键因素。中国与 SWIFT 和新兴经济体进行政治激励协商，对于促进广泛的技术和社会网络建设至关重要，这是加强数字人民币国际货币地位的社会政治基础。

中国通过采纳和适应巴塞尔标准推动国内监管改革，经历了从"复制"到"转变"再到"创新"的策略演变。特别是自 2015 年以来中国进入制度创新阶段，采用国际标准的方式越发灵活和具有中国特色，这表明中国对其国际影响力的塑造越来越有信心。中国对国际标准制定过程的影响，与全球化进程以及中国金融和企业部门国际化的潜力密切相关，这一点同样适用于那些与国际金融体系联系程度较低的新兴经济体。新兴经济体在国际标准制定中的传统角色是规则的遵守者，但随着金融和企业部门国际化的推进，国际金融体系内的技术融合和标准化协作需求进一步促进了合作伙伴间的协调与技术集成，而巴塞尔进程技术官僚性质的凸显使得新兴经济体通过集体力量影响国际标准设定的可能性得以提升。因此，CIPS 的推出不仅有助于减少跨境交易摩擦，更扩大了处于 SWIFT 网络体系外围的新兴经济体的金融包容性。

中国人民银行与 SWIFT 的合作值得关注。SWIFT 不直接处理资金流动，而是提供了一个安全、高效的银行间信息传递平台，这是全球资金流动不可或缺的环节。SWIFT 的核心优势在于其标准设定，即通过打造安全的基础设施和统一的消息传递格式，使该系统每年能够传输超过 50 亿条的银行间信息。有关 SWIFT 全球支付网络和全球连通性调查报告显示，全球金融基础设施网络存在集群化现象，[1] 居于网络中心的 SWIFT 为发达经济体掌控并形成基础设施权威，处于网络外围的新兴经济体和发展中国家的资金流动则必须通过限制重重的 SWIFT 枢纽。

根据 SWIFT 对全球 203 个成员国地理空间分布、金融信息收发强度及外部联系紧密度的调查报告，全球金融基础设施网络呈现核心——外围结构（Core - Periphery Structure）。全球金融网络的核心国家主要为大

---

[1] SWIFT, *The Global Network of Payment Flows*, SWIFT Institute Working Paper No. 2012 - 006, September 2014.

多数欧洲国家、美国、加拿大、澳大利亚、中国大陆、日本、中国香港、南非、摩洛哥、沙特阿拉伯、以色列、印度和几个东南亚国家,而几乎所有的拉丁美洲和非洲国家都被归类为外围国家。[1]

在核心与外围网络结构中,外围国家通常主要与核心国家建立联系,而核心国家则不仅与外围国家还与其他核心国家保持紧密的交流。在全球金融网络链接节点中,如果一个节点拥有多个链路,那么它通常是与其他节点联系最为紧密的"桥梁"。这些拥有多重联系的国家往往扮演着区域的"中心"角色。金融联系紧密度最高的中心国家包括澳大利亚、比利时、加拿大、中国、丹麦、法国、德国、印度、毛里求斯、挪威、新西兰、俄罗斯、沙特阿拉伯、塞内加尔、南非、西班牙、瑞典、阿拉伯联合酋长国、英国和美国。在这些中心国家中,美国和德国的地位尤为显著。德国与欧洲多数国家保持紧密联系,而美国则与全球多数国家广泛联系。塞内加尔作为非洲国家的关键枢纽,与布基纳法索、贝宁、科特迪瓦、马里、尼日尔、多哥等建立了联系。沙特阿拉伯则作为印度次大陆的枢纽,与印度、孟加拉国和斯里兰卡保持紧密联系。新西兰与美国之间的联系最为紧密,作为南太平洋的中心,它还与库克群岛和西萨摩亚保持联系。[2]

中国人民银行(PBOC)与 SWIFT 的研究合作可以视为一种软法性合作,旨在探索当前自由主义制度和规则的替代方案。一方面,中国在 e-CNY 开发实施中加强与 SWIFT 技术的互操作性,二者共同构建一种能够吸引 SWIFT 体系外围国家的基础设施。另一方面,积极推进 CIPS(人民币跨境支付系统)作为绕过 SWIFT 网络集群的替代方案,并努力突破 SWIFT 的"瓶颈"扩展政治影响力。

SWIFT 作为后布雷顿森林时代国际金融体系和新自由主义价值观的代表,其基础设施体现了这些价值观和标准。而 CIPS 则象征着多极化世界格局下全球经济的发展,新国家主义与新自由主义相融合并重新塑造

---

[1] SWIFT, *The Global Network of Payment Flows*, SWIFT Institute Working Paper No. 2012-006, September 2014.

[2] SWIFT, *The Global Network of Payment Flows*, SWIFT Institute Working Paper No. 2012-006, September 2014.

国际金融体系的标准。①

作为推广中国数字人民币（e-CNY）的平台，"一带一路"倡议（Belt and Road Initiative，BRI）致力于促进区域经济一体化。虽然该倡议由中国提出，但它并非单一国家的努力，而是中国、欧洲及其他合作经济体之间共同推动的一体化项目，目的是打造一种区域间长期互利共存的生态环境。在 BRI 框架内，CIPS 被视作一种减少跨境交易的摩擦，加速经济和货币一体化的工具，并将处于 SWIFT 网络外围的国家纳入国际金融主流中。因此，"一带一路"倡议是新兴经济体利用集体力量构建物理技术网络和制度规则体系，助推国际金融标准制定的巴塞尔进程的良好契机。

（三）数字人民币带来的新挑战

在全球经济结构中，尽管中国正在逐步积累结构性权力，美国仍然保持着其在国际金融体系和国际货币体系中的主导地位。美国的结构性权力源自其金融市场的庞大规模和重要性、在国际机构中的显著影响力、对全球银行体系的控制力、美元的全球货币地位，以及美国在政治领域的影响力。② 因此，从国际政治经济学角度观察国际金融领域的社会——国家关系不能忽视美国持久的结构性权力在塑造国际金融体系的重要作用，以及全球金融与全球经济相互作用的方式，尤其是数字人民币和其他中央银行数字货币之间的非传统货币竞争方式。更值得关注的是，数字货币竞争对技术、社交平台和网络的依赖性。虽然数字人民币为人民币国际化带来新机遇，特别是在促进中国数字金融与新自由主义全球经济融合以及影响全球金融标准制定，但人民币的数字化同样带来了新的挑战。一方面，利用先发地位获得先发优势的挑战。中国作为数字货币领域的先行者，虽然在技术和应用上取得了一定的领先优势，但这也意味着中国需要面对其他国家和地区在追赶过程中可能采取的策略和措施。另一方面，数据治理模式与自由主义世界秩序之间的裂痕。中国的数据

---

① Harry Deng, "Negotiating Currency Internationalization: An Infrastructural analysis of the Digital RMB", *Finance and Society*, Vol. 10, No. 1, March 2024, p. 8.

② Cynthia Roberts, Leslie Elliott Armijo and Saori N. Katada, *The BRICS and Collective Financial Statecraft*, Oxford: Oxford University Press, 2017.

治理模式与西方存在差异，这可能导致数据隐私、安全和跨境数据流动等方面的摩擦。

1. 先发地位是否意味着先发优势

先发地位固然可能带来一定的市场先机，但这一优势是否能转化为实际的、持久的竞争优势并获得更大的全球标准制定权力还需综合考量。

其一，CBDC 发展的不平衡性与特定国家环境。先发优势的实现需要与 CBDC 所要连接的司法管辖区的政策目标和动机相一致，这些目标和动机将决定各国所追求的 CBDC 系统类型、发展路径及其国际互操作性的可能性。忽略不同国家和经济体之间 CBDC 发展的优先事项、动机以及监管政策差异，将 CBDC 竞争框架简单定义为一场竞赛可能无法准确反映其复杂性，当前世界各国尚未普遍采用 CBDC 系统，其需求取决于国别间具体环境。[1]

其二，先发优势的持久性与金融基础设施的惯性。先发优势的持久性取决于技术和金融基础设施的发展速度，[2] 因此必须考虑金融基础设施惯性和参与主体的多样性。金融基础设施的惯性包括现有支付系统、法律法规的适应性和参与者的接受程度等。这些因素共同决定了 CBDC 能否成功融入现有金融体系，并发挥其应有的作用。数字人民币的最初目标是服务国内零售市场，国际互操作性则是其长期目标。然而实现这一目标需面对一系列法律挑战，包括如何与外国司法管辖区就互操作性和避免溢出效应达成谅解、如何协调不同司法管辖区的法律监管框架等。

其三，CBDC 国际标准的制定与差异化的数字人民币战略。根据国际清算银行向 G20 提交的报告，CBDC 的互操作模式主要有三种：兼容模式、互联模式和统一系统模式。兼容模式要求各方严格遵循共同的国际标准，这包括统一的消息格式、加密技术、数据要求以及法律和监管的一致性。目前，中国已与国际清算银行、香港金融管理局、泰国银行和阿联酋中央银行等合作开展了央行数字货币桥项目（mBridge Project）。

---

[1] BIS, IMF, WB, CPMI and BIS Hub, *Central Bank Digital Currencies for Cross – Border Payments: Report to the G20*, July 2021.

[2] Fernando F. Suarez and Gianvito Lanzolla, *The Half – Truth of First Mover Advantage*, Harvard Business Review, https：//hbr. org/2005/04/the – half – truth – of – first – mover – advantage.

在资金、平台和数字网络紧密结合的背景下，追求高效率变得尤为关键。尽管兼容模式的 CBDC 在提升银行间交易效率方面具有显著优势，但互联的 CBDC 系统则提供了更为深远的潜力：通过建立通用的清算系统、统一的数据格式和合规性检查使交易链中的可靠性、透明度和成本摩擦最小化，在提升交易效率的同时带来规模经济效益。西方主导制定的各种国际金融监管制度和国际标准在协调国家金融监管方面发挥着重要作用，而目前有关央行数字货币基础设施、技术标准和国际规则还有待观察。

除此以外，数字人民币的差异性可能会限制其全球流通能力。亚太地区发展中国家与拥有发达金融市场和更自由资本流动的西方国家在金融、银行和资本市场的禀赋和策略存在显著差异，这也造成亚太区域发展中国家 CBDC 的竞争动机、优先事项、类型设计和发展路径的不同。对中国的数字人民币而言，差异化的政策动机和 CBDC 发展途径可能会限制数字人民币的跨国货币联系和成为顶级国际货币的社会政治基础。对外国银行而言，在跨境和零售支付中使用 CIPS 和数字人民币需要权衡该举措是否可能削弱其金融基础设施的竞争优势或增加其他政治机会成本。

目前，数字人民币主要面向国内市场，旨在便利国内零售交易。不过，为了提升其国际影响力，外国游客和商务旅客在中国期间可以注册并使用入门级的数字人民币钱包。尽管这为 e-CNY 的国际化迈出了一步，但 e-CNY 能否与现行跨境支付系统以及其他 CBDC 系统实现互操作目前尚无定论。考虑到其他国家，尤其是发达市场经济体在推进自己的 CBDC 项目时可能会有不同的政策目标和考量，这增加了实现广泛互操作性的复杂性。例如，东加勒比中央银行在 2021 年 3 月启动了为期一年的试点项目，并积极与其他地区央行探讨与现有支付系统和平台的互操作性问题。这表明在全球 CBDC 的发展中中国虽然是先行者，但并不意味着能够单方面制定游戏规则。因此，确保互操作性的关键在于能否与外国司法管辖区就相关标准和协议达成共识，避免潜在的溢出效应。如果 e-CNY 的先发优势不能与国际金融体系和国际货币体系内部的其他基础设施相协调，这种先发状态反而可能成为劣势。因此，金融创新的成功不仅取决于技术的先进性,还需要与支持其发展的金融基础设施和全球标准相匹配。

其四,法律协调挑战。协调复杂市场的参与者以实现共同的信息标准或调整法律框架,是一项长期且艰巨的任务,通常需要数年才能完成。法律框架和监管规则的兼容性被普遍认为是跨境支付中的最大摩擦来源之一,即使是那些从一开始就积极探索技术和监管互操作性并具有充分政治意愿和政策支持的央行,也面临着法律协调的长期挑战。因此一些国家虽处于CBDC研发的早期阶段,但已开始进行更高层次的协调。例如,新加坡金融管理局、加拿大银行和其他金融部门2019年合作开展Jasper–Ubin项目,通过构建相互关联的系统减损监管摩擦。另一实例是由法国银行、瑞士国家银行、国际清算银行以及一个私营部门财团开展的Jura项目,旨在共同探讨批发型CBDC在解决跨境交易方面的优势和挑战。

因此,CBDC的发展应该是一个多维度、多利益相关者参与的复杂过程,而非单一速度或技术优势的竞赛。尽管技术进步和效率提升是CBDC发展的关键因素,但并不足以确保一个国家的数字货币在全球范围内的成功和领导地位。CBDC的国际接受度和影响力还取决于与其他国家的政策目标、法律框架、金融基础设施以及市场需求的兼容性和协调性。

2. 数据治理对数字人民币的影响

数据治理问题伴随CBDC发展而来。大数据已成为绝大多数央行进行宏观调控和国家治理、制定货币政策的重要工具,数字货币平台掌握了规模庞大且多样化的海量数据,并由此衍生出数据质量和准确性、法律和伦理框架设计、网络安全等复杂的监管、政治和立法难题。当前,数据收集、存储和使用仍是一个新兴治理领域,尚未形成有关跨境数据流动、数据隐私和保护的全球共识。而中国与美国和欧盟在平台治理、跨境数据流动以及数据隐私保护方面的治理差异,使数字人民币在互操作性、用户信任、数据多样性上面临挑战,这或将影响人民币国际化的能力。因此,数字人民币面临的挑战之一是如何在数据治理分歧日益扩大的背景下实现趋同。

关于治理议题在西方自由主义多边框架下的热烈讨论持续升温。譬如，七国集团（G7）在数字技术领域通过了一项旨在强化数据合作、促进国内数据治理与跨国监管共通性的路线图，并列出政府获取数据的承诺标准和原则。[1] 因此，鉴于全球金融中心多数位于 G7 国家，这一举措引发了数字基础设施互操作性和平台治理的热议，各国政府当局是否基于"自由主义"原则进行数字治理成为讨论的焦点，也是作为数字货币平台和网络的数字人民币不可回避的问题之一。美国倡导数据跨境自由流动和严格的隐私保护，形成一套基于"自由主义"的全球数据治理规则，欧盟主张可控的数据自由流动并强调个人权利保护、消费者权益等社会价值，中国则在尊重数据主权和数据安全流动的基础上进行数据治理。欧、美、中在跨境数据治理中的自由流动与安全流动的权衡与分歧直接体现在各国对 CBDC 匿名程度的理解和设计上。西方评论家认为数字人民币平台和网络或将成为政府强化国家权力，密切监控经济活动和干预民众隐私的工具之一，因为数字人民币并非完全匿名。然而，国际清算银行指出，完全匿名的 CBDC 是不可靠的，央行数字货币的匿名探索应平衡便利性和可追溯性，保留一定的身份识别，对于支付系统的安全、反洗钱、反恐怖融资、反腐败及反逃税等至关重要。[2]

鉴于人民币国际化的终极目标是实现其作为国际储备货币的优势地位，同时确保不损害国家对经济和金融稳定的控制权，其数字化转型为人民币的全球融合提供了新的契机，并为人民币的广泛接纳奠定了坚实基础。然而，这一进程亦伴随着新挑战，这些挑战可能对人民币的国际化进程构成阻碍。从这个角度看，数字人民币作为推动人民币国际化的关键策略具有双面性。

货币国际化通常有两种途径：一是作为全球价值的储备工具，二是作为国际交易的支付媒介。历史上这两种角色往往相辅相成，但 21 世纪的货币国际化路径有所不同。货币功能分离为人民币国际化提供了新机

---

[1] GOV. UK., *Ministerial Declaration of G7 Digital and Technology Ministers' Meeting*, https://www.gov.uk/government/publications/g7-digital-and-technology-ministerial-declaration.

[2] Bank of Canada, European Central Bank, Bank of Japan, Sveriges Riksbank, Swiss National Bank, Bank of England, Board of Governors of the Federal Reserve System and BIS, *Central Bank Digital Currencies: Foundational Principles and Core Features*, https://www.bis.org/publ/othp33.pdf.

遇，使其既能作为国际支付和零售交易的媒介，又能承担更多的全球金融角色。这种分离还赋予了国际金融基础设施和金融机构在推动新型货币国际化更大的影响力。具有全球竞争力的金融机构通常具备高度的跨境流动性和全球网络，从而在国际货币新环境中寻求更有利的商业机会。

金砖国家（BRICS）对于全球金融秩序的变革潜力可从两个维度进行审视：一是成员国之间共同社会目标的凝聚力；二是现有权威机构所持有的结构性权力。[①] 因此，数字人民币助推人民币国际化进程需要对参与全球金融体系的成员间的社会与政治凝聚力进行深入剖析，并评估当前金融基础设施所承载的结构性权力之强度。尽管西方国家仍在标准制定机构中占据主导地位，但金融稳定委员会、G20、巴塞尔委员会等国际金融标准制定机构已越来越多地为包括中国在内的新兴经济体提供共同影响标准制定的机会。

然而，人民币的数字化也带来了一系列新挑战，需要中国审慎应对。全球 CBDC 的研发动机和优先事项存在不确定性和差异性，这不能保证 e-CNY 的设计将被广泛采纳，尤其是考虑到其发展速度与全球金融基础设施的发展速度并不同步。此外，由于关键监管问题如互操作性、CBDC 溢出效应最小化等尚未明确解决方案，e-CNY 影响金融基础设施惯性的能力仍然受限。一个与整体金融系统不兼容的 CBDC 设计可能会破坏金融稳定、降低平台效率，进而降低其对用户、技术委员会和标准设定机构的吸引力。

第二节　中国数字货币治理现状

当前中国积极参与数字金融国际规则的制定，密切关注加密资产、全球稳定币的发展与监管、数字货币在改善跨境支付中的潜力和实现途径，并积极参与数字货币国际标准和监管规则的制定。但是由于国内数

[①] Eric Helleiner and Hongying Wang, "Limits to the Brics' Challenge: Credit Rating Reform and Institutional Innovation in Global Finance", *Review of International Political Economy*, Vol. 25, No. 5, October 2018, pp. 573–595.

字货币法律规制基础薄弱，全球金融治理话语权有待提升，如何平衡创新高效与金融稳定、隐私和安全之间相互竞争的利益关系，如何在全球治理合作中维持主权和控制自身金融体系的能力是中国在参与数字货币治理过程中的关键难题。

一　中国数字货币治理政策取向

（一）倡导积极参与国际数字金融规则的制定

在与数字货币相关的分布式账本技术、数字货币技术标准、数据流动、金融消费者保护、数字贸易、数字税收等数字金融领域，中国通过《金融分布式账本技术安全规范》《"十四五"服务贸易发展规划》《金融标准化"十四五"发展规划》《数据二十条》等一系列政策文件推动国内数字经济的规范化发展，倡导积极参与国际数字金融规则和数字技术标准的制定工作。

除了顶层政策推动以外，中国还积极参与国际金融组织和多边国际论坛发起的数字货币、跨境支付、区块链监管、数字技术、国际金融标准等议题。例如，2017年中国与联合国下属的标准化组织国际电信联盟（International Telecommunication Union，ITU）联合成立法定数字货币焦点组，探索央行数字货币对信息通信技术基础设施、互联网技术、数字平台的需求。双方通过法定数字标准化会议促进央行数字货币生态系统中的合规监管、安全性、兼容性以及标准化合作。中国参与了2022年印度尼西亚G20峰会并接受巴厘岛领导人宣言中强调的各国加强在加密资产监管、资本流动、金融市场监管、完善跨境支付、普惠金融、数字互联互通、基于信任的数据跨境流动等方面的国际合作。[①]

（二）关注加密资产和全球稳定币的风险

中国对加密资产和全球稳定币的态度一直以来都比较谨慎，除了强化国内立法严厉打击私人数字货币交易、代币融资和数字金融资产犯罪以外，中国还呼吁G20、FATF、BCBS、IOSCO等国际金融治理组织关注

---

① 中国外交部：《二十国集团领导人巴厘岛峰会宣言（摘要）》，https：//www.mfa.gov.cn/zyxw/202211/t20221116_10976467.shtml。

加密资产的系统性风险和金融安全威胁。中国人民银行行长曾在2018年G20两长会议中提出，比特币、莱特币、以太币等加密资产将影响货币传导机制和货币政策的有效性，带来非法交易、洗钱以及跨国犯罪问题，有关加密资产的监管与治理应当在G20和FSB框架下开展国际合作与国际协调。在全球稳定币治理方面，货币金融监管部门和学术界普遍认为，数字稳定币与央行数字货币存在竞争，数字稳定币或将冲击主权国家的货币主权、现行支付清算体系甚至国际货币体系。有关全球稳定币的治理框架需要IMF、WB、CPMI等国际货币组织和国际金融标准制定机构进行跨部门合作，并协调各司法辖区货币、金融监管部门的政策。

（三）推动央行数字货币国际标准和治理规则的制定

为了响应G20改善跨境支付的倡议，中国积极探索央行数字货币在改善跨境支付中的潜力及其国际规则的制定。2021年中国人民银行数字人民币研发工作组发布了《中国数字人民币的研发进展白皮书》，表示将在"无损""合规""互通"原则下探索央行数字货币的跨境适用性，"以开放包容的方式探讨央行数字货币的标准和规则。"[1] 中国人民银行与IMF、WB、CPMI、FSB、BIS、FATF等国际组织开展了数字货币相关的沟通与合作，共同构建央行数字货币研发、跨境流通和监管的国际标准体系。典型案例是中国积极参与CPMI跨境支付工作、BIS创新中心开展的多边央行数字货币项目，积极配合FATF打击利用数字货币从事洗钱/恐怖融资、逃税等国际货币金融犯罪工作，进行信息共享和国际司法协助。

与此同时，中国人民银行、数研所等部门还同各国央行和监管部门等公共部门以及大型科技公司、跨国金融机构、研究机构等私营部门进行信息交流与技术合作，通过跨司法辖区、跨部门、跨行业的联动协调丰富央行数字货币数字技术和国际监管合作经验，推动央行数字货币标准及规则的制定。例如，中国与泰国央行合作开发了多边央行数字货币跨境流通平台原型，联手SWIFT成立金融网关信息服务公司提升中国跨境金融信息传送和数据监管能力，腾讯集团、阿里集团参与数字人民币

---

[1] 中华人民共和国中央人民政府网：《中国数字人民币的研发进展白皮书》，http：//www.gov.cn/xinwen/2021－07/16/content_5625569.htm。

分布式数据库和移动开发平台的研发工作等。

二 中国数字货币治理的困难及成因分析

（一）国内数字货币治理法律基础薄弱及其成因

一方面，我国此前对包含加密资产和数字稳定币在内的广义数字货币领域采取了严格禁止的态度，相较于将加密资产合法化或允许有条件交易的国家而言，我国数字货币治理经验不足。基于金融稳定和金融安全考虑，我国从2013年开始不断收紧加密资产相关政策，中国人民银行及相关部委相继出台了《关于防范比特币风险的通知》[1]《关于防范代币发行融资风险的公告》[2]《关于进一步防范和处置虚拟货币交易炒作风险的通知》[3]等法律文件，禁止交易和提供服务的范围从比特币类的私人数字货币到衍生的代币融资，禁止范围不断扩大。从法律评价上来看，数字货币相关活动一开始仅被列为金融机构和支付机构的禁止义务，到2021年9月已被定性为非法金融活动。尽管这种严格取缔的政策规定有助于维护国内金融市场秩序的稳定，但客观上缺乏数字货币治理经验的生长点。从数字货币演变逻辑和数字资产的内在联系上来看，加密资产、数字稳定币和央行数字货币尽管法律属性不同，但具有金融科技创新和底层技术方面的相似性，完备的加密资产、数字稳定币监管规则体系能够为央行数字货币提供有益经验。由于我国数字货币领域配套监管制度的滞后、治理经验的匮乏，在参与央行数字货币国际监管规则制定过程中缺乏有力的国内法支撑。

另一方面，数字人民币跨境流通规制机制以及现行跨境支付规则的冲突前景尚不明朗。当前的美元货币体系已形成了成熟完备的国际支付

---

[1] 中国人民银行：《中国人民银行等五部委发布〈关于防范比特币风险的通知〉》，http://www.pbc.gov.cn/goutongjiaoliu/113456/113469/2804576/index.html。

[2] 中国人民银行：《中国人民银行　中央网信办　工业和信息化部　工商总局　银监会　证监会　保监会关于防范代币发行融资风险的公告》，http://www.pbc.gov.cn/goutongjiaoliu/113456/113469/3374222/index.html。

[3] 《关于进一步防范和处置虚拟货币交易炒作风险的通知》，银发〔2021〕237号，2021年9月15日发布。

标准、跨境支付规则和监管体系,在美国竭力遏制中国崛起的环境下,货币金融打压甚至"脱钩"将成为美国及其盟友的利器之一,典型表现就是在国际数字金融规则领域孤立、排斥中国的加入。数字人民币深度流通的范围及其监管规则可能与现行跨境支付体系、流通国的监管制度要求产生冲突。如表5-1所示,中美跨境支付系统适用的法律规则和国际标准存在较大差异,且具有政治权威和监管中心地位的央行通常被认为拥有垄断数据和数字基础设施的权力,基于当前欧盟对大型数字平台的严格技术标准审查和市场准入限制,作为基础设施的数字人民币是否会遭遇欧盟的特殊审查尚不明朗。如果数字人民币相关规则无法为他国认可、接受,届时将加剧数字人民币国际化的难度。①

表5-1　　中美跨境支付系统法律规则体系与国际标准适用框架

立法体系	美元跨境支付系统 CHIPS	人民币跨境支付系统 CIPS
一般法	《国际紧急经济权力法案》《纽约统一商法典》《联邦破产法》	《刑法》《民法典》《行政许可法》《行政诉讼法》《破产法》《担保法》《公司法》《消费者权益保护法》《反不正当竞争法》
特别法	《加速资金到位法案》《美国电子资金划拨法》《纽约统一商法典》4-A篇《多德—弗兰克法案》第三章"支付、清算和结算监管法案"《CHIPS管理规则》	《中国人民银行法》《商业银行法》《银行业监督管理法》《票据法》《电子签名法》《反洗钱法》《密码法》
行政法规、部门规章及相关法律文件	美联储《HH条例》《应对支付系统风险的美联储政策》《联邦储备法》及各种反洗钱条例　财政部外国资产管理局规则	《人民币管理条例》《个人外汇管理办法》《中华人民共和国货币出入境管理办法》《人民币跨境支付系统业务暂行规则》《支付结算办法》《金融违法行为处罚办法》《人民币银行结算账户管理办法》

---

① 袁曾:《数字人民币跨境应用的合规监管制度构建》,《学术交流》2022年第7期。

续表

立法体系	美元跨境支付系统 CHIPS	人民币跨境支付系统 CIPS
行业自律规则	《纽约清算所银行同业支付系统管理规则》《纽约清算所银行同业支付系统参与者协议》《纽约清算所协会与沃尔夫斯堡集团共同开发的信息标准》	《人民币跨境支付系统参与者服务协议》《人民币跨境支付系统技术规范》《人民币跨境支付系统业务规则》《人民币跨境支付系统业务操作指引》《金融分布式账本技术安全规范》《人民币现金机具鉴别能力技术规范》
全球国际标准适用	UNCITRAL《国际贷记划拨示范法》CPMI & IOSCO《金融市场基础设施原则》Basel《涉及跨境电汇的支付信息的应尽职和透明度》	《金融市场基础设施原则》《重要支付系统核心原则》

资料来源：潘拥军：《论美元跨境支付系统的适用规则对我国的启示》，《国际经贸探索》2016 年第 10 期。

（二）全球金融治理话语权有待提升及其成因

中国融入全球金融体系并开始参与全球金融治理的起步时间较晚，在国际金融规则制定过程中的话语权和影响力有待提升。相较于布雷顿森林体系确立后西方国家尤其是七国集团对国际金融规则的主导和引领，中国自改革开放后国内金融市场才逐渐开放并向现代化发展，此后中国才陆续加入 IMF、IOSCO、BIS 等国际金融组织。在 WTO、IMF、BIS 等国际贸易、国际金融规则领域，中国作为后来的加入者遵守、借鉴着此前西方国家构建并主导的国际先例和规则。当前国内学界以及派出国际组织的人员对全球金融治理规则、体制的研究也存在不足，缺乏引领全球金融治理的话语权和系统影响力。由于在全球金融治理历史积淀方面的欠缺，中国在数字货币相关国际规则领域主导国际标准的制定具有一定的难度。[1]

---

[1] 宋爽、熊爱宗：《数字货币全球治理的进展、挑战与建议》，《国际经贸探索》2022 年第 9 期。

除此以外，国际标准制定权是央行数字货币竞争的焦点，也是西方国家国际合作的重点，中国在央行数字货币国际监管进程中面临被边缘化的风险。当前无论是对国际货币格局和地缘政治有重要影响的央行数字货币，还是引领金融科技创新的加密资产和数字稳定币领域，其国际标准的竞争已呈现集团化态势。而基于西方国家对全球金融规则的把控惯性，开始孤立、排斥中国参与央行数字货币相关领域的国际合作。

例如，2020年1月，G7国家中的英格兰央行、美联储、日本央行、加拿大央行以及欧洲央行、瑞典央行、瑞士国家银行与BIS共同组建了BIS/CPMI框架下的央行数字货币研究工作组，重点关注法律层面、技术层面、应用层面央行数字货币在设计、系统互操作性、国际标准与规制制定领域的共同标准，力图在全球央行数字货币规则制定中掌控主导权。在加密资产、全球稳定币和央行数字货币分立又竞争的数字货币格局中，逐渐形成FSB稳定币工作组和BIS/CPMI央行数字货币工作组等全球金融标准制定机构引领全球数字标准和国际监管规则。而具有丰富央行数字货币研发试点经验的中国被排斥在央行数字货币研究工作组以外。

同年10月，上述发达经济体在未发行央行数字货币时为预设央行数字货币的国际标准，联合BIS共同发布了有关央行数字货币发行流通的首份全球性规则报告《央行数字货币：基本原则与核心特征》及配套执行文件。① 在央行数字货币国际合作项目中，虽然BIS Hub与中国及其他三国央行开展了多边央行数字货币跨境支付项目mBridge，但相较于G7国家在央行数字货币项目的合作深度和影响力存在较大差距。②

第三节　中国数字货币治理趋势

中国利用自身在数字金融领域的专长和经验积极参与有关数字货币

---

① Bank of Canada, European Central Bank, Bank of Japan, Sveriges Riksbank, Swiss National Bank, Bank of England, Board of Governors Federal Reserve System and Bank for International Settlements, *Central Bank Digital Currencies: Foundational Principles and Core Features*, October 2020.

② 宋爽、熊爱宗：《数字货币全球治理的进展、挑战与建议》，《国际经贸探索》2022年第9期。

发展和治理的国际讨论，充分表达新兴经济体对数字金融发展和跨境数字支付的关切，有助于全球金融治理体系的多元化。合作构建数字货币跨境流动风险防范机制、促进数字货币全球治理"法治"与"技治"的深度融合、加强数字货币跨境治理信息共享是我国参与数字货币全球治理制度设计的应然取向。我国参与数字货币全球治理的具体进路包括，主动打造数字货币跨境流通模板以形成国际示范效应、从数字货币监管框架的体系性设计以及国内与全球治理规则的协调统一方面加强数字货币国内与全球治理法律体系的适恰性、通过引领区域性数字货币研发与监管合作和提升参与制定数字货币国际规则的适应性和影响力，强化数字货币治理的区域与国际法治合作。

一　完善数字货币治理的国内法治框架

（一）树立开放包容与市场化的数字货币治理理念

数字货币治理的国内法治框架应结合国际法权利义务，在总体安全观的指引下以开放包容的市场化治理理念构建以央行为中心的审慎监管体系。

首先，开放包容的治理理念蕴含了数字货币治理规则制度的科学性和适应性要求。一方面，开放包容理念意味着对待金融科技不能采取简单粗暴的"一刀切"政策扼杀数字金融的创新性和生命力，金融稳定和金融安全是金融监管的目标，但并非唯一目标。因此在金融稳定和金融创新的动态平衡中适时调整数字货币国内和跨境治理原则和规则，根据国内外数字货币、数据流动、隐私保护、数字技术等方面的合规监管要求适时调整治理范围和监管重点，使治理规则与金融风险更具适配性和科学性。另一方面，开放包容还意味着不断开放金融市场、资本账户、支付清算系统的访问权限以及数字货币系统之间互操作性，而不应设置过多的市场准入和合规监管制度壁垒，损害数据自由跨境流动、数字货币技术合作、防范打击国际数字货币犯罪司法合作的积极性。

其次，市场化的治理理念蕴含了治理主体的多元化和治理手段的科技化要求。从数字货币发行流通的参与主体与治理主体角度来看，一方面，以数字货币为代表的数字金融业务打破了传统金融业务的边界，使分业经营的金融机构的业务范围出现交叉融合，进入数字金融市场的从业服务主体和金融消费者主体增多。这种金融法法律主体扩大化的趋势有利于激发金融市场的创新活力，也对数字货币合规治理提出更高的要求。另一方面，跨国金融机构、非营利性国际金融服务组织等私营部门的影响力渐强，公共部门与私营部门的多元主体合作有利于助推数字货币研发和治理进程。从数字货币的治理手段和治理方式角度来看，市场化的治理理念要求变革传统货币的被动治理、行政命令型治理、直接治理、人为治理模式，转变为主动治理、命令控制型与激励型治理结合、直接治理与间接治理结合、政府治理与行业自治相结合、[1]数据和治理科技驱动的全新治理模式。运用区块链、智能合约、云计算、大数据等治理科技手段在国内国际法制框架下对数字货币的货币大数据、交易大数据、技术大数据进行自动化的分类处理，将"法治"与"技治"相结合，提升数字货币治理的有效性。

（二）协调并优化我国金融治理部门的权责分配

图5-1勾勒了当前我国货币金融监管的组织架构，主要以中国人民银行和银保监会为核心，财政部、发展和改革委员会、外汇局等部门为辅助，形成以国务院金融监管会议最终决策具体监管部门权责分配和总体监管方向，金融稳定发展委员会统筹协调具体监管部门政策，国务院组成部门、直属机构、国家局制定和执行具体监管政策，行业协会、自治组织等非政府部门进行社会监督的具有整体性和松散性的金融治理组织架构。[2]

然而，我国金融市场发展呈现出以银行业为主导的不均衡发展现状，并导致由分业经营、分业监管模式建立起来的金融监管体系具有机构设置协调不足、权责制度安排难以满足目前跨机构、跨行业乃至跨境金融综合性发展和整体性监管需求的特点。尤其在金融科技日新月异发展的数字经济时代，系统重要性监管的对象范围已发生较大的改变，如进行

---

[1] 卜学民：《论法定数字货币跨境流动的挑战与制度构建》，《太平洋学报》2021年第6期。

[2] 张发林：《中国宏观审慎性金融监管问题评析》，《世界经济与政治论坛》2018年第5期。

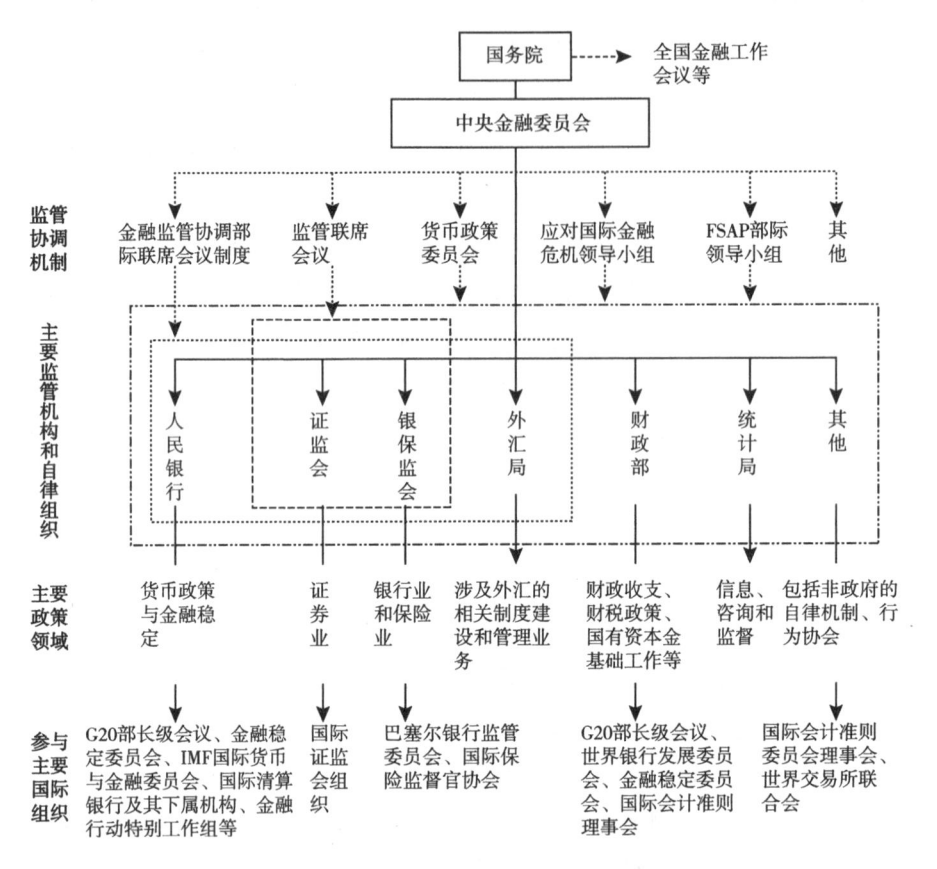

图 5-1 中国货币金融监管组织架构与权责分配

资料来源：张发林：《全球货币治理的中国效应》，《世界经济与政治》2019 年第 8 期。

结算、清算交易和数据存管的金融市场基础设施，在跨境支付、中央对手方等多边金融活动中日益具有全球系统重要性，对其进行国内国际双维度的系统性风险评估将成为未来的监管常态。

数字货币治理部门权力和责任的具体分配将取决于各司法辖区监管框架的具体设计和结构。总体上来讲，数字货币监管机构的职责包括执行规定和条例、监测数字货币风险、解决隐私和安全问题、提供指导和支持、确保金融系统的稳定以及促进金融创新。

随着央行数字货币的发行和流通，中央银行可能有更多的权力直接监管金融系统，包括实时监控金融交易、更有效地执行货币政策的能力以及主导央行数字货币监管，届时央行制定与执行货币政策、防范化解金融风险以及货币监管的权能将更为集中，形成以央行为中心的央行数字货币监管体系。[1] 除此以外，央行数字货币的引入可能会导致中国不同金融监管部门的权责变化，并在以央行为中心的全面有效的监管框架下发挥支持作用，确保央行拥有有效监管的必要权力和资源。央行数字货币监管具有跨部门、跨行业、跨层级的特点，我国应逐渐构建起结合国际金融监管组织外部评估与国内部际监督协调、各具体监管部门内部自主监管、行业自律监督的综合性监管制度安排。[2]

在数字货币治理的组织架构层面，可以在"一行两会"体制下赋予中央金融委员会监管央行数字货币的法定地位及相应的信息收集权、监管制定权和规章制定权，[3] 并由其牵头成立全国统一的金融科技监管部门和监管科技平台解决各部门以及中央与地方的监管数据分割问题。[4] 同时，数字货币的监管还需要司法部、公安部、工信部、外汇管理局等多部门之间共享信息和专业知识，制定共同的监管标准，协调执法工作，确保数字货币监管框架全面有效。在行业自律层面我国可以设立数字货币协会，经监管部门许可委托发挥一定的监管作用。[5]

（三）构建完备的央行数字货币规制法律制度体系

1. 央行数字货币基础性法律规则

央行数字货币基础性法律规则涵盖央行数字货币的合法性地位、央行负债性质、结算的最终性、货币所有权确认、中央银行的独立性问题、流通过程中各主体的权利义务等问题。合法性是央行数字货币发行流通的基础，我国数字人民币首先应解决发行权和法偿性问题。当前有关数

---

[1] 袁曾、汤斌：《数字人民币跨境应用的合规监管制度构建》，《学术交流》2022年第7期。

[2] 张发林：《中国宏观审慎性金融监管问题评析》，《世界经济与政治论坛》2018年第5期。

[3] 周仲飞、李敬伟：《金融科技背景下金融监管范式的转变》，《法学研究》2018年第5期。

[4] 陈彦达、隋学深：《分业监管模式下我国监管科技融合发展研究》，《当代经济管理》2022年第8期。

[5] 赵莹：《我国法定数字货币的金融监管制度构建》，《重庆社会科学》2020年第5期。

字人民币发行流通的规定还停留在政策推动层面,如中国人民银行于2020年发布了《中华人民共和国中国人民银行法》(修订案征求意见稿),第十八条规定了人民币的法偿性,第十九条已明确提出中国的法定货币是人民币,"包括实物形式和数字形式,应为发行数字货币提供法律依据,"① 修订案应坚持央行的独立性,就各主体的权责进行明确规定。2021年中国人民银行数字人民币研发工作组发布了《中国数字人民币的研发进展白皮书》,对数字人民币定义为"中国人民银行发行的数字形式的法定货币""是央行对公众的负债,具有法偿性""功能定位于现金类支付凭证,并与实物人民币长期并存",具有"支付即结算""可控匿名性""可编程性""安全性"等特征。

从上述文件的法律性质来看,中国人民银行发布的修订案征求意见稿和工作报告不属于部门规章范畴,不具有严格的、正式的立法性质。有关数字人民币立法内容以及立法体例讨论尚处于酝酿阶段,新增专门《数字人民币法》或是对现行立法进行修订,还有待观察。除了《中华人民共和国中国人民银行法》以外,有关数字人民币配套的法律法规也亟待修订,如《人民币管理条例》缺乏对数字人民币法偿性的规定,《民法典》中有关数字人民币财产性质、所有权转移、确权规则等货币财产法律关系有待明确,刑法中有关传统货币犯罪"伪造""变造"货币罪的相应修订和解释,以适应数字人民币的技术特性。

2. 具有互操作性的数字支付基础设施制度框架

具有互操作性的数字支付基础设施制度框架需要对央行数字货币的技术兼容性、系统可扩展性、金融技术标准的统一性在法律制度中予以明确。首先,技术兼容性使各司法辖区央行数字货币系统之间、央行数字货币系统与传统货币支付系统之间能够进行互联,这要求各国央行在设计央行数字货币时加强应用程序接口、数字身份识别、数据传送格式标准、分布式账本技术协议、法律术语等技术标准的协调与统一。其次,在法律中明确数字支付基础设施的系统可扩展性,以便于智能合约的加载以及其他央行、金融机构、监管机构的加入。最后,在金融技术标准

---

① 《中国人民银行法(修订草案征求意见稿)》第十九条、第二十二条。

方面尽量采取国际通行的处理标准以减少数据的片段化和格式不兼容摩擦，通过法律法规执行统一的金融标准。

当前我国为加强金融基础设施的互操作性相继出台和提出相应的立法建议和修订草案。如 2020 年中国人民银行发布了金融行业标准《金融分布式账本技术安全规范》（JR/T 0184—2020），[1] 规定了利用分布式账本技术进行运营服务的金融机构在智能合约、隐私保护、账本数据、基础硬件与软件、共识协议、监管要求等方面应当遵守的安全标准。2022 年 12 月 14 日，中国人民银行发布了《金融基础设施监督管理办法（征求意见稿）》强化金融基础设施的统筹监管。[2] 该办法将细化重要支付系统、结算清算系统、金融资产登记托管系统、基础征信系统、交易设施、交易报告库等六类金融基础设施的准入制度和监管要求，并提升与国际标准的衔接程度。2022 年 12 月 27 日，中国人民银行起草的《金融稳定法（草案）》提请全国人大常委会审议，[3] 该法案明确了金融基础设施领域的宏观审慎监管政策框架，为金融稳定风险化解和处置办法和统筹协调机制提供了法律依据。

3. 网络安全法制度

网络安全是数字经济时代的重要监管领域之一，也是金融服务供应链和系统弹性的重要因素。我国首部网络空间综合性法律是自 2017 年 6 月 1 日开始正式实施的《网络安全法》，在我国网络空间立法进程中具有里程碑意义。[4] 该法律规定了网络运营者、关键信息基础设施运营者的网络信息安全保护责任，根据数据分类和等级实施相应的网络安全保护。《网络安全法》第八条规定了国家网信部门、国务院电信主管部门、公安部门是我国网络安全的监管机构，国家网信部统筹协调全国网络安全事

---

[1] 金融标准全文公开系统：《金融分布式账本技术安全规范》（JR/T 0184 - 2020），https://www.cfstc.org/bzgk/gk/view/bzxq.jsp?i_id=1855。

[2] 中华人民共和国司法部：《中国人民银行关于〈金融基础设施监督管理办法（征求意见稿）〉公开征求意见的通知》，http://www.moj.gov.cn/pub/sfbgw/lfyjzj/lflfyjzj/202212/t20221214_469327.html。

[3] 全国人大：《奠定法律基石 构建四梁八柱 我国首部专门金融稳定立法紧锣密鼓》，http://www.npc.gov.cn/npc/c30834/202301/c539134509654186b39512886752860f.shtml。

[4] 袁康：《网络安全的法律治理》，武汉大学出版社 2020 年版，第 256 页。

宜。2019 年国家互联网信息办公室、国家发展改革委、工信部和财政部发布了《云计算服务安全评估办法》，提升云计算服务的安全可控性，防范网络安全风险。2021 年 7 月国务院颁布《关键信息基础设施安全保护条例》行政法规，规定了关键信息基础设施的范围和认定标准、运营者责任义务、配套保障措施及法律责任，确保关键信息基础设施的供应链安全。

2022 年 1 月，国家互联网信息办公室、中国人民银行、公安部等十三个部委联合修订发布了《网络安全审查办法》，建立起部际联合网络安全审查工作机制和网络安全审查办公室，重点评估掌握核心数据、重要数据、大量个人数据被非法利用、非法出境、窃取、泄露风险以及掌握上述数据的网络平台机构境外上市风险，维护数据安全和网络安全。为了促进数据跨境流动的安全性，2022 年 7 月，国家互联网信息办公室发布《数据出境安全评估办法》，规定了数据出境安全评估的范围、基本原则和程序，构筑数据出境监管的法制基础。2022 年 11 月 14 日，国家互联网信息办公室公布了《网络数据安全管理条例（征求意见稿）》政策文件，明确互联网平台运营者的互联互通要求，对个人信息、重要数据和跨境数据的保护规则。

通过《网络安全法》《关键信息基础设施安全保护条例》《云计算服务安全评估办法》《网络安全审查办法》《数据出境安全评估办法》《网络数据安全管理条例（征求意见稿）》等一系列法律法规和政策文件，我国建立起网络安全、关键基础设施、云计算服务等领域的重要制度，"基本构建起网络安全法律法规体系的四梁八柱"。[1]

4. 数据和隐私保护法律规则

央行数字货币本身是货币数据、交易数据和个人信息数据的集合，货币发行国和流通国应平衡数据监管权限和隐私保护规则。数据和隐私保护责任应根据央行数字货币发行流通过程中央行、商业银行、技术和金融服务提供商以及用户的数据权利和数据角色加以确定。[2] 2017 年网信

---

[1] 全国人大：《〈网络安全法〉实施五周年：推进法治化建设，让网络空间更加安全》，http://www.npc.gov.cn/npc/c30834/202206/2a93942306bc43d4a5e4e4cfe57e2e9c.shtml。

[2] 李智、黄琳芳：《法定数字货币跨境流通的法律问题研究》，《武大国际法评论》2022 年第 2 期。

办发布了与《网络安全法》配套的《个人信息和重要数据出境安全评估办法》明确了数据出境的监管思想、监管机构和数据出境安全评估程序。2021年8月，我国颁布了第一部系统保护个人信息的专门性法律《个人信息保护法》，为数字经济时代的个人信息保护规则提供了明确指引。此后中国人民银行发布《征信业务管理办法》[1] 保护信息主体的合法权益，该办法是《数据安全法》《个人信息保护法》在征信领域的具体贯彻。2021年9月，我国正式实施《数据安全法》，提出构建重要数据目录以及数据分级分类保护规则，明确规定有关数据处理、数据安全保护义务和法律责任。2022年8月，网信办公布了《数据出境安全评估申报指南（第一版）》，[2] 细化了数据出境行为的定义以及安全评估的程序性要求。

《个人信息保护法》《数据安全法》《征信业务管理办法》构成了我国数据保护的基本法律框架，也被称为"数据三法"。在强化的数据保护和监管要求下，我国的金融科技行业采取了不同的技术路线进行业务创新，如通过多方安全计算、数据加密技术保护、数据脱敏、去标识化和匿名化、软硬件一体化等途径提升金融机构系统的适配性和数据、隐私保护。除此以外，中国人民银行推出了中国版的"监管沙盒"——金融科技创新监管工具，在全国范围内进行数据监管的试点工作，旨在促进金融创新、数字化金融服务和监管质量与效能的提升。

从总体上来看，无论是《数据保护法》《网络安全法》还是配套的数据信息安全保护法规，其内容都更侧重"国家安全"评估，且更依赖国家强制性监管，对行业自治性监管功能重视性不足。事实上，国家监管与行业自治相结合的多层次、多元化数据流动监管体制不仅有助于行政监管成本的降低，还有助于整体监管效能的提升。[3]

5. 金融消费者保护制度

由于金融领域的复杂性、专业性和信息不对称性，金融消费者通常

---

[1] 《征信业务管理办法》，中国人民银行令〔2021〕第4号，2021年9月27日发布。

[2] 国家互联网信息办公室：《国家互联网信息办公室发布〈数据出境安全评估申报指南（第一版）〉》http：//www.cac.gov.cn/2022 - 08/31/c_1663568169996202.htm。

[3] 张舵：《跨境数据流动的法律规制问题研究》，博士学位论文，对外经济贸易大学，2018年，第107页。

处于弱势地位，而数字金融产品风险的隐蔽性更加放大了金融消费者风险承受能力的脆弱性和监管挑战性。自金融危机后，金融消费者保护已成为各国金融监管当局的重要任务之一。2020年9月，中国人民银行根据《中国人民银行法》《商业银行法》《消费者权益保护法》以及国务院《加强金融消费者权益保护工作的指导意见》制定了《金融消费者权益保护实施办法》，规定人民币管理机构、外汇与利率管理机构、支付清算部门、反洗钱部门、征信管理等部门应建立健全金融消费者信息保护、客户风险等级评估、信息披露与查询、重大事件应急管理等制度体系建设，实施事前审查、事中管控和事后监督的全流程管控机制。①

2022年12月，银保监会通过《银行保险机构消费者权益保护管理办法》②建立起与之配套的消费者行为系统监管框架，进一步明确了银行业和保险业保护金融消费者权益的基本措施以及监管标准。该办法第四十五条规定银行保险机构应通过权限监控、安全隔离、加密传输、去标识化、监测报警等方式防范金融消费者数据滥用或泄露，第四十七条规定银行保险机构在使用金融消费者信息时应遵循最小必要原则以及权责对应原则。

二 确立中国承担数字货币治理国际法义务的应然取向

（一）合作构建数字货币跨境流动风险防范机制

数字货币全球治理是主权国家国内法的域外延伸，其跨境流动不可避免地受制于发行国和流通国的主权，但该主权因素制约并非绝对不可调和。国家间合作和全球治理共识的促成能够缓解或消减其跨境流通中的主权障碍、金融基础设施不足和支撑法律制度缺失的运行障碍以及洗钱、恐怖融资、逃汇、逃税等潜在风险。③

---

① 《中国人民银行金融消费者权益保护实施办法》，中国人民银行令〔2020〕第5号，2020年9月15日发布。
② 《银行保险机构消费者权益保护管理办法》，中国银行保险监督管理委员会令〔2022〕第9号，2022年12月26日发布。
③ 许偲炜：《主权数字货币跨境流通的制度建构》，《西南民族大学学报》（人文社会科学版）2021年第11期。

数字货币全球治理的本质是调整治理目标、治理原则以及治理工具之间的适配性和匹配度，最大限度减少金融科技发展与法律规范的冲突，解决新变量和结构变动引发的新风险。[1] 中国参与数字货币全球治理的任务之一是合作构建起数字货币跨境流动风险防范机制。具体而言，数字货币跨境流动风险防范机制应包括如下内容。第一，制定国际标准。各国央行可以与 IMF、BIS、G20 等国际金融组织和论坛共同制定数字货币跨境流动的国际标准和指南，如安全、隐私和消费者保护标准等。第二，共享信息和数据。各国央行和国际金融组织可以共享有关数字货币跨境流动的信息和数据，如可疑交易、欺诈和其他非法活动的信息。第三，技术合作。各国央行可以合作开发科技监管方案，以监控和防范跨境数字货币交易相关的风险，共同确保其安全、可靠和透明性。第四，建立风险评估框架。数字货币的跨境流动将使数字金融风险的识别和评估更复杂且更具技术专业性，设计良好的数字货币跨境流动风险评估框架的关键环节应涵盖识别潜在风险、评估风险可能性及其影响、制定风险减缓策略、建立持续监测和报告机制以及定期审查和更新框架等。第五，促进公私部门合作。除了公共部门之间的合作，中央银行还可以与私营部门利益攸关方合作，如金融机构、行业协会、科技公司，建立跨境风险防范机制，促进数字货币的安全使用、金融稳定和消费者保护。

（二）促进数字货币全球治理"法治"与"技治"的深度融合

"法治"和"技治"的深度融合对于确保数字货币有效与高效治理至关重要。数字货币底层技术架构和数据的多中心化特点与中心化的纸币系统差异较大，因此不仅需要明确的、权威的法律规范，也需要具有实际操作性和执行性的技术监管规则。[2] 通过"法治"的确定性和"技治"的灵活性，各国能够以安全、可靠和透明的方式使用数字货币。一方面，数字货币是一种新的金融业态，因此需要一个明确的法律框架来管理其发行、使用和治理。法律的确定性使所有市场参与者了解其权利和义务，从而维护金融市场信心和秩序稳定。另一方面，"技治"的灵活性有助于

---

[1] 黄莺：《全球金融科技监管及改革趋势》，《现代国际关系》2021 年第 7 期。
[2] 赵莹：《我国法定数字货币的金融监管制度构建》，《重庆社会科学》2020 年第 5 期。

技术创新、消费者保护、金融稳定和国际合作。例如，人工智能、区块链、自动化合规与风险评估等监管科技解决方案使监管机构更容易对金融市场中可疑活动、网络攻击、金融稳定风险进行识别，监管机构的处置效率和金融监管有效性得以提升。在国际合作方面，"法治"和"技治"的深度融合意味着全球治理主体在法律确定性需求和技术创新需求驱动下，共同制订央行数字货币标准和规则，同时尊重各司法辖区的具体法律。

中国在促进数字货币全球治理"法治"与"技治"的深度融合上，可以从监管协调、自动化合规、风险评估和消费者保护等方面进行重点设计。首先，我国可以率先制定央行数字货币配套的监管法律法规，以清晰、可预测的法律框架为全球央行数字货币治理提供制度供给，同时利用监管科技提高监管法律法规的可执行力和效率。其次，与全球金融治理主体开展广泛国际合作，促进数字货币的安全、广泛使用以及治理协调。再次，利用监管科技的自动化合规解决方案监控央行数字货币交易的全链条，确保数字货币市场安全可靠。最后，重视金融消费者权益和隐私保护，并鼓励培育创新性的监管科技方案，在促进金融市场增长的同时，使用新的监管技术加强监管。

（三）加强数字货币治理信息共享

中国参与数字货币的全球治理必须协调和共享信息，以确保有效治理并减少诸如洗钱、欺诈和网络攻击等风险。治理信息的共享与协调是增强有效央行数字货币治理能力的基础，我国金融治理部门应在数字货币空间治理过程中保持警惕和积极主动。中国与世界各国央行、国际组织及相关金融部门进行数字货币治理与合规的信息共享可以通过以下途径进行。

第一，银行间合作。央行可以通过国际清算银行和国际证券委员会组织等银行间国际组织、论坛、工作小组，讨论共同挑战并分享数字货币趋势和风险信息。例如，BIS创新中心帮助央行解决金融科技和数字货币问题并努力促成多边合作，中国应加强与国际清算银行、金融稳定委员会等组织在数字货币国际规则和治理信息领域的共享与协调。

第二，信息共享平台。我国央行及金融治理部门可以建立或使用现有的数字平台来交换信息，分析数据和分享最佳实践。这可以包括基于区块链的平台、基于云的安全解决方案或集中式数据库，实时监测和分析数字货币交易，分享新兴风险和趋势信息，以安全加密的平台来确保共享信息的保密性和完整性。

第三，治理沙盒。我国央行可以参与治理沙盒（Regulatory Sandbox）或创新中心（Innovation Hubs），在受控环境中测试央行数字货币项目，并收集其运作、安全和风险信息。跨部门、跨国界的治理主体对该沙盒信息的共享能够为多方治理决策提供支持。

第四，国际协议。各国央行可以就数字货币的合规和治理进行谈判并签订正式的国际条约或非正式的谅解备忘录、协定、声明等，允许跨境信息共享、治理活动协调、执法行动合作等，促进跨境数字货币交易，降低相关风险。

第五，与其他治理机构合作。中国人民银行及金融治理部门可以与其他金融治理机构合作，如证券治理机构、反洗钱机构和网络安全机构，分享关于可疑活动、网络安全威胁和金融风险信息。

三　明确中国参与数字货币全球治理的具体进路

（一）主动打造央行数字货币跨境流通模板形成国际示范效应

1. 将央行数字货币纳入现有货币互换网络与合作机制框架

央行数字货币跨境支付方案的探索有助于区域、国际层面央行数字货币规则和跨境治理合作的达成。[①] 如果中国的数字人民币系统与全球央行数字货币系统、传统跨境支付体系无法实现互操作，那么即使中国的DC/EP项目具有先发优势也只是一个孤立的体系。数字人民币仍将沿袭"区域化—国际化"的货币国际化路线，在与我国经贸投资往来较为密切的国家以及"一带一路"国家优先使用，减少数字人民币境外流通的摩擦。[②] 将数字人民币与实物人民币共同纳入《区域全面经济伙伴关系协

[①] 生柳荣、曲娟、许敏：《拓展数字人民币跨境支付应用》，《中国金融》2022年第11期。

[②] 古广东、李慧：《央行数字人民币在"一带一路"区域化过程中的博弈分析》，《南京审计大学学报》2022年第6期。

定》（Regional Comprehensive Economic Partnership，RCEP）与"一带一路"共建国家货币互换与合作机制中具有较强的可行性，也有助于推动人民币国际化进程。"一带一路"共建国家尤其是东盟对人民币的接受程度较高，人民币支付结算的需求较大。作为《清迈倡议多边化》（Chiang Mai Initiative Multilateralization，CMIM）协议的重要成员国，截至2020年，已有22个"一带一路"国家与中国签订双边本币互换协议，8个国家建立起人民币清算机制安排，[①] 未来数字人民币的跨境使用具有良好的制度基础和市场需求。

2. 提升央行数字货币在数字贸易、大宗商品和服务贸易中的使用比例

主权货币成为国际结算货币的重要一环是提升在国际大宗贸易支付结算中的使用比率。批发型央行数字货币将在大宗国际商品贸易和大额金融交易的跨境支付结算中发挥安全高效、低成本、高透明度的独特优势。从当前我国批发型数字人民币的跨境支付场景来看，多边央行数字货币桥项目已涵盖数字贸易、跨境电商、国际贸易结算、供应链融资、跨境代币发行等多元化的跨境场景应用，能够支持大额跨境支付结算。此外，香港离岸人民币清算中心为数字人民币的跨境结算清算提供了支持。香港离岸金融市场人民币交易额巨大、金融业务成熟种类丰富、交易主体多元，其国际金融中心的区位优势为数字人民币和数字港元在大宗商品贸易和国际金融交易的跨境支付结算提供了便利条件。

3. 依托跨境电商助推央行数字货币的广泛流通

电子商务是我国在数字金融领域具有比较优势之一的行业，[②] 跨境电商带动了物流业、商业、资金流和信息流等资源的全球流动，据我国海关总署统计，2022年我国跨境电商进出口总额为2.11万亿元，出口1.55万亿元，作为世界第一货物贸易大国，未来几年我国跨境贸易将强势增长。依托具有广阔前景的跨境贸易和跨境电商平台，央行数字货币将充分发挥传统跨境支付体系不具有的高效便捷性和低成本、低损耗性。我

[①] 郎平：《数字人民币跨境适用的支付场景前瞻及法制障碍透视》，《现代经济探讨》2022年第10期。

[②] 王喆、张明：《"一带一路"中的人民币国际化：进展、问题与可行路径》，《中国流通经济》2020年第1期。

国在移动支付和电子商务平台方面的丰富经验能够为央行数字货币的跨境流通提供有力支持。一方面，在跨境电商支付中嵌入数字人民币支付选项，提升数字人民币跨境使用的广度。另一方面，打通作为支付基础设施的数字人民币 App 和现行移动支付网络之间的系统壁垒，提升跨境支付体系的兼容性和可操作性。

（二）增强数字货币国内与全球治理法律体系的适洽性

1. 注重数字货币治理框架的体系性设计

数字货币的全球治理框架应包括治理主体、治理内容、治理客体和冲突规范在内的完整体系性设计。例如，在数字货币全球治理机构组织方面，应当设计数字货币常规业务、技术、国际货币犯罪、交易平台和纠纷解决等领域的专门治理机构，[1] 以涵盖数字货币不同向度的风险挑战。除此以外，数字货币治理体系的设计还应注重实体性规则与规则性规则的协调。

数字货币的治理内容应具有体系性和完整性，能够覆盖数字货币国内和跨境流通中的主要风险领域。数字货币国内监管内容应包括发行阶段数字货币的发行权和发行业务范围、法偿性，流通阶段的网络安全、数据保护、金融消费者保护、交易平台、洗钱/恐怖融资、非法集资、逃税和反假币等问题。数字货币跨境流通的全球治理应在上述国内治理的基础上，增加政治和技术中立治理要求，明确数字货币及其技术不能"武器化"为打击和制裁他方的工具，并增加有关数字货币国际纠纷解决的机制设计。

2. 数字货币国内与全球治理规则的协调统一

数字货币国内与全球治理规则的协调统一体现在两方面。

一方面，要求国内国际法律制定与法律执行的统一，通过"自上而下"的全球治理规则"内化"途径、"自下而上"的国内法升华为全球治理共识途径实现法律的统一。在全球治理视域下完善国内治理立法，需要主权国家或货币区的数字货币立法充分考虑未来跨境流通的潜在风险，制定具有前瞻性的法律制度。坚实完备的国内立法基础可能在数字

---

[1] 李帅、屈茂辉：《数字货币国际监管的法律秩序构建》，《法学评论》2022 年第 4 期。

货币治理领域形成示范效应,为全球治理共识的形成提供良好的制度供给。

另一方面,数字货币国内与全球治理规则的协调统一还需要加强央行数字货币与传统货币全球治理法律体系的衔接。央行数字货币与传统货币治理法律体系的衔接主要通过修改国内相关立法将央行数字货币纳入法定的发行流通与治理规则体系,其全球治理法律体系的衔接由双边、多边途径承认、接受、认可对手方国内治理法域外适用的效力,解决新旧法定货币本身的汇率汇兑、跨境支付系统互操作性及配套治理规则的变迁。

(三)强化央行数字货币治理的区域与国际法治合作

1. 引领区域性央行数字货币研发与治理合作

央行数字货币竞争和国际规则制定的集团化趋势将为中国参与央行数字货币全球治理带来外部压力,中国应努力拓展双边和多边的多层次治理合作。在区域层面,中国可以利用自身在央行数字货币领域的丰富经验优先与下述国家或地区展开治理合作:与中国具有地缘合作优势和经贸往来密切的东盟国家及"一带一路"共建国家、具有去美元化和防范金融制裁动机的国家、具有多元化货币和汇率需求的新兴经济体。[①] 通过"周边国家—区域规则—国际规则"的治理合作路径,凝聚双边、多边治理共识,将中国在央行数字货币领域的研发经验和治理法律体系打造为区域性甚至国际性治理规则模板。

在双边央行数字货币跨境流通治理合作模式下,可以采取谅解备忘录、治理对话和央行数字货币项目技术合作的形式。[②] 谅解备忘录是当前跨境治理合作的主要形式,其灵活性和非强制性有助于信息共享、增进治理机构间信任和治理框架协议共识的达成。为了促进治理机构之间的信息共享、启动新项目或进行正式会谈,治理当局会与关键对手方进行意向治理领域的对话或参与多种形式的国际论坛,这种会谈机制也被称为治理对话。通常而言,治理对话的性质受区域国别和治理侧重领域和

---

① 宋爽:《数字货币全球治理的走向与中国策略》,《中国发展观察》2022 年第 8 期。
② 廖凡:《跨境金融监管合作:现状、问题和法制出路》,《政治与法律》2018 年第 12 期。

内容的不同而有所差别。除此以外，央行数字货币双边治理还可以通过技术合作和技术援助项目实现。项目技术合作有利于增进双方治理政策的了解和治理标准的协调，是治理制度输出的重要途径之一，如我国与泰国央行合作促成双边的 Inthanon-LionRock 项目向多边的央行数字货币平台转型，央行数字货币双边治理更具完整性和体系性。

2. 提升参与制定央行数字货币国际规则的适应性和影响力

在多边央行数字货币跨境流通治理合作中，IMF 和 WB 是最重要的政府间国际金融组织，都曾就数字货币对全球货币金融体系的稳定性影响作出过深入评估。WTO 也在跨境金融服务市场的准入规则制定中发挥着重要作用，联合国下属的国际电联就央行数字货币跨境支付基础设施的标准制定同中国展开合作，国际人权委员会也探讨过央行数字货币在金融普惠和人权保障方面的影响。诸如 G20 非正式国家集团通过必要的政治协议将非正式的合作网络联结起来，形成事实上的国际金融标准制定和治理机构。在央行数字货币的全球治理层面，中国可以积极参与 IMF、WB、WTO、UN 等政府间国际组织、G20 非正式国家集团以及 BCBS、FSB、BIS、IOSCO 等跨政府网络组织的各类数字货币、国际金融等多边全球治理合作活动，提升我国参与制定央行数字货币国际规则的适应性和影响力。

首先，在全球治理合作中，积极与 G20、BIS、IMF 以及国际金融标准制定机构探讨数字货币的国际标准与治理规则，形成新兴经济体之间的共识。发展双边、多边的科技化治理平台，通过备忘录、谅解协议、协定等方式促进金融信息数据共享。其次，在重点治理领域，如隐私保护、数据跨境流动、资本管控、"三反"合规要求等领域加强治理协同，防范数字货币可能引致的金融不稳、货币政策失灵、"狭义银行"等风险。最后，在具体治理技术手段方面，利用区块链、大数据等科技化、智能化的治理技术，对数字货币新风险进行动态化的监测预警和应急处理。[①]

---

① 刘旭、尚昕昕：《稳定币跨境交易发展与国际监管经验研究》，《南方金融》2022年第 2 期。

第 六 章

数字货币全球治理的启示

近年来地缘政治摩擦使数字货币价格和国际关注度猛涨,尤其全球央行数字货币研发如火如荼,数字货币全球治理成为国际金融领域的热门议题。目前各国金融监管当局对加密资产、稳定币和央行数字货币的利益偏好不一,治理重点和治理方式分歧较大,法律体系缺乏兼容性,呈现出数字货币治理规则碎片化、集团化、阵营化趋势。国际金融组织尤其是国际金融监管机构和国际金融标准制定机构在数字金融普惠、促进央行数字货币研发跨境合作、制定数字货币国际标准、改善跨境支付和凝聚数字货币全球治理共识方面起到非常重要的指引和协调作用。为将中国数字人民币的先发地位转化为先发优势,我国在数字货币发展与治理中应积极参与国际金融组织的数字货币项目合作和国际标准制定活动,顺应开源创新的数字货币全球治理趋势,正视当前国际金融组织的不足,为全球金融治理机制的改革增效贡献中国智慧,同时加快国内新型数字货币法律关系立法进程,为数字人民币发展保驾护航。

第一节 顺应开源创新的数字货币全球治理趋势

"防范系统性风险,维护金融稳定"是当前各货币当局治理数字货币及数字经济新业态的重要目标之一,但数字货币治理应平衡金融稳定与金融创新的关系,顺应开源创新的全球治理趋势。这意味着在数字货币全球治理中应注意国家监管的适度性与谦抑性,重视非国家行为体的作用，在保障金融安全的基础上开源数字货币技术源代码促进共同金融创新。

一 重视非国家行为体的数字货币治理作用

第一，变革传统国家金融监管的弊端。传统金融监管以预设金融监管权从属于行政权为前提，以"命令和控制"方式为特征；在监管方式层面，传统货币金融监管存在"运动式"执法和栅栏式"逐底竞争"现象；① 在监管路径层面采取自上而下的垂直监管模式。但问题在于，数字货币业态监管的对象与传统行政监管的对象有本质差异，前者的客体是数字货币发行流通中的"金融风险"，后者是具体的主体行为。这意味着监管主体和被监管对象应当从自上而下的"命令—服从"式的单纯管制转变为平行的金融风险监管合作。纯粹行政性监管和滞后的监管手段难以应对不断创新的金融科技风险，过多强调监管主体与被监管对象之间的权力等级容易制造对立制约矛盾。因此，数字货币治理应改变以公共部门的行政监管和指令模式为主的监管模式，充分发挥行业自律和私营主体的监管协调功能。

数字货币治理经历了从单一国家干预到全球多元治理的转变，② 通过双边、多边协定等方式促进区域、国际层面更广泛的治理合作势在必行。③ 具体而言，应当将数字货币的链下人为管制转为"链上—链下"全域技术治理、④ 从国家直接监管转变为"国家+第三方平台"的直接监管与间接监管结合、从国家规制转向"国家间+国际组织"的全球治理合作。

第二，促进多元治理主体间合作。传统全球货币治理的客体是建立

---

① 许多奇：《金融科技的"破坏性创新"本质与监管科技新思路》，《东方法学》2018年第2期。

② 许多奇：《金融科技的"破坏性创新"本质与监管科技新思路》，《东方法学》2018年第2期。

③ 张乐、王淑敏：《法定数字货币：重构跨境支付体系及中国因应》，《财经问题研究》2021年第7期。

④ 许多奇：《从监管走向治理——数字货币规制的全球格局与实践共识》，《法律科学》（西北政法大学学报）2021年第2期。

在主权实物货币基础上的"国际货币体系、国际金融体系以及国际金融治理组织",① 数字经济时代的全球货币治理的范围除了实物货币还有数字货币。数字货币的流通具有范围更广、速度更快、变化更迅速的特点,传统纸币监管模式无法覆盖数字货币金融创新性带来的风险,国家独立监管无力解决数字货币天然的数字性和自由流动性带来的全球性问题,各国均面临数字经济发展的自主性与金融风险的系统性、全局性之间的矛盾。

开源性的全球数字货币治理需求意味着在国家监管之外需要全球金融治理平台、国际金融监管机构、国际金融标准制定机构等正式或非正式国际组织以及私人部门共同参与数字货币治理。一方面,对国际秩序施加影响并逐渐形成世界政治权力的主体从国家扩散转移至非国家行为体,② 非传统金融科技跨国公司在全球政治经济中的作用已不可忽视。③ 仅依靠国家行政的强制力量和命令控制式的监管手段不符合包容创新的数字经济本质要求,行业自律和激励型的监管有助于监管效能的提升。另一方面,国际组织和统一的全球治理平台将有利于统合分散的各国监管政策、协调分歧。

二 开源数字货币技术源代码促进共同创新

2020 年,世界经济论坛成立的全球数字货币治理联盟标志着数字货币相关议题将在全球框架下进行讨论和合作。全球数字货币治理的开源性潮流的典型表现之一是各司法管辖区开放数字货币技术源代码供其他国家进行渐进式改良和创新。

开源性创新区别于传统金融系统不公布源代码的专属垄断,提供了一种鼓励不同动机、多元治理主体积极参与,不断协调完善开源技术,

---

① 徐秀军、林凯文:《数字时代全球经济治理变革与中国策略》,《国际问题研究》2022 年第 2 期。
② [美] 约瑟夫·奈:《美国的领导力及自由主义国际秩序的未来》,崔志楠译,《中国国际战略评论》2017 年第 1 期。
③ 黄河、周骁:《超越主权:跨国公司对国际政治经济秩序的影响与重塑》,《深圳大学学报》(人文社会科学版) 2022 年第 1 期。

形成共同治理共识的创新型路径。① 代表性案例是美联储央行数字货币计划重要组成部分的汉密尔顿数字美元项目。该项目于 2020 年启动,旨在通过构建和测试数字美元平台并获得立法支持。在汉密尔顿项目第一阶段,美国开放了数字美元原型平台的源代码并将其命名为"开源性央行数字货币项目"(Open CBDC)。② 波士顿联储发布了《汉密尔顿项目第一阶段:为美国央行数字货币设计的高性能支付处理系统》白皮书,③ 邀请社会各界就软件代码和公布的政策文件进行广泛讨论。Open CBDC 项目组鼓励各国央行、私营部门、技术专家和研究人员共同完善开源代码库,以促进汉密尔顿项目架构、互操作性、隐私保护等方面的技术合作。④ 可以预见,数字货币的国际合作与市场化的开放式治理将成为未来趋势。

就央行数字货币而言,当前多数国家尚处于央行数字货币研发项目的概念验证、试点阶段,相关机制百废待兴,在初期阶段极有可能延续传统货币监管模式,即以正式监管、行为监管、强制手段和严格程序开展监管工作。而央行数字货币的去中心化技术性质、智能合约的履行、参与流通的主体多元、央行数字货币法律关系复杂,难以确定单一的责任主体。⑤ 这迫使国家开放央行数字货币访问系统增强可得性、提升系统互操作性,改变封闭的监管理念和监管手段,运用开源创新的方式积极调动公共部门和私营主体的积极能动性,营造良好的"开放式监管"环境,⑥ 从单一行政监管迈向多元共治。

---

① 贾开:《双重视角下的数字货币全球治理:货币革命与开源创新》,《天津社会科学》2020 年第 6 期。

② Github, *Open CBDC*, https://github.com/mit-dci/opencbdc-tx.

③ Federal Reserve Bank of Boston and Massachusetts Institute of Technology Digital Currency Initiative, *Project Hamilton Phase 1 – A High Performance Payment Processing System Designed for Central Bank Digital Currencies*, February 2022.

④ 包宏:《美联储发行央行数字货币的基本概况、政策挑战以及对数字人民币的启示》,《经济学家》2022 年第 6 期。

⑤ 许多奇:《从监管走向治理——数字货币规制的全球格局与实践共识》,《法律科学》(西北政法大学学报)2021 年第 2 期。

⑥ 卜学民:《论法定数字货币跨境流动的挑战与制度构建》,《太平洋学报》2021 年第 6 期。

第二节　正视当前全球金融治理机制的不足

数字货币全球治理是G20全球金融治理框架下的重要议题之一，但不可回避的是全球金融治理机制效能不足和全球金融治理规则呈现的"去正式化""碎片化""单边化"趋势这两大挑战，将在相当长时期内伴随甚至左右数字货币全球治理进程。以IMF和G20为核心的全球金融治理组织结构存在代表性和包容性不足问题，需要在数字货币全球治理实践中逐步改革增效，增强决策过程的透明度和公正性，统筹"碎片化"的治理规则。

一　逐步改善国际金融监管组织的弊端

当前的全球金融治理尤其是货币监管是以IMF为核心，BIS、IOSCO、IAIS为支轴，FSB、G20牵头领导的中心化组织架构。然而，IMF自身面临合法性危机和全球金融治理有效性质疑，[1] 尤其是在防范解决地区性和国际金融危机、国际货币组织低效、制度变迁动力减弱、促进全球货币合作等问题中长期难奏其效。随后成立并作为应对之策的G20也在实践中因其权责机制对发展中国家不公平不合理而缺乏广泛代表性、[2] 执行能力差、议程分散泛化等弊端削弱了其作为国际货币监管新兴核心组织的声誉和国际领导力，[3] 在国际货币监管和全球金融治理中的象征性领导地位意涵居多，以IMF、G20为核心的国际货币监管体系存在去中心化风险。不过，IMF和G20的主体代表性和包容性不足问题长久以来已为业界公认，其改革并非一蹴而就，需要在数字货币全球治理实践中逐步改善。

---

[1] Ali Burak Güven, "Defending Supremacy: How the IMF and the World Bank Navigate the Challenge of Rising Powers", *International Affairs*, Vol. 93, No. 5, September 2017, pp. 1149 – 1166.

[2] 高杰英、王婉婷：《国际金融治理机制变革及中国的选择》，《经济学家》2016年第8期。

[3] Steven Slaughter, "Debating the International Legitimacy of the G20: Global Policy making and Contemporary International Society", *Global Policy*, Vol. 4, No. 1, October 2012, pp. 43 – 52.

二 统筹碎片化的国际货币监管规则

国际货币体系、国际金融组织体系和国际金融监管体系共同构成了复杂的国际金融体系，围绕银行业、保险业、证券业、信托业等核心领域构建的规则共识对防范系统性金融风险发挥重要作用。但现行国际货币监管规则在诸多核心问题上制度供给不足，如多边/双边货币互换协议、IMF 货币政策与央行市场操作等系列规则、G20 公报与声明等规则难以涵盖国际货币制度的全部内容。这种分散化、碎片化的制度规则在应对复杂的国际汇率、国际货币储备、全球货币流动性等重要问题时无法发挥国际机制的体系性、前瞻性功用。[1] 除此以外，由于国际货币监管组织结构的"去中心化"和国际货币监管制度的"不成体系性"使国际货币监管协调机制处于"自由放任"状态，在诸多重要问题中缺乏各监管行为体之间的协调，其后果是货币监管规则的区域化、阵营化，货币跨境流动的准入壁垒高企，监管规则摩擦不断。因此，各主权国家应以开放包容和"共商、共建、共享"的理念凝聚数字货币全球治理共识，注重数字货币规制立法的体系性、整体一致性和逻辑融贯性。

第三节 加快新型数字货币法律关系立法进程

将新型货币金融法律关系纳入法治轨道，是应对金融科技发展迅速、传统金融监管体系存在滞后和不足的重要举措。数字货币具有去中心化、去金融中介化等显著特征，而传统金融监管规则体系以银行监管、资本管控、行为监管、审慎监管为主，在应对更为复杂多变的新型货币金融法律关系时难以为继。[2] 为维护金融稳定、保护投资者权益和促进金融创

---

[1] Edwin M. Truman, "The International Monetary System or 'Nonsystem'", in C. Fred Bergsten and C. Randall Henning, eds., *Global Economics in Extraordinary Times*, Washington, D. C.: Peterson Institute for International Economics, 2012, pp. 27 – 52.

[2] 徐冬根：《论法律语境下的金融科技与监管科技——以融合与创新为中心展开》，《东方法学》2019 年第 6 期。

新,应加快数字货币相关立法进程,在法制框架内明确新型货币的法律地位和业务范围,为金融创新提供明确的法律指引和保障。

一 将新型货币金融法律关系纳入法治轨道

货币法律关系是货币监管关系与货币财产关系的总和。其中,货币监管既包括现行法定货币、存款货币的监管,也包括央行数字货币的监管。传统货币金融监管体系是围绕中心化的立法格局铺就的,货币发行与流通、货币政策与宏观调控的实行、支付交易均依托银行、证券、信托、保险、支付清算等金融行业机构和监管部门的中心地位实现。[①] 在监管主体层面,商业银行和金融企业既是被合规审查的对象,也是被央行授权执行货币监管职能的主体,[②] 可以说,金融系统的稳定主要通过对这些系统重要性机构进行宏观审慎监管实现。

传统货币以预防和打击诸如伪造、变造货币以及走私、毒品、贪污腐败、洗钱等滋生的下游货币财产犯罪行为为主,因此传统货币监管更注重对相关金融主体的行为监管。而问题在于,数字技术与金融风险的叠加使货币金融关系的要素发生了变化,数字货币有关数字规制、数据保护、财产法律关系等多处于监管交叉地带或游离于现行监管框架以外。"非集中化"导向的分布式账本等数字技术改变了"科层式"的垂直监管结构,传统中心化的立法在调整新型数字货币关系时捉襟见肘。

例如,央行数字货币的立法进程迟滞,央行数字货币的法律地位缺乏明确的法律授权,不利于其有效监管和风险预判。央行数字货币是否具有主权货币属性及相应法偿性,各国认知不一。如美联储和中国都认为央行数字货币属于国家信用背书的主权货币,但更多国家的立法规制对象仍停留于去中心化的加密资产和全球稳定币阶段。例如,澳大利亚现行的《反洗钱和反恐怖融资规则》并未明确央行数字货币的货币流通

[①] 杨延超:《论数字货币的法律属性》,《中国社会科学》2020年第1期。
[②] 例如2013年美国"丝绸之路网站数字加密货币犯罪案",该网站利用数字货币匿名性和远程交易的便利性,诱使数字货币持有人进行武器、毒品等非法交易;2013年5月美国"Liberty Reserve 虚拟货币国际洗钱案"中,该汇兑公司因涉嫌利用虚拟货币交易业务进行洗钱活动,其涉案金额高达60亿美元,是史上最大的国际洗钱诉讼。

属性，日本2021年修订的《支付服务法案》监管的数字货币仍然是加密资产。总体上来看，当前多数司法管辖区的监管立法规制对象仅限于加密资产和全球稳定币，而不包括央行数字货币。因此国际社会并未形成对央行数字货币法律地位的一致性规则，有关央行数字货币国内监管和国际监管的立法进程迟滞，阻碍央行数字货币的跨境流通。①

二 变革"中心化"的金融监管框架

"去中心化、分布式运营、跨界融合、智能流程处理是金融科技和监管科技的四大核心要素。"② 数字货币本质上的金融科技属性表现为去传统银行业的中心地位以及对金融资源的垄断，达到"去金融中介化"和技术脱媒。数字货币的分布式跨境支付网络实际上是一个多中心的货币治理结构。作为数字货币底层技术之一的区块链、分布式账本技术的典型特征就是"去中心化"，或者说是"多中心化"的节点和信任机制。分布式数字支付网络对"中心化"的货币金融监管框架、静态的主体监管模式带来"去中心化"冲击，也对数字货币的监管主体提出了更高标准的信息数据处理、数据保护、隐私安全、数字身份识别和合规监管要求。例如，以互联网新兴技术为核心的央行数字货币对数据的开放性、金融基础设施的互联互通性、金融生态的包容性和共享性、以技术和创新为驱动力的多元化竞争模式等均设立了较高的标准，几乎与以银行业为监管核心、资本竞争为主、金融生态封闭、高度密集的监管状态背道而驰。这种有别于传统货币金融的巨大差异使得传统货币的监管规则框架无法成为央行数字货币监管的最优甚至合理选择。③

除此以外，还应创新科技治理手段。数字货币本身是数字金融领域的高级创新，其相应的治理框架蕴含着"变革""替代性潜力"和"结

---

① 袁曾、汤彬：《数字人民币跨境应用的合规监管制度构建》，《学术交流》2022年第7期。

② 胡滨、郑联盛：《金融科技的发展与监管/中国金融监管报告》，社会科学文献出版社2017年版，第10—15页。

③ 彭岳：《互联网金融监管理论争议的方法论考察》，《中外法学》2016年第6期。

构性冲击"要求。① 首先,"变革"意味着对数字货币治理主体、治理内容、治理媒介的敏锐感知、新旧治理手段的交互运用、法律技术的变迁等问题进行创新性的同步演进。例如,数字货币治理需要重视公共部门与私人部门的互动协作,利用"创新中心""创新加速器""监管沙盒"等新兴监管科技模式,解决数据保护、隐私安全、技术与信息共享等突出问题。其次,"替代性潜力"要求创新型的数字货币治理模式能够对潜在金融风险或能够强烈冲击甚至颠覆金融秩序的不稳定因素进行识别、预警和前瞻性指引。"替代性潜力"还表现为新的数字货币治理框架在规制数字金融、金融科技和传统货币金融业务方面,具有相较于传统货币金融监管模式的比较优势或替代旧的监管框架的能力。最后,"结构性冲击"可以从创新性治理思路解释,即数字货币与传统货币具有显著区别,在一定程度上是货币发行方式、流通方式的结构性变革。因此其监管框架、监管方式必须是创新性的、有重大变化的,而不能因循守旧、隔靴搔痒。除此以外,数字货币也将带来冲击和风险,这要求治理主体运用合宜的监管技术和方式连续不断地、自动地审查不断变化的数字货币金融市场。

---

① Iris H‑Y Chiu, "Fintech and Disruptive Business Models in Financial Products, Intermediation and Markets – Policy Implications for Financial Regulators", *Journal of Technology Law & Policy*, Vol. 21, October 2016, p. 55.

结　语

目前，加密数字资产和数字稳定币的全球交易仍如火如荼，未来央行数字货币的流通范围也不会局限于国内零售支付，进行更大范围的跨境流通并改善跨境支付是其未来的发展方向。从数字货币竞争和G20全球金融治理框架下改善跨境支付的强烈需求角度来看，有关货币主权、资本管控、金融稳定、数据跨境流动、网络安全、隐私保护、数字经济反垄断、金融科技监管等数字货币全球治理具体问题亟待解决。G20、IMF、BIS、CPMI、FSB、FATF等全球金融治理平台和国际金融监管机构在数字货币全球治理中发挥着凝聚治理共识、倡导最佳监管实践和指引国际标准制定的重要作用。

基于国家安全、公共利益保护、数据隐私立法目的等综合因素的考量，当前全球数字货币立法存在单边、双边、多边规则不一的情况，但这并不妨碍双边性、区域性和全球性数字货币治理合作的达成。数字货币全球治理合作可以是国家层面、区域层面"自下而上"的治理合作，将优秀治理实践逐渐推行至全球形成统一框架，也可以是全球层面治理框架"自上而下"的普及。有关数字货币国际标准、数据保护与网络安全、反洗钱/反恐怖融资等将成为数字货币全球治理的核心内容。

在数字货币全球治理合作的组织架构方面，鉴于G20在国际金融标准制定领域的广泛影响力和IMF成员众多、联系密切的优势，由G20和IMF引导形成数字货币全球治理的宏观框架具有可行性。BIS长期关注数字货币议题并致力于全球央行国际合作，具有国际金融领域的权威性和专业性。因此，由BIS作为数字货币全球治理合作的纽带和核心较为适宜。数字货币相关国际标准的制定机构包括 BIS 下属的 CPMI、BCBS 以及 IOSCO、IAIS、FATF、ITU 等行业监管组织。其中，FSB 在协调 G20 国家、国际金融机构和数字货币全球治理平台等主体的政策中具有重要作用。

在数字货币全球治理合作协调领域，协调利益攸关方就货币境外经营权规则、出入境管理制度、东道国与母国法律监管权限、数据跨境流动与监管信息共享、数字货币冲突适用法规则与国际争端解决等问题，是数字货币全球治理合作协调机制的重要内容。以央行数字货币为例，央行数字货币数据跨境流动与信息共享协调需要从技术运用层面搭建央行数字货币跨境流通的技术和平台；在机构组织层面由联合国主导央行数字货币数据信息共享协调；在监管权限层面由东道国与母国根据央行数字货币跨境数据的等级，合理划分数据和隐私保护权责范围。在央行数字货币国际纠纷与冲突解决方面，应改革 IMF 国际货币争端解决磋商机制，通过有效的央行数字货币国际争端解决规则和增设专门的央行数字货币委员会，强化其货币监管和货币争端解决职能；在现行仲裁机构中增设专门的央行数字货币国际纠纷仲裁庭，解决数字货币引起的国际争端。

未来中国数字人民币的发展与治理可以从监管理念、组织架构权责分配及法律制度等方面着力完善当前数字货币治理框架。逐步构建包括央行、中央金融委员会、金融消费者保护部门在内的跨部门、跨行业、跨层级治理结构。完善包括央行数字货币基础性法律规则、具有互操作性的数字支付基础设施制度框架、网络安全法制度、数据和隐私保护法律规则以及金融消费者保护制度在内的国内法治规则。通过将央行数字货币纳入现有货币互换网络与合作机制框架、提升央行数字货币在数字贸易、大宗商品和服务贸易中的使用比例、依托跨境电商助推央行数字货币的广泛流通等途径主动打造央行数字货币跨境流通模板形成国际示范效应。在国内法治与国际法治的适洽性方面，注重数字货币治理框架的体系性设计以及国内与国际监管规则的协调统一，强化数字货币治理的区域与国际法治合作。

参考文献

一　中文文献

（一）著作类

［奥］路德维希·冯·米塞斯：《货币和信用理论》，樊林洲译，商务印书馆2015年版。

［德］格奥尔格·西梅尔：《货币哲学》，于沛沛、林毅、张琪译，中国社会科学出版社2007年版。

［德］诺伯特·海林：《新货币战争：数字货币与电子支付如何塑造我们的世界》，寇瑛译，中信出版社2020年版。

［加］约翰·J. 柯顿：《二十国集团与全球治理》，郭树勇、徐谙律等译，上海人民出版社2015年版。

［黎］赛费迪安·阿莫斯：《货币未来：从金本位到区块链》，李志阔、张昕译，机械工业出版社2020年版。

［美］L. 兰德尔·雷：《现代货币理论：主权货币体系的宏观经济学》，张慧玉、王佳楠、马爽译，中信出版社2017年版。

［美］埃斯瓦尔·S. 普拉萨德：《赢得货币战争》，刘寅龙译，新世界出版社2017年版。

［美］巴里·埃森格林：《嚣张的特权：美元的兴衰和货币的未来》，陈召强译，中信出版社2011年版。

［美］保罗·维奥蒂：《美元与国家安全：硬权力的货币维度》，白云真、宋亦明译，上海人民出版社2018年版。

［美］何塞·E. 阿尔瓦雷斯：《作为造法者的国际组织》，蔡从燕等译，

法律出版社 2009 年版。

[美] 罗伯特·基欧汉、约瑟夫·奈：《权力与相互依赖》（第三版），门洪华译，北京大学出版社 2002 年版。

[美] 罗伯特·米尼肯、刘建恒：《人民币的崛起：国际地位及影响》，徐义国译，中信出版社 2013 年版。

[美] 马克·威斯顿·贾尼斯：《美国与国际法（1776—1939）》，李明倩译，上海三联书店 2018 年版。

[美] 玛莎·芬尼莫尔：《国际社会中的国家利益》，袁正清译，上海人民出版社 2012 年版。

[美] 亚当·格林菲尔德：《区块链 人工智能 数字货币：黑科技让生活更美好》，张文平、苑东明译，电子工业出版社 2018 年版。

[美] 詹姆斯·N. 罗西瑙：《没有政府的治理：世界政治中的秩序与变革》，张胜军、刘小林译，江西人民出版社 2001 年版。

[日] 小林正宏、中林伸一：《从货币读懂世界格局》，王磊译，东方出版社 2013 年版。

[英] 安德鲁·赫里尔：《全球秩序与全球治理》，林曦译，中国人民大学出版社 2018 年版。

[英] 查理斯·普罗克特：《曼恩论货币法律问题》（第七版），郭华春译，法律出版社 2015 年版。

[英] 戴维·赫尔德、安东尼·麦克格鲁：《治理全球化：权力、权威与全球治理》，曹荣湘、龙虎译，社会科学文献出版社 2004 年版。

[英] 弗里德里希·冯·哈耶克：《货币的非国家化》，姚中秋译，新星出版社 2007 年版。

巴曙松、朱元倩、金玲玲：《巴塞尔协议Ⅲ与金融监管大变革》，中国金融出版社 2015 年版。

宝山、文武：《法定数字货币》，中国金融出版社 2018 年版。

保建云：《人民币世界化与世界数字货币体系构建：分布学派的理论解释》，中国社会科学出版社 2021 年版。

邓建鹏、孙朋磊：《区块链国际监管与合规应对》，机械工业出版社 2019 年版。

高海红：《二十国集团与全球经济治理》，中国社会科学出版社 2016 年版。

葛静静主编：《全球治理视野下的国际组织》，时事出版社 2019 年版。

金钊、曾燕等：《法定数字货币：研发趋势与应用实践》，中国社会科学出版社 2021 年版。

李建平主编：《二十国集团国家创新竞争力发展报告（2019—2020）》，社会科学文献出版社 2021 年版。

李莉莎：《〈国际货币基金协定〉变革研究》，知识产权出版社 2012 年版。

李仁真主编：《国际金融法》（第三版），武汉大学出版社 2011 年版。

李巍：《制衡美元：政治领导与货币崛起》，上海人民出版社 2015 年版。

廖凡：《国际货币金融体制改革的法律问题》，社会科学文献出版社 2012 年版。

刘德斌：《国际关系史》（第二版），高等教育出版社 2018 年版。

刘衡：《国际法之治：从国际法治到全球治理——欧洲联盟、世界贸易组织与中国》，武汉大学出版社 2014 年版。

刘少军、王一轲：《货币财产（权）论》，中国政法大学出版社 2009 年版。

刘真：《国际金融稳定法律机制研究》，武汉大学出版社 2013 年版。

龙白滔：《数字货币：从石板经济到数字经济的传承与创新》，东方出版社 2020 年版。

龙骁：《国家货币主权研究》，法律出版社 2013 年版。

孟咸美：《金融监管法律制度研究》，经济日报出版社 2014 年版。

乔依德、何知仁等：《全球金融失衡与治理》，中信出版社 2021 年版。

秦亚青：《全球治理：多元世界的秩序构建》，世界知识出版社 2019 年版。

盛愉：《国际货币法概论》，法律出版社 1985 年版。

施菁：《货币与权力》，上海人民出版社 2017 年版。

数字资产研究院编：《Libra：一种金融创新实验》，东方出版社 2019 年版。

王菠、愚公、韩晓明：《数字货币》，中国商业出版社 2016 年版。

王贵国：《国际货币金融法》，北京大学出版社 2002 年版。

王正茂主编：《金融监管的国际比较》，国家行政学院出版社 2011 年版。

谢平、石午光：《数字货币新论》，中国人民大学出版社 2019 年版。

徐鸿：《货币政治：美元霸权的式微和人民币国际化的兴起》，中国经济出版社 2018 年版。

徐以升、马鑫：《金融制裁：美国新型全球不对称权力》，中国经济出版社 2015 年版。

闫海：《货币即权力：货币调控权论》，法律出版社 2015 年版。

杨东：《区块链 + 监管 = 法链》，人民出版社 2018 年版。

杨松：《国际法与国际货币新秩序研究》，北京大学出版社 2002 年版。

杨文云：《金融监管法律国际协调机制研究》，上海财经大学出版社 2011 年版。

姚前、陈华：《数字货币经济分析》，中国金融出版社 2018 年版。

姚前：《数字货币初探》，中国金融出版社 2018 年版。

袁康：《金融公平的法律实现》，社会科学文献出版社 2017 年版。

张发林：《全球金融治理与中国》，中国人民大学出版社 2020 年版。

张瑾：《国际金融监管法制化研究》，上海人民出版社 2014 年版。

张西峰：《主权货币国际流通法论》，中国政法大学出版社 2015 年版。

长铗、韩锋等：《区块链：从数字货币到信用社会》，中信出版社 2016 年版。

钟伟、魏伟、陈骁等：《数字货币：金融科技与货币重构》，中信出版社 2018 年版。

（二）期刊类

［德］伦纳·库尔姆斯：《比特币：自我监管与强制法律之间的数字货币》，廖凡、魏娜译，《国际法研究》2015 年第 4 期。

安娜：《数字美元：发行目的、基本架构、应用场景及对我国央行数字货币 DC/EP 的挑战》，《新金融》2020 年第 11 期。

巴曙松、姚舜达：《央行数字货币体系构建对金融系统的影响》，《金融论坛》2021 年第 4 期。

保建云：《主权数字货币、金融科技创新与国际货币体系改革——兼论数字人民币发行、流通及国际化》,《人民论坛·学术前沿》2020 年第 2 期。

贝多广、罗煜:《补充性货币的理论、最新发展及对法定货币的挑战》,《经济学动态》2013 年第 9 期。

卜学民:《论法定数字货币跨境流动的挑战与制度构建》,《太平洋学报》2021 年第 6 期。

陈华、巩孝康:《我国央行数字货币问题研究》,《学术交流》2021 年第 2 期。

陈建奇:《破解"特里芬"难题——主权信用货币充当国际储备的稳定性》,《经济研究》2012 年第 4 期。

陈文、张磊、杨涛:《数据治理视角下央行数字货币的发行设计创新》,《改革》2020 年第 9 期。

陈燕红、于建忠、李真:《央行数字货币的经济效应与审慎管理思路》,《东岳论丛》2020 年第 12 期。

陈燕红、于建忠、李真:《中国央行数字货币:系统架构、影响机制与治理路径》,《浙江社会科学》2020 年第 10 期。

陈雨露:《当前全球中央银行研究的若干重点问题》,《金融研究》2020 年第 2 期。

陈姿含:《数字货币法律规制:技术规则的价值导向》,《西安交通大学学报》(社会科学版)2020 年第 3 期。

程雪军、尹振涛:《全国统一大市场下的金融科技创新与监管体系重构》,《经济问题》2023 年第 9 期。

程雪军:《法定数字货币冲击下商业银行的数字化转型》,《财经科学》2023 年第 9 期。

程雪军:《区块链技术驱动下私人数字货币的发展风险与系统治理》,《深圳大学学报》(人文社会科学版)2022 年第 3 期。

程雪军:《现代中央银行数字货币的国际竞争与发展制度构建》,《国际贸易》2023 年第 2 期。

程雪军:《现代中央银行数字货币法治困境与体系构建——基于 2147 份判决书的实证分析》,《中国流通经济》2023 年第 2 期。

程雪军：《央行数字货币的国际竞争格局及中国式现代化因应》，《经济体制改革》2023 年第 3 期。

程雪军：《中央银行数字货币的发展逻辑与国际镜鉴》，《经济学家》2022 年第 11 期。

崔志楠、邢悦：《从"G7 时代"到"G20 时代"——国际金融治理机制的变迁》，《世界经济与政治》2011 年第 1 期。

邓宇：《全球 CBDC 发展进程与国际监管协调》，《金融发展研究》2023 年第 5 期。

董柞壮：《数字货币、金融安全与全球金融治理》，《外交评论》2022 年第 4 期。

方显仓、黄思宇：《数字货币与中国货币政策转型》，《学术论坛》2020 年第 2 期。

封思贤、杨靖：《法定数字货币运行的国际实践及启示》，《改革》2020 年第 5 期。

封思贤、张雨琪：《法定数字货币对人民币国际化的促进效应》，《国际贸易》2022 年第 5 期。

冯永琦、刘韧：《货币职能、货币权力与数字货币的未来》，《经济学家》2020 年第 4 期。

冯永琦、于欣晔：《后疫情时代全球金融治理体系建构与中国策略选择》，《东北亚论坛》2020 年第 6 期。

高洪民、李刚：《金融科技、数字货币与全球金融体系重构》，《学术论坛》2020 年第 2 期。

高奇琦：《主权区块链与全球区块链研究》，《世界经济与政治》2020 年第 10 期。

顾标、徐子鉴：《数字货币赋能人民币国际化——基于"多边央行数字货币桥"项目的考察》，《金融市场研究》2023 年第 9 期。

管弋铭、伍旭川：《数字货币发展：典型特征、演化路径与监管导向》，《金融经济学研究》2020 年第 3 期。

郭晓敏、陈建奇：《数字货币如何影响国家安全：逻辑、机制及应对》，《财经问题研究》2020 年第 8 期。

国世平、杨帆：《货币革命：我国创发数字货币的金融效应、风险与挑战》，《深圳大学学报》（人文社会科学版）2019年第9期。

何德旭、姚博：《人民币数字货币法定化的实践、影响及对策建议》，《金融评论》2019年第5期。

何平：《私人数字货币的限度与法定数字货币的未来》，《探索与争鸣》2019年第11期。

贺嘉：《央行数字货币中区块链的应用及其监管探究》，《应用法学评论》2022年第1辑。

胡施、谢庚：《央行数字货币发展研究综述及展望》，《投资研究》2022年第1期。

黄国平、丁一、李婉溶：《数字人民币的发展态势、影响冲击及政策建议》，《财经问题研究》2021年第6期。

黄莺：《全球金融科技监管及改革趋势》，《现代国际关系》2021年第7期。

贾开：《双重视角下的数字货币全球治理：货币革命与开源创新》，《天津社会科学》2020年第6期。

蒋海曦、佘赛男：《当代货币的权力：大卫·哈维的货币理论研究》，《当代经济研究》2020年第5期。

蒋旭栋：《美国区块链治理的策略与前景》，《国际展望》2023年第4期。

靳文辉：《法权理论视角下的金融科技及风险防范》，《厦门大学学报》（哲学社会科学版）2019年第2期。

景欣：《法定数字货币中智能合约的构造与规制》，《现代经济探讨》2021年第10期。

柯达：《货币法偿性的法理逻辑与制度反思——兼论我国法定数字货币的法偿性认定》，《上海财经大学学报》2020年第6期。

柯达：《人民币国际化背景下区块链数字货币跨境支付的机制构建》，《国际经济法学刊》2021年第3期。

克里斯·布鲁木、叶沙·雅德乌、张磊等：《金融科技监管与创新的三元悖论》，《经济社会体制比较》2019年第6期。

黎四奇、李牧翰：《金融科技监管的反思与前瞻——以"沙盒监管"为例》,《甘肃社会科学》2021 年第 3 期。

李本、韩笑:《RCEP 框架下扩容 mBridge 的可行性及其进路》,《经济学家》2023 年第 9 期。

李建军、朱烨辰:《数字货币理论与实践研究进展》,《经济学动态》2017年第 10 期。

李仁真、关蕴珈:《新冠疫情下美国数字美元的发展及其影响》,《国际贸易》2020 年第 10 期。

李巍:《伙伴、制度与国际货币——人民币崛起的国际政治基础》,《中国社会科学》2016 年第 5 期。

李巍:《制衡美元的政治基础——经济崛起国应对美国货币霸权》,《世界经济与政治》2012 年第 5 期。

李文红、蒋则沈:《分布式账户、区块链和数字货币的发展与监管研究》,《金融监管研究》2018 年第 6 期。

李晓、冯永琦:《国际货币体系改革的集体行动与二十国集团的作用》,《世界经济与政治》2012 年第 2 期。

李晓、李黎明:《私人数字货币兴起与美元体系的未来》,《吉林大学社会科学学报》2020 年第 3 期。

李志杰、李一丁、李付雷:《法定与非法定数字货币的界定与发展前景》,《新华文摘》2017 年第 19 期。

李智、黄琳芳:《法定数字货币跨境流通的法律问题研究》,《武大国际法评论》2022 年第 2 期。

梁庭瑜:《加密货币流通中的国际私法挑战与对策》,《中国流通经济》2022 年第 4 期。

廖凡:《全球金融治理的合法性困局及其应对》,《法学研究》2020 年第 5 期。

林东:《法哲学研究范式下的货币权力探析》,《河北法学》2014 年第 8 期。

林宏宇、李小三:《国际货币权力与地缘政治冲突》,《国际关系学院学报》2012 年第 1 期。

刘东民、宋爽:《数字货币、跨境支付与国际货币体系变革》,《金融论坛》2020 年第 11 期。

刘宏松、徐悦：《金融危机下跨大西洋金融监管协调的政治逻辑》，《世界经济与政治》2018 年第 6 期。

刘津含、陈建：《数字货币对国际货币体系的影响研究》，《经济学家》2018 年第 5 期。

刘凯、李育、郭明旭：《主要经济体央行数字货币的研发进展及其对经济系统的影响研究：一个文献综述》，《国际金融研究》2021 年第 6 期。

刘少军：《法定数字货币的法理与权义分配研究》，《中国政法大学学报》2018 年第 3 期。

刘生福：《数字化支付对货币政策的影响：综述与展望》，《经济学家》2018 年第 7 期。

刘向民：《央行发行数字货币的法律问题》，《中国金融》2016 年第 17 期。

刘媛：《央行数字货币跨境支付系统：研发进展、构建挑战及法制因应》，《国际经贸探索》2023 年第 7 期。

罗丽媛、王亦豪：《全球数字货币发展与数字人民币在国际货币权力中的演进》，《经济论坛》2023 年第 6 期。

吕江林、郭珺莹、张斓弘：《央行数字货币的宏观经济与金融效应研究》，《金融经济学研究》2020 年第 1 期。

马红霞：《全球央行数字货币的发展现状、运行风险及趋势预测》，《湖湘论坛》2023 年第 5 期。

马永强：《论区块链加密货币的刑法定性》，《苏州大学学报》（法学版）2022 年第 2 期。

孟于群：《法定数字货币跨境支付的法律问题与规则构建》，《政法论丛》2021 年第 4 期。

穆杰：《央行推行法定数字货币 DCEP 的机遇、挑战及展望》，《经济学家》2020 年第 3 期。

彭绪庶：《央行数字货币的双重影响与数字人民币发行策略》，《经济纵横》2020 年第 12 期。

戚聿东、褚席：《数字经济视阈下法定数字货币的经济效益与风险防范》，

《改革》2019 年第 11 期。

齐志远、高剑平、郗望：《风险社会中金融秩序重塑的系统哲学分析——兼论央行数字货币 DC/EP 的实践价值》，《西北民族大学学报》（哲学社会科学版）2023 年第 3 期。

任琳：《金融与霸权关系的悖论》，《国际政治科学》2020 年第 1 期。

沈伟：《金融科技的去中心化和中心化的金融监管——金融创新的规制逻辑及分析维度》，《现代法学》2018 年第 3 期。

沈伟：《逆全球化背景下的国际金融治理体系和国际经济秩序新近演化——以二十国集团和"一带一路"为代表的新制度主义》，《当代法学》2018 年第 1 期。

盛松成、蒋一乐：《货币当局为何要发行央行数字货币》，《清华金融评论》2016 年第 12 期。

石凯雁：《央行数字货币应用对国际贸易规模的影响研究——基于货币认同和网络安全的中介效应》，《商业经济研究》2023 年第 12 期。

宋鹭、李佳林：《央行数字货币、跨境支付应用与数字人民币的发展》，《新金融》2023 年第 10 期。

宋鹭、李欣洁、蔡彤娟：《数字欧元的典型特征、深层机制与前景分析》，《国际贸易》2022 年第 4 期。

宋爽、刘东民：《央行数字货币的全球竞争：驱动因素、利弊权衡与发展趋势》，《经济社会体制比较》2021 年第 2 期。

宋晓燕：《论有效金融监管制度之构建》，《东方法学》2020 年第 2 期。

宋亚琼、王新军：《数字货币的发行机制与监管模式》，《学术交流》2016 年第 7 期。

苏宇：《数字代币监管的模式、架构与机制》，《东方法学》2021 年第 3 期。

孙业霞：《从马克思国际货币职能看主权货币充当世界货币的弊端》，《经济学家》2019 年第 3 期。

陶世贵：《美元的"不可能三角"：国际货币、债务货币与制裁货币》，《经济学家》2022 年第 10 期。

王炳楠：《国际战略视角下的数字货币发展研究》，《新金融》2020 年第

7 期。

王兰：《全球数字金融监管异化的软法治理归正》，《现代法学》2021 年第 3 期。

王湘穗：《币缘政治：世界格局的变化与未来》，《世界经济与政治》2011 年第 4 期。

王旭、晁静、李婧：《网络建构视角下金砖国家央行数字货币合作探析》，《当代世界与社会主义》2023 年第 2 期。

王雨薇、国世平：《中央银行数字货币面临的挑战及风险防范研究》，《云南财经大学学报》2020 年第 2 期。

魏南枝：《世界的"去中心化"：霸权的危机与不确定的未来》，《文化纵横》2020 年第 4 期。

吴婷婷、王俊鹏：《我国央行发行数字货币：影响、问题及对策》，《西南金融》2020 年第 7 期。

吴心弘、裴平：《法定数字货币：理论基础、运行机制与政策效应》，《苏州大学学报》（哲学社会科学版）2022 年第 2 期。

吴烨：《论金融科技监管权的本质及展开》，《社会科学研究》2019 年第 5 期。

谢星、张勇、封思贤：《法定数字货币的宏观经济效应研究》，《财贸经济》2020 年第 10 期。

徐崇利：《国际秩序的基础之争：规则还是国际法》，《中国社会科学评价》2022 年第 1 期。

徐冬根：《论法律语境下的金融科技与监管科技——以融合与创新为中心展开》，《东方法学》2019 年第 6 期。

徐文彬：《央行数字货币（DCEP）重塑银行体系的前景展望》，《税务与经济》2020 年第 5 期。

徐秀军、林凯文：《数字时代全球经济治理变革与中国策略》，《国际问题研究》2022 年第 2 期。

许偲炜：《主权数字货币跨境流通的制度构建》，《西南民族大学学报》（人文社会科学版）2021 年第 11 期。

许多奇：《金融科技的"破坏性创新"本质与监管科技新思路》，《东方法学》2018 年第 2 期。

杨东、陈哲立：《法定数字货币的定位与性质研究》，《中国人民大学学报》2020 年第 3 期。

杨东：《Libra：数字货币型跨境支付清算模式与治理》，《东方法学》2019 年第 6 期。

杨东：《监管科技：金融科技的监管挑战与维度建构》，《中国社会科学》2018 年第 5 期。

杨继：《基于数字经济的法定数字货币产生逻辑、功能演进与发展趋势研究》，《社会科学辑刊》2022 年第 2 期。

杨松、张永亮：《金融科技监管的路径转换与中国选择》，《法学》2017 年第 8 期。

杨晓晨、张明：《Libra：概念原理、潜在影响及其与中国版数字货币的比较》，《金融评论》2019 年第 4 期。

杨延超：《论数字货币的法律属性》，《中国社会科学》2020 年第 1 期。

姚前、汤莹玮：《关于央行法定数字货币的若干思考》，《金融研究》2017 年第 7 期。

姚前：《法定数字货币的经济效应分析：理论与实证》，《国际金融研究》2019 年第 1 期。

姚前：《法定数字货币对现行货币体制的优化及其发行设计》，《国际金融研究》2018 年第 4 期。

姚前：《共识规则下的货币演化逻辑与法定数字货币的人工智能发行》，《金融研究》2018 年第 9 期。

姚前：《全球央行数字货币研发的基本态势与特征》，《新华文摘》2021 年第 13 期。

殷德生：《权力、相互依赖与国际货币合作——基于国际货币体系史的考察》，《世界经济与政治》2011 年第 8 期。

于品显：《中央银行数字货币法律问题探析》，《上海对外经贸大学学报》2020 年第 2 期。

袁曾：《法定数字货币的法律地位、作用与监管》，《东方法学》2021 年第 3 期。

袁志刚、伍曼玮：《后疫情时代全球经济金融结构演变与中国战略应对》，《东南学术》2022 年第 3 期。

张发林、张巍：《均衡困境与金融安全：国际货币制度变迁及问题》，《国际安全研究》2018 年第 6 期。

张发林：《全球金融治理体系的演进：美国霸权与中国方案》，《国际政治研究》2018 年第 4 期。

张发林：《全球金融治理体系的政治经济学分析》，《国际政治研究》2016 年第 4 期。

张纪腾：《区块链及超主权数字货币视角下的国际货币体系改革——以 E - SDR 的创新与尝试为例》，《国际展望》2019 年第 6 期。

张继红、牛佩佩：《美国数字货币监管考量及对我国的启示》，《金融法苑》2018 年总第 96 辑。

张敬思、李成刚：《央行数字货币视角下的国际货币竞争：一个理论分析及模拟》，《国际经贸探索》2023 年第 4 期。

张乐、王淑敏：《法定数字货币：重构跨境支付体系及中国因应》，《财经问题研究》2021 年第 7 期。

张永亮：《中国金融科技监管之法制体系构建》，《江海学刊》2019 年第 3 期。

张宇燕：《全球治理的中国视角》，《世界经济与政治》2016 年第 9 期。

章成、张鑫仪：《比较法视阈下的央行数字货币网络安全风险规制及对我国的启示》，《中国软科学》2023 年第 9 期。

章玉贵：《全球数字货币竞争生态与我国数字货币发展前瞻》，《人民论坛：学术前沿》2020 年第 11 期。

赵可金：《从旧多边主义到新多边主义——对国际制度变迁的一项理论思考》，《世界经济与政治》2006 年第 7 期。

赵莹：《我国法定数字货币的金融监管制度构建》，《重庆社会科学》2020 年第 5 期。

赵越强、徐迎迎、李小平等：《多边央行数字货币安排：发展动因、运行机制与应用前景》，《国际贸易》2023 年第 4 期。

赵越强：《公共和私有部门数字货币的发展趋势、或有风险与监管考量》，

《经济学家》2020 年第 8 期。

赵忠秀、刘恒：《数字货币、贸易结算创新与国际货币体系改善》，《经济与管理评论》2021 年第 3 期。

郑丁灏：《相互依赖、机制变迁与全球金融治理——基于国际经济法与国际关系的交叉视角》，《国际经济法学刊》2021 年第 1 期。

郑华、聂正楠：《科技革命与国际秩序变迁的逻辑探析》，《国际观察》2021 年第 5 期。

郑彧：《金融市场基础设施的历史进路及其监管应对》，《国家检察官学院学报》2022 年第 4 期。

周立：《主权数字货币发行流通及其经济效应分析》，《理论学刊》2022 年第 1 期。

周有容：《国际央行数字货币研发进展综述》，《西南金融》2022 年第 2 期。

周仲飞、李敬伟：《金融科技背景下金融监管范式的转变》，《法学研究》2018 年第 5 期。

朱太辉、张皓星：《中国央行数字货币的设计机制及潜在影响研究——基于央行数字货币专利申请的分析》，《金融发展研究》2020 年第 5 期。

庄雷、赵成国：《区块链技术创新下数字货币的演化研究：理论与框架》，《经济学家》2017 年第 5 期。

（三）学位论文类

董哲：《跨境支付系统法律系统问题研究》，博士学位论文，武汉大学，2019 年。

郭步超：《货币权力视角的人民币国际化研究》，博士学位论文，南开大学，2015 年。

韩洋：《危机以来国际金融监管制度的法律问题研究》，博士学位论文，华东政法大学，2014 年。

刘东方：《全球经济治理制度性权力国际法视角分析》，博士学位论文，华东政法大学，2017 年。

刘江山：《TTIP 协定中的监管合作法律问题研究》，博士学位论文，对外经济贸易大学，2020 年。

刘盛：《金融监管沙盒制度研究》，博士学位论文，厦门大学，2019 年。

刘天姿：《全球金融治理中的软法问题研究》，博士学位论文，武汉大学，2011 年。

毛术文：《人民币国际化清算的法律问题研究》，博士学位论文，中南财经政法大学，2018 年。

庞永锋：《布雷顿森林体系下的美元霸权研究》，博士学位论文，中国人民大学，2014 年。

秦卫波：《国际货币体系改革及中国参与路径》，博士学位论文，东北师范大学，2018 年。

申天娇：《全球治理中国际软法的认知澄清与应用完善研究》，博士学位论文，吉林大学，2022 年。

王博文：《全球化背景下金融监管国际合作研究》，博士学位论文，吉林大学，2019 年。

王卓：《全球经济治理变革的路径选择——以 CPTPP、AIIB 为中心的国际政治经济学分析》，博士学位论文，外交学院，2018 年。

吴超：《金融监管国际合作机制构建研究》，博士学位论文，天津财经大学，2012 年。

谢星：《法定数字货币对货币政策的影响研究》，博士学位论文，南京师范大学，2020 年。

姚梅：《金融科技全球治理法律问题研究》，博士学位论文，上海交通大学，2020 年。

余雪扬：《法定数字货币法经济逻辑与制度规则研究》，博士学位论文，江西财经大学，2021 年。

张川华：《国际货币合作法律化研究》，博士学位论文，南开大学，2011 年。

周帅：《国际金融公共产品视角下的全球金融体系治理变革研究》，博士学位论文，辽宁大学，2017 年。

二 外文文献

(一) 著作类

Boccuzzi, Giuseppe, *The European Banking Union: Supervision and Resolution*, Palgrave Macmillan, 2016.

Bummer, Chris, *Soft Law and the Global Financial System: Rule Making in the 21st Century*, Cambridge University Press, 2015.

Cohen, Benjamin J., *Currency Power: Understanding Monetary Rivalry*, Princeton University Press, 2015.

Cohen, Benjamin J., *Organizing the World's Money: The Political Economy of International Monetary Relations*, Basic Books, 1977.

Cohen, Benjamin J., *The Geography of Money*, Cornell University Press, 1998.

Diehl, Martin and Alexandrova-Kabadjova et al., *Analyzing the Economics of Financial Market Infrastructures*, Business Science Reference, 2016.

Drezner, Daniel W., *All Politics is Global: Explaining International Regulatory Regimes*, Princeton: Princeton University Press, 2007.

Eichengreen, Barry, *Exorbitant Privilege: The Rise and Fall of the Dollar and the Future of the International Monetary System*, Oxford University Press, 2011.

Eichengreen, Barry, *Golden Fetters: The Gold Standard and the Great Depression, 1919–1939*, Oxford University Press, 1992.

Gavin, Francis J., *Gold, Dollars and Power: The Politics of International Monetary Relations (1958–1971)*, University of North Carolina Press, 2004.

Gilpin, Robert, *Global Political Economy: Understanding the International Economic Order*, Princeton University Press, 2001.

Gilpin, Robert, *Political Economy of International Relations*, Princeton University Press, 1987.

Górka, Jakub, *Transforming Payment Systems in Europe*, Palgrave Macmillan, 2016.

Grimes, William W. , *Currency and Contest in East Asia: The Great Power Politics of Financial Regionalism*, Cornell University Press, 2009.

Hayek, Friedrich V. , *Denationalisation of Money*, Institute of Economic Affairs, 1978.

Helleiner, Eric and Kirshner, Jonathan eds. , *The Great Wall of Money: Power and Politics in China's International Monetary Relations*, Cornell University Press, 2014.

Jordan, Amos A. and Taylor, William J. et al. , *American National Security: Policy and Process*, The Johns Hopkins University Press, 2009.

Kaczorowska, Alina, *Public International Law*, 4th Edition, Routledge, 2010.

Kellermann, Joanne A. and Mosch, Robert H. J. , *Financial Supervision in the 21st Century*, Springer, 2013.

Kindleberger, Charles P. , *The World in Depression: 1929 – 1939*, University of California Press, 2013.

Kirshner, Jonathan, *Currency and Coercion: The Political Economy of International Monetary Power*, Princeton University Press, 1997.

Lairson, Thomas D. and Skidmore, David, *International Political Economy: The Struggle for Power and Wealth*, Peking University Press, 2004.

Lee, Ruben, *Running the World's Markets: The Governance of Financial Infrastructure*, Princeton University Press, 2010.

Mattli, Walter and Seddon, Jack, "The Power of the Penholder: The Missing Politics in Global Regulatory Governance Analysis," in Panagiotis Delimatsis ed. , *The Law, Economics and Politics of International Standardisation*, Cambridge University Press, 2015.

Persuad, Avinash, *Reinventing Financial Regulation: A Blueprint for Overcoming Systemic Risk*, Berkerley: Apress, 2015.

Samid, Gideon, *How Digital Currencies Will Cascade up to a Global Stable Currency: The Fundamental Framework for The Money of the Future*, in David Lee Kuo Chuen ed. , *Handbook of Digital Currency*, Academic Press, 2015.

Strange, Susan, *Sterling and British Policy: A Political Study of an Internation-*

al Currency in Decline, Oxford University Press, 1971.

（二）期刊类

Agur, Itai, Ari, Anil and Dell'Ariccia, Giovanni, "Designing Central Bank Digital Currencies", *Journal of Monetary Economics* 1, Vol. 2, 2021.

Andolfatto, David, "Some Thoughts on Central Bank Digital Currency", *Cato Journal* 343, Vol. 41, 2021.

Andryushin, Sergey A., "Digital Currency of the Central Bank as the Third Form of Money of the State", *Aktual′nye Problemy Èkonomikii Prava*, Vol. 15, 2021.

Angrick, Stefan, "Structural Conditions for Currency Internationalization: International Finance and the Survival Constraint", *Review of International Political Economy*, Vol. 25, 2018.

Arauz, Andrés, "The International Hierarchy of Money in Cross Border Payment Systems: Developing Countries' Regulation for Central Bank Digital Currencies and Facebook's Stablecoin", *International Journal of Political Economy*, Vol. 50, 2021.

Avgouleas, Emilios and Blair, William, "The Concept of Money in the 4th Industrial Revolution – A Legal and Economic Analysis", *Singapore Journal of Legal Studies*, 2020.

Bach, David and Newman, Abraham L., "The European Regulatory State and Global Public Policy: Micro – institutions, Macro – influence", *Journal of European Public Policy*, Vol. 14, 2007.

Belke, Ansgar and Beretta, Edoardo, "From Cash to Central Bank Digital Currencies and Cryptocurrencies: A Balancing Act between Modernity and Monetary Stability", *Journal of Economic Studies*, Vol. 47, 2020.

Bindseil, Ulrich, "Central Bank Digital Currency: Financial System Implications and Control", *International Journal of Political Economy*, Vol. 48, 2019.

Bozma, Gurkan and Akdag, Murat, "An Evaluation of Central Bank Digital Currency", *The Journal of International Scientific Researches*, Vol. 6, 2021.

Bryans, Danton, "Bitcoin and Money Laundering: Mining for an Effective Solution", *Indiana Law Journal*, Vol. 89, 2014.

Chey, Hyoung-Kyu and Li, Yu Wai Vic, "Chinese Domestics Politics and the Internationalization of the Renminbi", *Political Science Quarterly*, Vol. 135, 2020.

Chin, Gregory T., "Asian Infrastructure Investment Bank: Governance Innovation and Prospect", *Global Governance*, Vol. 22, 2016.

Chiu, Iris H.-Y., "Central Bank Digital Currency for the Crypto-Economy: An Experimental Proposal Based on the European Single Market and Institution-Building", *California Western International Law Journal*, Vol. 51, 2021.

Chorzempa, Martin, "Promise and Peril of Digital Money in China", *Cato Journal*, Vol. 41, 2021.

Chudinovskikh, Marina and Sevryugin, Victor, "Cryptocurrency Regulation in the Brics Countries and the Eurasian Economic Union", *Brics Law Journal*, Vol. 6, 2019.

Cohen, Benjamin J. and Benney, Tabitha M., "What does the International Currency System Really Look Like?", *Review of International Political Economy*, Vol. 21, 2014.

Cohen, Benjamin J. and Subacchi, Paola, "A One-and-A-Half Currency System", *Journal of International Affairs*, Vol. 62, 2008.

Crawford, John, Menand, Lev and Ricks, Morgan, "FedAccounts: Digital Dollars", *George Washington Law Review*, Vol. 89, 2021.

Cvetkova, Irina, "Cryptocurrencies Legal Regulation", *Brics Law Journal*, Vol. 5, 2018.

Dell'Erba, Marco, "Stablecoins in Cryptoeconomics from Initial Coin Offerings to Central Bank Digital Currencies", *New York University Journal of Legislation and Public Policy*, Vol. 22, 2019.

Destradi, Sandra, "Regional Powers and Their Strategies: Empire, Hegemony, and Leadership", *Review of International Studies*, Vol. 36, 2010.

Didenko, Anton N. and Buckley, Ross P. , "The Evolution of Currency: Cash to Cryptos to Sovereign Digital Currencies", *Fordham International Law Journal*, Vol. 42, 2019.

Ellie, Rennie and Steele, Stacey, "Privacy and Emergency Payments in a Pandemic: How to Think About Privacy and a Central Bank Digital Currency", *Law, Technology and Humans*, Vol. 3, 2021.

Fama, Marco, Fumagalli, andrea and Lucarelli, Stefano, "Cryptocurrencies, Monetary Policy, and New Forms of Monetary Sovereignty", *International Journal of Political Economy*, Vol. 48, 2019.

Germain, Randall and Schwartz, Herman, "The Political Economy of Failure: The Euro as an International Currency", *Review of International Political Economy*, Vol. 21, 2014.

Gersen, Jacob and Posner, Eric, "Soft Law: Lessons from Congressional Practice", *Stanford Law Review*, Vol. 61, 2008.

Geva, Benjamin, Grünewald, Seraina N. and Zellweger – Gutknecht, Corinne, "The e – Banknote as a 'Banknote': A Monetary Law interpreted", *Oxford Journal of Legal Studies*, Vol. 41, 2021.

Goldsmith, Jacob, "The IMF Must Develop Best Practices before Government – Backed Cryptocurrencies Destabilize the International Monetary System", *Emory International Law Review*, Vol. 34, 2020.

Helleiner, Eric, "Political Determinants of International Currencies: What Future for the U. S. Dollar?", *Review of International Political Economy*, Vol. 15, 2008.

Hockett, Robert, "Money's Past is Fintech's Future: Wildcat Crypto, the Digital Dollar, and Citizen Central Banking", *Stanford Journal of Blockchain Law & Policy*, Vol. 1, 2019.

Hockett, Robert, "The Democratic Digital Dollar: A Digital Savings & Payments Platform for Fully Inclusive State, Local, and National Money & Banking Systems", *Harvard Business Law Review*, Vol. 10, 2020.

Hsu, Jason and Tsai, Lindy, "An Alternative Monetary System Reimagined:

The Case for Central Bank Digital Currency", *California Western International Law Journal*, Vol. 51, 2021.

Knaack, Peter and Gruin, Julian, "From Shadow Banking to Digital Financial Inclusion: China's Rise and the Politics of Epistemic Contestation within the Financial Stability Board", *Review of International Political Economy*, Vol. 28, 2021.

Knaack, Peter, "Innovation and Deadlock in Global Financial Governance: Transatlantic Coordination Failure in OTC Derivatives Regulation", *Review of International Political Economy*, Vol. 22, 2015.

Kokkinis, Andreas and Miglionico, Andrea, "Open Banking and Libra: A New Frontier of Financial Inclusion for Payment Systems?", *Singapore Journal of Legal Studies*, 2020.

Kumhof, Michael and Noone, Clare, "Central Bank Digital Currencies: Design Principles for Financial Stability", *Economic Analysis and Policy*, Vol. 71, 2021.

Lee, David Kuo Chuen & Yan, Li & Wang, Yu, "A Global Perspective on Central Bank Digital Currency", *China Economic Journal*, Vol. 14, 2021.

Li, Shiyun & Huang, Yiping, "The Genesis, Design and Implications of China's Central Bank Digital Currency", *China Economic Journal*, Vol. 14, 2021.

Liao, Steven and McDowell, Daniel, "Redback Rising: China's Bilateral Swap Agreements and Renminbi Internationalization", *International Studies Quarterly*, Vol. 59, 2015.

Lyratzakis, Dimitrios, "The Determinants of RMB Internationalization: The Political Economy of a Currency's Rise", *American Journal of Chinese Studies*, Vol. 21, 2014.

Malherbe, Léo, Montalban, Matthieu and Bédu, Nicolas et al., "Cryptocurrencies and Blockchain: Opportunities and Limits of a New Monetary Regime", *International Journal of Political Economy*, Vol. 48, 2019.

McDowell, Daniel and Steinberg, David A., "Systemic Strengths, Domestic

Deficiencies: The Renminbi's Future as a Reserve Currency", *Journal of Contemporary China*, Vol. 26, 2017.

Morales – Resendiz, Raúl, Ponce, Jorge and Picardo, Pablo et al., "Implementing a Retail CBDC: Lessons Learned and Key Insights", *Latin American Journal of Central Banking*, Vol. 2, 2021.

Nabilou, Hossein and Prüm, André, "Central Banks and Regulation of Cryptocurrencies", *Review of Banking and Financial Law*, Vol. 39, 2020.

Nabilou, Hossein and Prüm, André, "Ignorance, Debt and Cryptocurrencies: the Old and the New in the Law and Economics of Concurrent Currencies", *Journal of Financial Regulation*, Vol. 5, 2019.

Nabilou, Hossein, "How to Regulate Bitcoin? Decentralized Regulation for a Decentralized Cryptocurrency", *International Journal of Law & Information Technology*, Vol. 27, 2019.

Newman, Abraham and Posner, Elliot, "Transnational Feedback, Soft Law, and Preferences in Global Financial Regulation", *Review of International Political Economy*, Vol. 1, 2016.

Oliver, Stuenkel, "The Financial Crisis, Contested Legitimacy, and the Genesis of Intra – Brics Cooperation", *Global Governance*, Vol. 19, 2013.

Plassaras, Nicholas A., "Regulating Digital Currencies: Bringing Bitcoin within the Reach of IMF", *Chicago Journal of International Law*, Vol. 14, 2013.

Ponsford, Matthew P., "A Comparative Analysis of Bitcoin and Other Decentralised Virtual Currencies: Legal Regulation in the People's Republic of China, Canada, and the United States", *Hong Kong Journal of Legal Studies*, Vol. 9, 2015.

Posner, Elliot, "Making Rules for Global Finance: Transatlantic Regulatory Cooperation at the Turn of the Millennium", *International Organization*, Vol. 63, 2009.

Prasad, Eswar S., "The Case for Central Bank Digital Currencies", *Cato Journal*, Vol. 41, 2021.

Quaglia, Lucia, "The Political Economy of Post – Crisis International Standards for Resolving Financial institutions", *New Political Economy*, Vol. 22, 2017.

Reisenbichler, Alexander, "The Domestic Sources and Power Dynamics of Regulatory Networks: Evidence from the Financial Stability Forum", *Review of International Political Economy*, Vol. 22, 2015.

Rosner, Marcel T. and Kang, Andrew, "Understanding and Regulating Twenty-First Century Payment Systems: The Ripple Case Study", *Michigan Law Review*, Vol. 114, 2016.

Schularick, Moritz and Taylor, Alan M., "Credit Booms Gone Bust: Monetary Policy, Leverage Cycles and Financial Crises, 1870–2008", *American Economic Review*, Vol. 102, 2012.

Selgin, Geroge, "Central Bank Digital Currency as a Potential Source of Financial Instability", *Cato Journal*, Vol. 41, 2021.

Sims, Christopher A., "Paper Money", *The American Economic Review*, Vol. 103, 2013.

Singer, David A., "Capital Rules: The Domestic Politics of International Regulatory Harmonization", *International Organization*, Vol. 58, 2004.

Solowey, Jack, "Digital Delegation Doctrine: Central Bank Digital Currencies and the Future of the Separation of Power", *New York University Journal of Law and Liberty*, Vol. 12, 2019.

Sonksen, Clark, "Cryptocurrency Regulations in ASEAN, East Asia, & America: To Regulate or Not to Regulate", *Washington University Global Studies Law Review*, Vol. 20, 2021.

Stokes, Doug, "'Achilles' Deal: Dollar Decline and Us Grand Strategy after the Crisis", *Review of International Political Economy*, Vol. 21, 2014.

Taskinsoy, John, "This Time is Different: Facebook's Libra Can Improve Both Financial Inclusion and Global Financial Stability as a Viable Alternative Currency to the U. S. Dollar", *Journal of Accounting, Finance & Auditing Studies*, Vol. 5, 2019.

Viñuela, Carlos, Sapena, Juan and Wandosell, Gonzalo, "The Future of Money and the Central Bank Digital Currency Dilemma", *Sustainability*, Vol. 12,

2020.

(三) 国际组织报告类

Bank of Canada, European Central Bank, Bank of Japan, Sveriges Riksbank, Swiss National Bank, Bank of England, Board of Governors Federal Reserve System and Bank for International Settlements, *Central Bank Digital Currencies: Foundational Principles and Core Features*, October 2020.

Bank of Canada, *A Policy Framework for E – Money: A Report on Bank of Canada Research*, Staff Discussion Paper 2018 – 5, April 2018.

Bank of Canada, *Central Bank Digital Currencies: A Framework for Assessing Why and How*, Staff Discussion Paper 2016 – 22, November 2016.

Bank of Canada, *Jasper Phase III : Securities Settlement Using Distributed Ledger Technology*, October 2018.

Bank of Canada, *Should the Central Bank Issue E – Money?* Staff Working Paper 2018 – 58, December 2018.

Bank of England, *Broadening Narrow Money: Monetary Policy With a Central Bank Digital Currency*, Staff Working Paper No. 724, May 2018.

Bank of England, *Central Bank Digital Currencies – Design Principles and Balance Sheet Implications*, Staff Working Paper No. 725, May 2018.

Bank of England, *Central Bank Digital Currency: Opportunities, Challenges and Design*, Discussion Paper, March 2020.

Bank of England, *Responses to the Bank of England's March 2020 Discussion Paper on CBDC*, Discussion Paper, June 2021.

Bank of England, *The Macroeconomics of Central Bank Issued Digital Currencies*, Staff Working Paper No. 605, July 2016.

Bank of Japan, *Digital Innovation, Data Revolution and Central Bank Digital Currency*, Bank of Japan Working Paper No. 19 – E – 2, February 2019.

Bank of Japan, *The Bank of Japan's Approach to Central Bank Digital Currency*, October 2020.

Bank of Russia, *Monetary Policy Guidelines for 2023 – 2025*, August 2022.

Basel Committee on Banking Supervision, *Basel III Monitoring Report*, BIS,

September 2021.

Basel Committee on Banking Supervision, *Basel III: Finalising Post – Crisis Reforms*, BIS, December 2017.

Basel Committee on Banking Supervision, *Consultative Document: Prudential Treatment of Cryptoasset Exposures*, BIS, June 2021.

Basel Committee on Banking Supervision, *Discussion Paper: Designing a Prudential Treatment for Crypto – Assets*, BIS, December 2019.

Basel Committee on Banking Supervision, *Prudential Treatment of Cryptoasset Exposures*, BIS, June 2021.

Basel Committee on Banking Supervision, *Sound Practices: Implications of Fintech Developments for Banks and Bank Supervisors*, BIS, February 2018.

BIS, Bank of Canada, Swiss National Bank, European Central Bank, Bank of England, Bank of Japan, Board of Governors Federal Reserve System, Sveriges Riskbank and Bank for International Settlements, *Central Bank Digital Currencies: Ongoing Policy Perspectives*, BIS, May 2023.

BIS, IMF and World Bank Group, *Central Bank Digital Currencies for Cross – Border Payments – Report to The G20*, BIS, July 2021.

BIS and Peterson Institute for International Economics (PIIE), *Central Bank Digital Currencies: Putting a Big Idea into Practice*, BIS, March 2021.

BIS Innovation Hub, Bank De France, Monetary Authority of Singapore and Swiss National Bank, *Project Mariana – Cross – border Exchange of Wholesale CBDCs Using Automated Market – Makers*, BIS, June 2023.

BIS Innovation Hub, Bank De France, Monetary Authority of Singapore and Swiss National Bank, *Project Mariana – Cross – border Exchange of Wholesale CBDCs Using Automated Market – Makers*, BIS, June 2023.

BIS Innovation Hub, Bank of Israel, Norges Bank and Sveriges Riksbank, *Project Icebreaker – Breaking New Paths in Cross Border Retail CBDC Payments*, BIS Innovation Hub, March 2023.

BIS Innovation Hub, IMF, WB and CPMI, *Exploring Multilateral Platforms for Cross – Border Payments*, BIS, January 2023.

BIS Innovation Hub, *Project Polaris – A Handbook for Offline Payments with CBDC*, May 2023.

BIS, *CBDC Policies in Open Economies*, Monetary and Economic Department, BIS Working Papers No. 1086, April 2023.

BIS, *CBDCs Beyond Borders: Results From a Survey of Central Banks*, Monetary and Economic Department, BIS Papers No. 116, June 2021.

BIS, *CBDCs: An Opportunity for the Monetary System*, BIS Annual Economic Report 2021, June 2021.

BIS, *Central Bank Cryptocurrencies*, BIS Quarterly Review, September 2017.

BIS, *Central Bank Digital Currencies: Motives, Economic Implications and the Research Frontier*, Monetary and Economic Department, BIS Working Papers No. 976, November 2021.

BIS, *Central Bank Digital Currency: The Quest for Minimally Invasive Technology*, Monetary and Economic Department, BIS Working Papers No. 948, June 2021.

BIS, *Central Banks and Payments in the Digital Era*, BIS Annual Economic Report 2020, June 2020.

BIS, *Embedded Supervision: How to Build Regulation into Blockchain Finance*, Monetary and Economic Department, BIS Working Papers No. 811, September 2019.

BIS, *III. Blueprint for the Future Monetary System: Improving the Old, Enabling the New*, BIS Annual Economic Report 2023, June 2023.

BIS, *Impending Arrival – a Sequel to the Survey on Central Bank Digital Currency*, Monetary and Economic Department, BIS Papers No. 107, January 2020.

BIS, *Money and Trust: Lessons from the 1620s for Money in the Digital Age*, Monetary and Economic Department, BIS Working Papers No. 698, February 2018.

BIS, *Multi – CBDC Arrangements and the Future of Cross – Border Payments*, Monetary and Economic Department, BIS Papers No. 115, March 2021.

BIS, *Proceeding With Caution – A Survey on Central Bank Digital Currency*,

Monetary and Economic Department, BIS Papers No. 101, January 2019.

BIS, *Project Rosalind – Building API Prototypes for Retail CBDC Ecosystem Innovation*, BIS IH, Bank of England, June 2023.

BIS, *Rise of The Central Bank Digital Currencies: Drivers, Approaches and Technologies*, Monetary and Economic Department, BIS Working Papers No. 880, August 2020.

BIS, *The Pandemic, Cash and Retail Payment Behaviour: Insights from the Future of Payments Database*, Monetary and Economic Department, BIS Working Papers No. 1055, December 2022.

BIS, *The Pandemic, Information Governance in Sustainable Finance*, Monetary and Economic Department, BIS Papers No. 132, December 2022.

BIS, *The Technology of Retail Central Bank Digital Currency*, BIS Quarterly Review, March 2020.

Central Bank Digital Currency Research Center, *CBDC Research Center Overview and Conceptual Model*, R3 Report, March 2021.

Central Bank Digital Currency Research Center, *CBDC Taxonomy and Design Choices*, R3 Report, March 2021.

Committeeon Payments and Market Infrastructures, *Digital Currencies*, Monetary and Economic Department, BIS, November 2015.

Committee on Payments and Market infrastructures, *Fast Payment – Enhancing the Speed and Availability of Retail Payments*, CPMI Report No. 154, November 2016.

Committee on Payments and Market Infrastructures, *ISO 20022 Harmonisation Requirements for Enhancing Cross – Border Payments*, CPMI Consultative Report, BIS, March 2023.

Committee on Payments and Market Infrastructures, *Operational and Technical Considerations for Extending and Aligning Payment System Operating Hours for Cross – Border Payments: An Analytical Framework*, CPMI Technical Report, BIS, February 2023.

Congressional Research Service, *Fintech: Overview of Financial Regulators and*

Recent Policy Approaches, R46333, April 28, 2022.

De Nederlandsche Bank, *Central Bank Digital Currency Objectives, Preconditions and Design Choices*, April 2020.

European Banking Authority, *EBA Opinion on Virtual Currencies*, 2014.

European Banking Authority, *Warning to Consumers on Virtual Currencies*, 2013.

European Central Bank, *A Unified Framework for CBDC Design: Remuneration, Collateral Haircuts and Quantity Constraints*, Working Paper Series No. 2578, July 2021.

European Central Bank, *Report on a Digital Euro*, October 2020.

European Central Bank, *Tiered CBDC and the Financial System*, Working Paper Series No. 2351, January 2020.

European Commission, *Final Report of the Expert Group on Regulatory Obstacles to Financial Innovation: 30 Recommendations on Regulation, Innovation and Finance*, December 2019.

European Union, *Expert Group on Regulatory Obstacles to Financial Innovation (ROFIEG)*, December 2019.

European Union, *General Data Protection Regulation*, May 25, 2018.

FATF, *Guidance for a Risk – Based Approach to Prepaid Cards, Mobile Payments and Internet – Based Payment Services*, The Financial Action Task force, June 2013.

FATF, *Guidance for a Risk – Based Approach to Virtual Assets and Virtual Asset Service Providers*, The Financial Action Task force, June 2019.

FATF, *Virtual Currencies – Key Definitions and Potential AML/CFT Risks (Preliminary Assessment of the ML/TF Risks that Virtual Currency Payment Products and Services May Present)*, The Financial Action Task force, June 2014.

Financial Conduct Authority, *Feedback Statement on Call for Input: Supporting the Development and Adopters of Regtech*, FS16/4, July 2016.

Financial Conduct Authority, *Regulatory Sandbox Lessons Learned Report*, October 2017.

Financial Crimes Enforcement Network, *Application of FinCEN's Regulations to Persons Administering, Exchanging, or Using Virtual Currencies*, 2013.

Financial Policy Committee, *Financial Stability Report*, Bank of England, December 2020.

Financial Stability Institute, *Banks' Cyber Security – A Second Generation of Regulatory Approaches*, FSI Insights on Policy Implementation No. 50, BIS, June 2023.

Financial Stability Institute, *Crypto, Tokens and DeFi: Navigating the Regulatory Landscape*, FSI Insights on Policy Implementation No. 49, BIS, May 2023.

Financial Stability Institute, *Fintech and Payments: Regulating Digital Payment Services and e – Money*, FSI insights on Policy Implementation No 33, BIS, July 2021.

Financial Stability Institute, *FSB Proposed Framework for the International Regulation of Cryptoasset Activities – Executive Summary*, BIS, June 2023.

Financial Stability Institute, *Overview of 2023 Programme for Financial Sector Supervisors*, BIS, April 2023.

Financial Stability Institute, *Policy Responses to Fintech: A Cross – Country Overview*, FSI insights on Policy Implementation No. 23, BIS, January 2020.

FSB, *Assessment of Risks to Financial Stability from Crypto – assets*, February 2022.

FSB, *Bigtech Firms in Finance in Emerging Market and Developing Economies: Market Developments and Potential Financial Stability Implications*, October 2020.

FSB, *Crypto – assets: Report to the G20 on Work by the FSB and Standard – Setting Bodies*, July 2018.

FSB, *Crypto – assets: Work Underway, Regulatory Approaches and Potential Gaps*, May 2019.

FSB, *Financial Stability Implications from FinTech: Supervisory and Regulatory*

Issues that Merit Authorities' Attention, June 2017.

FSB, *FinTech: Describing the Landscape and a Framework for Analysis*, 2016.

FSB, *G20 Roadmap for Enhancing Cross-border Payments*, October 2021.

FSB, *Global Monitoring Report on Non-Bank Financial Intermediation*, December 2021.

FSB, *International Regulation of Crypto-asset Activities: A Proposed Framework - Questions for Consultation*, October 2022.

FSB, *Peer Review of the United Kingdom: Review Report*, April 2021.

FSB, *Summary Report on Financial Sector Cybersecurity Regulations, Guidance and Supervisory Practices*, October 2017.

FSB, *Third-Party Dependencies in Cloud Services Considerations on Financial Stability Implications*, December 2019.

FSB, *To G20 Finance Ministers and Central Bank Governors*, February 2021.

G20, *G20 High-Level Principles for Digital Financial Inclusion*, 2016.

Guernsey Financial Services Commission, *Risk Based Supervision in Guernsey*, April 2016.

HKMA, BIS in Hong Kong Centre, *E-HKD: A Technical Perspective*, Hong Kong Monetary Authority, November 2021.

IMF, *A Survey of Research on Retail Central Bank Digital Currency*, 2020.

IMF, *Central Bank Digital Currency and Financial Inclusion*, Monetary and Capital Markets Department, IMF Working Paper WP/23/69, March 2023.

IMF, *Elements of Effective Policies for Crypto Assets*, IMF Policy Paper PR23/51, February 2023.

IMF, *Fintech and Payments Regulation: Analytical Framework*, IMF Working Paper WP/20/75, May 2020.

IMF, *Geoeconomic Fragmentation and the Future of Multilateralism*, Research Department and Strategy, Policy, Review Department, IMF Staff Discussion Notes SDN/2023/001, January 2023.

IMF, *IMF Approach to Central Bank Digital Currency Capacity Development*, IMF Staff Report, April 10, 2023.

IMF, *Legal Aspects of Central Bank Digital Currency: Central Bank and Monetary Law Considerations*, IMF Working Paper WP/20/254, November 2020.

IMF, *Monetary Policy Implications of Central Bank Digital Currencies – Perspectives on Jurisdictions with Conventional and Islamic Banking Systems*, Monetary and Capital Markets Department, IMF Working Paper WP/23/60, March 2023.

IMF, *Some Lessons from Asian E – Money Schemes for the Adoption of Central Bank Digital Currency*, Monetary and Capital Markets Department, IMF Working Paper WP/23/123, June 2023.

IMF, *The Bali Fintech Agenda: A Blueprint for Successfully Harnessing Fintech's Opportunities*, IMF Policy Paper, October 2018.

IMF, *To Demand or Not to Demand: On Quantifying the Future Appetite for CBDC*, Monetary and Capital Markets Department, IMF Working Paper WP/23/9, January 2023.

IMF, *World Economic Outlook*, April 2020.

IOSCO, *Mechanisms for Trading Venues to Effectively Manage Electronic Trading Risks and Plans for Business Continuity*, International Organization of Securities Commissions, December 2015.

IOSCO, *Principles on Outsourcing by Markets*, International Organization of Securities Commissions, July 2009.

IOSCO, *Regulatory Issues Raised by the Impact of Technological Changes on Market Integrity and Efficiency*, International Organization of Securities Commissions, October 2011.

IOSCO, *Statement on IOSCO Study of Emerging Global Stablecoin Proposals*, International Organization of Securities Commissions, November 2019.

IOSCO, *Technological Challenges to Effective Market Surveillance: Issues and Regulatory Tools*, International Organization of Securities Commissions, April 2013.

IOSCO, *Update to the Report on the IOSCO Automated Advice Tools Survey*, International Organization of Securities Commissions, December 2016.

MAS and Bank of Canada, *Jasper – Ubin Design Paper. Enabling Cross – Border High Value Transfer Using Distributed Ledger Technologies*, Monetary Authority of Singapore, 2019.

MAS, *Fintech Regulatory Sandbox Guidelines*, Monetary Authority of Singapore, November 2016.

MAS, *Principles to Promote Fairness, Ethics, Accountability and Transparency (FEAT) in the Use of Artificial intelligence and Data Analytics in Singapore's Financial Sector*, Monetary Authority of Singapore, February 2019.

MAS, *Project Ubin Phase 2: Re – imagining Interbank Real – Time Gross Settlement System Using Distributed Ledger Technologies*, Monetary Authority of Singapore, 2017.

Matteo Aquilina, Jon Frost and Andreas Schrimpf, *Addressing the Risks in Crypto: Laying out the Options*, BIS Bulletin No. 66, BIS, January 2023.

MPP, *Designing New Money: The Policy Trilemma of Central Bank Digital Currency*, MPP Working Paper, 2017.

NBER, *Central Bank Digital Currency and the Future of Monetary Policy*, National Bureau of Economic Research Working Paper 23711, August 2017.

R3, *Cad – Coin Versus Fedcoin*, R3 Report, November 2016.

R3, *Central Bank Digital Currency: An Innovation in Payments*, R3 Report, April 2020.

R3, *Cross – Border Settlement Systems: Blockchain Models Involving Central Bank Money*, R3 Report, January 2018.

R3, *Fedcoin: A Central Bank Issued Cryptocurrency*, R3 Report, November 2016.

The Global Financial innovation Network, *Cross – Border Testing: Lessons Learned, the Global Financial Innovation Network Reflects on the Cross – Border Testing Pilot*, 2019.

The Global Financial innovation Network, *One Year on, the Global Financial Innovation Network Reflects on Its First Year*, 2019.

The Institute of International Finance, *Regtech in Financial Services: Solutions for Compliance and Reporting*, March 2016.

The World Bank, Basel Committee on Banking Supervision, *Proportionality in Bank Regulation and Supervision – A Joint Global Survey*, The World Bank, BIS, July 2021.

The World Bank, *A Draft Framework for Money Laundering/Terrorist Financing Risk Assessment of a Remittance Corridor*, September 2021.

The World Bank, *Central Bank Digital Currencies for Cross – Border Payments: A Review of Current Experiments and Ideas*, November 2021.

The World Bank, *Central Bank Digital Currency: A Payments Perspective*, November 2021.

The World Bank, *Central Bank Digital Currency: Background Technical Note*, November 2021.

The World Economic forum, *Central Bank Digital Currency Policy – Maker Toolkit*, 2019.

The World Economic forum, *The Future of Financial Infrastructure*, August 2016.

（四）电子文献类

Agustín Carstens, *Central Bank Digital Currencies: Putting a Big Idea Into Practice*, BIS Speech, At The Peterson Institute For International Economics (PIIE) Discussion on Central Bank Digital Currencies (31/3/2021), https://www.bis.org/speeches/sp210331.htm.

Hong Kong Monetary Authority, *Fintech Supervisory Sandbox (FSS)* (15/08/2022), https://www.hkma.gov.hk/eng/key-functions/international-financial-centre/fintech/fintech-supervisory-sandbox-fss/.

Hong Kong Monetary Authority, *Briefing to the Legislative Council Panel on Financial Affairs* (28/4/2021), https://www.hkma.gov.hk/media/eng/doc/about-the-hkma/legislative-council-issues/20210503e1.pdf.

Hong Kong Monetary Authority, *BIS Innovation Summit 2021 "Central Bank Innovations: Payments, Data and Capabilities"* (23/3/2021), https://www.hkma.gov.hk/eng/news-and-media/speeches/2021/03/20210323-1/.

Hong Kong Monetary Authority, *Joint Statement on the Multiple Central Bank Digital Currency (m – CBDC) Bridge Project* (23/2/2011), https://www.hkma.gov.hk/eng/news-and-media/press-releases/2021/02/20210223-3/.

Ben Broadbent, *Central Banks and Digital Currencies*, *Speech at London School of Economics*, Bank of England (2/3/2016), https://www.bankofengland.co.uk/speech/2016/central-banks-and-digital-currencies.

Douglas W. Arner, *The Empire Strikes Back? Bitcoin, Libra, COVID – 19, and Central Bank Digital Currencies*, HeinOnline, http://dx.doi.org/10.2139/ssrn.3622311.

Lin Tan & Liyan Xue, *Research on the Development of Digital Currencies Under the Covid – 19 Epidemic*, Science Direct, https://creativecommons.org/licenses/by-nc-nd/4.0.

Patrycja Beniak, *Central Bank Digital Currency and Monetary Policy: A Literature Review*, MPRA Paper No. 96663 (08/2019), https://mpra.ub.uni-muenchen.de/96663/.

Yves Mersch. *An ECB Digital Currency – A Flight of Fancy?*, BIS Central Bankers' Speeches, At The Consensus 2020 Virtual Conference (11/3/2020), https://www.bis.org/review/r200511a.pdf.

Financial Conduct Authority, *Critical Issues in Financial Regulation: The FCA's Perspective* (26/04/2022), https://www.fca.org.uk/news/speeches/critical-issues-financial-regulation-fca-perspective.

Financial Conduct Authority, *Agreements With Overseas Regulators* (08/07/2021), https://www.fca.org.uk/about/how-we-regulate/international-standards-regulations/agreements-overseas-regulators.

Financial Conduct Authority, *Data Strategy Update 2022* (23/06/2022), https://www.fca.org.uk/publications/corporate-documents/data-strategy-update-2022. Financial Conduct Authority, *Shaping The Rules For a Data – Driven Future*, (16/06/2022), https://www.fca.org.uk/news/speeches/shaping-rules-data-driven-future.

Financial Conduct Authority, *UK Securities Financing Transactions Regulation (UK SFTR)* (11/03/2020), https://www.fca.org.uk/markets/sftr.

Financial Conduct Authority, *Evolution of a New Model for Financial Regulation in the UK* (21/09/2020), https://www.fca.org.uk/news/speeches/evolution-new-model-financial-regulation-uk.

附录　缩略语表

国际组织缩写

BCBS = Basel Committee on Banking Supervision 巴塞尔银行监管委员会

BFA = Boao Forum For Asian 博鳌亚洲论坛

BIS = Bank for International Settlement 国际清算银行

CPMI = Committee on Payments and Market Infrastructures 支付与市场基础设施委员会

EBA = European Banking Authority 欧洲银行管理局

ECB = European Central Bank 欧洲央行

FATF = Financial Action Task Force 金融行动特别工作组

FCA = Financial Conduct Authority 英国金融市场行为监管局

FSB = Financial Stability Board 金融稳定理事会

G20 = Group of Twenty Finance Ministers and Central Bank Governors 二十国财政部部长和中央银行行长会议

HKMA = Hong Kong Monetary Authority 香港金融管理局

IAIS = International Association of Insurance Supervisors 国际保险监督官协会

IIF = Institute of International Finance 国际金融协会

IMF = International Monetary Fund 国际货币基金组织

IOSCO = International Organization of Securities Commissions 国际证券监管委员会

MAS = Monetary Authority of Singapore 新加坡金融管理局

NBER = National Bureau of Economic Research 美国国家经济研究局

PBC = The People's Bank of China 中国人民银行网站

UN = United Nations 联合国

UNCITRAL = United Nations Commission on International Trade Law 联合国国际贸易法委员会

WB = The World Bank 世界银行

WDCF = The World Digital Currency Forum 世界数字货币论坛

WEF = The World Economic Forum 世界经济论坛

WTO = World Trade Organization 世界贸易组织

术语缩写

CBDC = Central Bank Digital Currency 中央银行数字货币

CHIPS = Clearing House Interbank Payment System 纽约清算所银行同业支付系统

CIPS = Cross-border Interbank Payment System 人民币跨境支付系统

CLS = Continuous Linked Settlement 持续联系结算系统

CPSS = Committee on Payment and Settlement 支付与结算系统委员会

DLT = Distributed Ledger Technology 分布式账本技术

Fedwire = Federal Reserve Wire Network 美联储资金调拨系统

Fintech = Financial Technology 金融科技

FMIs = Financial Market Infrastructures 金融市场基础设施

FMIs 原则 = Principles for Financial Market Infrastructures（PFMI）《金融市场基础设施原则》

mCBDC = Multiple Central Bank Digital Currency Bridge 多边央行数字货币桥项目

Rectech = Regulation Technology 监管科技

RTGS = Real-time Gross Settlement 实时全额结算

SDR = Special Drawing Right 特别提款权

SWIFT = Society for Worldwide Interbank Financial Telecommunication 环球银行金融电信协会

UCC = Uniform Commercial Code《统一商法典》